JN269050

東京に働く人々

労働現場調査20年の成果から

監修
松島静雄

編者
石川晃弘
川喜多喬
田所豊策

法政大学出版局

はじめに

　東京都立労働研究所は，その創立の1978年4月から廃止の2001年3月までの23年間，東京における中小企業の経営と労働のありようを，多面的に，丹念な実証調査によって描ききることを使命として，数多くの調査研究を展開してきた。本書はその調査研究活動の成果を活かし，とりまとめたものである。

　東京都内には大企業本社が集中しているとされているが，その産業史を振り返ってみれば，東京はむしろ中小零細企業の町であったといっても過言ではない。戦後の高度成長期に郊外に立地した大企業の下請け，孫請けなどとして成長した小規模製造業や，独自の製品開発によって急成長した中堅製造業のほか，巨大な消費需要を背景にした多数の零細小売業・対個人サービス業，中小卸売業，これら事業所へのサービス業，また佇立する大小のビルや社会基盤をつくりだす建設業などの成長は，東京のみならず日本全体からの雇用機会創出の場としての期待に応えてきた。

　しかし戦後復興期に続く高度経済成長は，二度にわたるオイルショックによって一転し，その後の急激な技術革新の波に東京の経営と労働はさらされることになった。さらに工業・工場の立地規制や地域産業基盤の激変，産業系列の急変，円高，地価高騰，いわゆるバブル経済とその崩壊，国際調達の進展と商品構成の変容，労働法制の改訂，労務費高騰，高齢化と若年者不足，労働力構成の多様化などで，経営は「内憂外患」とでもいうべき課題をつぎつぎと前にせざるをえなくなった。

　このような環境変動のなかで，一方で多数の企業と労働者が没落を余儀なくされたが，他方でたくましく成長し変身を遂げた経営，それを支える優れた技能と知識をもった労働者もあらわれた。東京都立労働研究所の諸研究は，

その姿を約100冊にのぼる多数の報告書で示してきた。影の部分に立たされた経営と労働者へのセーフティネットの確立など援助策の構想，光の部分に立った経営と労働者のモデル化と学びの方策の構想などに，これらの実証研究は役立つはずであった。けだし政策たるものは，まずもって丁寧な実証調査による事実確定の積み上げの上に立って議論を起こすべきものだからである。しかし，踏査・訪問・アンケートなどを重ねる実証調査には優れた研究者を動員し，時間と資金をかけねばならない。バブル経済が崩壊し財政事情が厳しくなった東京都は，東京都立労働研究所の廃止を決めたのであるが，これはまことに残念なことである。基礎研究なしの応用研究，政策にすぐに役立つ調査と称するものがたどる悲喜劇は，容易に予想しうるからだ。

本書が，基礎研究というものは本来いかに優れた知見の山であるか，バブルのごとき浮かれたアイデアの頻発ではなく，事実の上に立ってじっくりと物事を考えることが，経営と労働にとっていかに大切かを示すことになれば，幸いである。実際，激しい競争にさらされながら優れた製品・商品・サービスを提供し続けている経営とその人材は，まさにそれを現場で行なっているのを，われわれは見て知っている。東京都立労働研究所の業績は多岐にわたり，係わった研究者も多数にのぼる。本書は，研究所の活動に長く携わった研究員のうち，とりわけ監修者である松島静雄先生の薫陶を受けた有志が，研究所が蓄積した業績の一部を紹介するものであって，つづけて他の業績も掘り起こされ，披露される日がくることを望みたい。さらにまた，われわれが手がけてきたこのような作業を，次世代の研究者が引き継ぎ発展させてくれるならば，われわれにとってこれにまさる喜びはない。

東京都立労働研究所は初代所長に有泉亨先生（労働法），助言者に松島静雄先生（労働社会学），氏原正治郎先生（労働経済学），佐藤進先生（社会保障法）という，戦後日本の労働研究を代表する碩学を迎えた。そして有泉先生のご引退後，二代目所長として松島先生が就任なされ，研究所廃止に至る長年の間，われわれの調査研究を導き，いまこの本の監修にあたられている。先生は80の齢を越えていまだ労働研究への情熱を示されている。松島先生の所長就任時の労働研究所への期待，そして中小企業の労働に向けられた熱い心と澄んだまなざし，また労働研究の大切さを示す先生ご自身の「プロの

調査マン」としての思いは，本書の最終章で語られている。あわせて読んでいただければ幸いである。

　最後に，このような「地味」な書物を世に出す機会を作って下さった法政大学出版局の平川俊彦氏と勝康裕氏に，執筆者一同を代表してここに感謝の意を表したい。

　　2005 年 10 月 1 日

　　　　　　　　　　　　　　　　　監修者に代わって　　石川晃弘
　　　　　　　　　　　　　　　　　　　　　　　　　　　川喜多喬
　　　　　　　　　　　　　　　　　　　　　　　　　　　田所豊策

目　次

はじめに

第Ⅰ章　東京の労働市場とその変容，1980〜2000年
　　　　……………………………………………………仁田　道夫　*1*
　1　はじめに　*1*
　2　東京労働市場の特質　*2*
　3　変化の諸相　*4*
　4　むすび　*23*

第Ⅱ章　都会のプロフェッショナルたち
　　　　――デザイナーと情報技術者を中心に――　………今野浩一郎　*25*
　1　はじめに　*25*
　2　専門職とは何か　*26*
　3　デザイナーの労働市場とキャリア形成　*30*
　4　情報技術者の労働市場とキャリア形成　*36*
　5　むすび　*39*

第Ⅲ章　第三次産業の中小企業に働く人々
　　　　――営業職とサービス職を中心に――　……………尾形　隆彰　*45*
　1　ファクト・ファインディングから　*45*
　2　「自営業主」的「労働者」　*52*
　3　営業職の特性とセールス・サービス・エンジニア化　*53*
　4　営業職の労働時間問題　*56*

5　サービス労働の二面性とインターナル・マーケティング　61
　　　6　中小サービス業における労働条件と労使関係　68
　　　7　その他の特性と残された課題　71

第Ⅳ章　中小製造業の経営行動と生産現場の人的資源管理
　　　………………………………………………川喜多　喬　75
　　　1　はじめに　75
　　　2　不況を生き延びている企業は設備機器にも人材にも投資　76
　　　3　経営戦略の選択と連動する人材像　82
　　　4　中堅・中小製造業の基幹人材像　94
　　　5　経営参画と知的熟練──中小製造業の現場人材　101
　　　6　むすび　107

第Ⅴ章　中小企業に働くベテラン女性
　　　──技能工と経理員を中心に──……………川喜多　喬　109
　　　1　はじめに　109
　　　2　女性ベテラン技能工　109
　　　3　ベテラン経理員　121
　　　4　すぐれた事例から学ぶ必要性　127

第Ⅵ章　中小企業の外国人労働者
　　　──日本人労働者との人間関係──…………尾形　隆彰　129
　　　1　はじめに　129
　　　2　外国人労働者に関する「言説」　130
　　　3　都労研調査の背景・対象・方法　132
　　　4　発見された事実　137
　　　5　「外国人労働者」像の見直し　151
　　　6　わが国における「外国人労働者問題」　154
　　　7　むすび　161

第Ⅶ章　離職者と失業生活 ……………………石川　晃弘　165
1　は じ め に　165
2　時代的背景　168
3　研究の課題と調査の方法　170
4　発見された事実　175
5　む　す　び　180

第Ⅷ章　労働生活と健康問題 …………石川晃弘・堀畑まなみ　183
1　は じ め に　183
2　社会階層と健康状態　185
3　中小事業所の環境改善と健康管理　198
4　高齢者福祉施設における専門職の労働と健康　205
5　む　す　び　211

第Ⅸ章　中小企業と労働組合 ………………………中村　圭介　213
1　は じ め に　213
2　労使間のコミュニケーション　214
3　組合結成の衝撃　219
4　労働組合観　222
5　組合結成のプロセス　228
6　む　す　び　233

第Ⅹ章　わが国労働調査の回顧と中小企業労働への視点
………………………………………松島　静雄　235
1　わが国労働調査の史的概観　235
2　中小企業労働問題の所在　245
3　中小企業労働調査の視点　248

補　章　東京都立労働研究所の沿革と研究成果
………………………………………田所　豊策　253

x 目　次

　　　1　東京都立労働研究所の設立と目的　253
　　　2　都労研の特徴　253
　　　3　研究所の運営　256
　　　4　研究部門と研究成果　257
　　　5　都労研の廃止への道程　257

事項索引　267
執筆者紹介　275

第Ⅰ章　東京の労働市場とその変容，1980〜2000年

仁田　道夫

1　はじめに

　この書物では，1970年代末から2000年にかけて約20年間のあいだ，中小企業セクターを中心に多数の調査を実施し，活発な研究活動を展開した東京都立労働研究所（以下，「都労研」と略称）の研究成果を利用しつつ，東京で働く人々の生活と労働の実態，そこに潜む問題とその解決策などを議論してゆく。まず，本章では，その前提として，この約20年間に東京の労働市場がどのように変化してきたか，その概要を，統計データを利用して明らかにする。

　この20年間は，大きくみれば，(1) 1970年代に発生した二度にわたるオイルショックを克服して経済を成長軌道に復帰させたが，国際的・国内的な諸要因によって激しいバブルが発生するにいたった1980年代と，(2) バブル崩壊の後遺症と，グローバル化する国際経済環境の変化のもとで低成長と金融危機に苦しんだ1990年代，という対照的な2つの時期に区分できる。このような激しい変動により，東京の労働市場も大きな影響を受けた。本書の第Ⅶ章で取り上げる離職者と失業の問題は，その顕著なあらわれである。だが，長期的にみてより重要なことは，この激動の年月を通じて，時にゆっくりと，時に急速に進んできた労働市場の構造的変化である。本章では，時代背景に注意を払いつつも，東京の労働市場が構造変化を遂げてきたさまを，巨視的にとらえてみることにしよう[1]。

　以下の諸章で詳しく考察するように，巨大都市東京で働く人々は実に多様であり，労働市場の構造も複雑である。しかし，そうした多様性・複雑性の

諸相を的確に理解するためにも，その全体像についてなんらかの見取り図をもっておく必要がある。この章で提供するのはごくおおまかな数字によって描きだされたその輪郭にすぎないが，読者が本書を読み進めるうえで一助となれば幸いである。

2　東京労働市場の特質

ところで，東京の労働市場とは，そもそもどの範囲をいうのだろうか。行政的区域としての東京と社会科学的実体としての大都市 Tokyo は，必ずしも同一ではない。空から東京およびその周辺地域を眺めてみると，それはほとんど境目がないほどに開発されつくし，あたかも一個の巨大な建築物の集積に見えるだろう。しかし，そのなかでも人々の勤務場所は，東京都内，とくに23区内の地域に集中している。利用可能な統計データの制約から，この章での分析では，その主たる対象は，この23区内を中心とする東京都内の事業所で働く人々ということになる。

さまざまな統計データを利用して東京の労働市場を描こうとする場合，注意を要する点のひとつは，上にも述べたように，巨大都市東京が行政区域の範囲をはるかに超えた広がりをもち，多数の人々が区域外から通勤していることである。いわゆる夜間人口と昼間人口の格差がこれほど大きい地域はない。この結果，居住地の住民に対して実施される個人調査・世帯調査と，都内に立地する企業や事業所に対する調査では，把握される対象がかなり食い違っていることになる。この書物では，基本的に東京で働く人々が対象となり，都外からの通勤者を対象に含むが，居住地ベースの統計調査によって得られたデータも利用する必要がある。その際，この食い違いを十分踏まえておかなければならない。

---

1) 本章執筆にあたり，資料整理について，前浦穂高氏（東京大学大学院経済学研究科博士課程）の助力を得た。また，東京都が刊行する『労働経済統計年報』（のち，『経済・労働統計年報』を経て，現在『産業労働統計年報』）を活用させていただいた。記して謝意を表しておきたい。

表Ⅰ-1は，国勢調査を利用して居住地別に都内就業者数の推移を示したものである。参考までに，都内に居住するが，都外の事業所に就業している者の数も示しておいた。この表から，つぎのことがわかる。

　① 1980年に都内就業者総数の26%強だった他県からの通勤者の割合が2000年には32%を超えた。これは，東京圏への人口集中傾向と，居住地の郊外化傾向がこの20年間も続いたことを意味している。

　②だが，1980年代と1990年代では，その流れに大きな変化がみられる。すなわち，1980年に26%強だった都内就業者に占める他県居住者の割合は，1990年には31%を超えたが，その後の10年間は微増にとどまった。

　これは，1990年代後半に顕著にみられた居住者の都心回帰現象によるところが大きいと考えられる。国勢調査によると，1990年に11,855,563人であった東京の夜間人口は，95年には11,734,920人と，12万人も減少したが，2000年には12,017,253人と，5年間で28万も増加した。バブル崩壊によって都内の地価が低下し，臨海副都心の開発などにより住宅供給も増加した。この結果，郊外に流出していた人口の一部が都内に戻ってきたわけである。これは，都心部の人口過疎化に悩んでいた地域にとっては，一面で歓迎すべき変化であったが，他方では，予想しない人口増のために，学校をはじめとしてさまざまな公共支出を必要とすることにもなった。

　このような人口動態が東京の労働市場にどのような影響を与えたのか，また今後与えるのか，定かでない。表Ⅰ-1によれば，1990年代に都内居住者が増加した割には，都内から都外への通勤者は増えていない。こうした変化の結果，一般的には，職住接近度が増して通勤時間が短くなったと考えられる。これは，働く者の生活と生産性にプラスの影響を及ぼしたと考えられるが，他面，環境問題などがどのように解決されていくのかによって，そうし

表Ⅰ-1　居住地別東京都就業者数の推移

	就業者総数（人）	都内居住（人）	他県居住（人）	他県居住者比率（%）	（都内居住他県就業者）(人)	都内居住他県就業者比率(%)
1980年	7,317,367	5,388,038	1,929,329	26.37	280,014	4.94
1990年	8,627,607	5,903,273	2,724,334	31.58	380,788	6.06
2000年	8,507,195	5,748,557	2,758,638	32.43	409,820	6.65

出所：総務省統計局「国勢調査」より作成。

た影響のあり方は変わってくるだろう。都心回帰現象がどこまで続くのかにもよるが，東京の労働市場の将来を考えるうえで興味深い研究課題といえよう。都立労働研究所の研究活動は 2000 年で終了しており，こうした近年の注目すべき動向についての調査研究は行なわれていない。

ともあれ，東京で働く人々のうち 30% を超える人が他県居住者であることから，東京の労働市場の実態を把握するうえで，居住地データと，従業地データの食い違いは無視できない問題である。もっとも，他県からの通勤者と，都内居住者との間に構造的な差異が存在せず質的に均一とみなすことができれば，分析上それほどの問題ではない。だが，一般には，都内居住者にくらべて他県からの通勤者のほうがより若い年齢層であるなど，一定の差異があると考えられるから，注意が必要である。

3　変化の諸相

3.1　産業構造が変わり，仕事先が変わってきた

経済学の教科書は，労働需要は派生需要であると教える。人々の暮らしを支える仕事は，なんらかの財・サービスを生産・供給しようとする事業主体がつくりだすものである。この 20 年の間に，人々に仕事を提供する事業主体の活動分野はどう変わってきたのだろうか。

表 I-2 は，国勢調査により，東京都の産業大分類別就業者数（従業地ベース）の推移を示したものである。この表から，つぎのことがわかる。

①金融・保険・不動産業や建設業のように，経済変動（バブルや 1990 年代の建設不況）の影響を受けた就業者数の変動が観察される産業が一部にあるが，長期的トレンドとして，製造業の割合が低下（1980 年 31.7% だったものが，2000 年には 22.4% へ）し，サービス業の割合が増大する（1980 年に 21.8% だったものが，2000 年には 32.8% へ）明瞭な傾向が観察される。この 20 年間に，ちょうど両者の地位が逆転した格好になっている。これは，全国の動向とほぼ並行した動きとなっているが，製造業の地位低下は，全国平均より東京のほうが著しい。東京で働く人々の仕事場として，サービス業

表 I-2 産業別東京都就業者数の推移（従業地ベース）

(単位：1,000 人，カッコ内％)

	1980 年		1990 年		2000 年	
総計	7,317	(100.0)	8,628	(100.0)	8,507	(100.0)
農林漁業	43	(0.6)	37	(0.4)	28	(0.3)
鉱業	5	(0.1)	4	(0.1)	3	(0.0)
建設業	595	(8.2)	697	(8.1)	636	(7.5)
製造業	1,712	(23.4)	1,718	(19.9)	1,268	(14.9)
卸売・小売・飲食店	2,024	(27.7)	2,181	(25.3)	2,082	(24.5)
金融・保険・不動産	484	(6.6)	691	(8.0)	615	(7.2)
運輸・通信・電気・ガス・水道	587	(8.0)	630	(7.3)	620	(7.3)
サービス	1,590	(21.8)	2,317	(26.9)	2,803	(32.9)
公務	263	(3.6)	261	(3.0)	250	(2.9)

出所：総務省統計局「国勢調査」より作成。

のウェイトが大きく高まってきたといえる。

②いわゆるサービス経済化のもうひとつの重要な担い手産業である卸売小売業についてみると，この間，横ばいから，やや減少気味である。全国平均でみると横ばいであるから，東京の卸売小売業が1980年代後半以降やや雇用機会を減少させてきたのは，特徴的な動きである。これは，東京に集中的に立地し，いわば東京の地場産業ともいえる卸売業がこの間の流通構造の変動によって縮小してきたことによる（都労研1998）。表I-3によれば，東京都の小売業就業者数は，1980年，1990年，2000年と横ばいであるが，卸売業就業者数は，1980年から1990年に微増したのち，2000年にかけて8万人以上，減少している。

なお，国勢調査のような個人・世帯を対象とする調査と，事業所・企業統計調査のような事業所を対象とする調査では，調査対象による産業分類の認識にずれが生ずるため，産業別の就業者シェアも異なってくる。表I-4は，

表 I-3 東京都の卸売小売業就業者数推移

(単位：人)

	1980 年	1990 年	2000 年
卸売小売計	1,628,656	1,659,187	1,583,470
卸売り	54,994	582,037	499,110
小売り	1,082,662	1,077,150	1,084,360

出所：総務省統計局「国勢調査」より作成。

表 I-4 企業・事業所統計による産業別東京都就業者数推移

(単位：人、カッコ内％)

	1981 年		1991 年		2001 年	
総数	6,924,847	(100.0)	8,227,462	(100.0)	8,056,683	(100.0)
農林漁業	8,505	(0.1)	4,190	(0.1)	3,606	(0.0)
鉱業	6,507	(0.1)	5,935	(0.1)	3,060	(0.0)
建設業	556,235	(8.0)	605,460	(7.4)	505,840	(6.3)
製造業	1,638,692	(23.7)	1,532,141	(18.6)	1,094,811	(13.6)
電気・ガス・水道・熱供給業	25,791	(0.4)	23,565	(0.3)	28,689	(0.4)
運輸・通信業	410,492	(5.9)	521,483	(6.3)	502,896	(6.2)
卸売・小売・飲食店	2,384,210	(34.4)	2,669,870	(32.5)	265,3240	(32.9)
金融・保険業	370,309	(5.3)	509,345	(6.2)	392,619	(4.9)
不動産業	154,785	(2.2)	229,148	(2.8)	226,729	(2.8)
サービス業	1,369,321	(19.8)	2,126,325	(25.8)	2,645,193	(32.8)

出所：総務省統計局「企業・事業所統計調査」より作成。

　事業所・企業統計調査によって産業大分類別就業者数構成の推移をみたものである。表 I-2 との大きな違いは，製造業のシェアが小さく，卸売小売業のシェアが大きいことである。これは，製造卸のような業態の事業所の仕事を，働く人々は製造業の仕事と認識するというような食い違いによって生ずるものである。ただし，上に指摘したトレンド，すなわち製造業の縮小とサービス業の拡大傾向については，事業所・企業統計調査でも変わらない。

　このような産業構造の変化は，この 20 年間における東京の労働市場の変化のなかでも最も基本的な動向である。こうした産業構造の変化にともなう労働需要の変化に，労働供給がどう適応したかは，労働をめぐる諸問題のなかでも中心的な課題のひとつであり，都立労働研究所の研究活動においても，多大の精力を割いてこの課題に取り組んだ。その成果の一端は，本書の第Ⅲ章（サービス経済化のなかで重要になってきた新しい仕事場の実態）や第Ⅳ章（縮小傾向にある製造業の職場において，その基盤をいかに確保しているか）において分析しているとおりである。

　とくに，就業者数を大きく伸ばしているサービス業について，新しい仕事の内容や，そこで必要とされる技能や知識の習得などがどのように展開されるかが，東京の労働市場の質と量を決める要点であることから，この点の調査研究は，ひきつづき重要課題であろう。表 I-5 によれば，就業者数を伸ばしているのは，さまざまな対事業所サービス業であり，他に分類されない

表 I-5 サービス業中分類別東京都就業者構成比の推移

(単位:%)

	1981年	1991年	2001年
総数	100	100	100
洗濯・理容・浴場業	8.0	6.5	5.5
駐車場業	0.6	0.4	0.4
その他の生活関連サービス業	1.3	1.9	2.5
旅館・その他の宿泊所	3.6	3.4	2.5
娯楽業	6.6	6.7	5.9
自動車整備業	1.8	1.2	0.8
機械・家具等修理業（別掲を除く）	1.8	2.2	1.8
物品賃貸業	1.7	2.6	1.9
放送業	1.0	0.8	0.7
情報サービス・調査・広告業	18.4	17.2	17.7
専門サービス業（他に分類されないもの）	13.4	15.9	15.0
協同組合	0.9	0.6	0.5
その他の事業サービス業	9.3	14.4	20.0
廃棄物処理業	1.5	0.5	0.5
医療業	12.5	10.5	10.6
保健衛生	0.4	0.1	0.1
社会保険, 社会福祉	4.3	2.2	2.8
教育	16.1	7.3	6.3
学術研究機関	2.1	1.3	1.3
宗教	1.1	1.4	1.0
政治・経済・文化団体	2.5	2.6	2.1
その他のサービス業	0.3	0.3	0.1

出所:総務省統計局「企業・事業所統計調査」より作成。

専門サービス業（約40万人，サービス業就業者の15%），その他の事業サービス業（約50万人，サービス業就業者の20%）の比重が高いことからもわかるように，その内容が必ずしも明らかでなく，既存の産業分類に納まりにくい多様な業態が含まれている。その実態を事例調査の方法等を駆使して明らかにしていくことは，東京都の産業・雇用政策にとって重要な課題である。さらに，日本の最先進都市東京の先端的産業の動向を知ることは，日本の産業と労働市場の今後を見通すうえで重要なカギとなる[2]。

2）経済発展にとって活力ある都市の役割の重要性を指摘する文献として，Jacobs（1969, 1984）を参照のこと。

3.2　ひきつづき中小企業が多くの就業の場を提供してきた

　東京で働く人々の勤務先の企業規模という点からみると，その過半を占めるのが中小企業であることは，よく知られた事実である。都立労働研究所が設立されたときの主たる目的のひとつは，東京の中小企業における雇用労働問題を解明することであり，研究所の活動の圧倒的に多くの部分がそこに集中された。東京の雇用就業問題を考えるうえで，中小企業を重視する必要があるのは，単に，数が多いことや，さまざまな問題を多く抱えているというだけでなく，そこに発展する経済都市東京の活力源が存在するからである。大企業のオフィスや官庁のビルが建ち並ぶ東京であるが，経済発展と雇用創出という視点からみてより重要なのは，中小企業である。

　表Ⅰ-6は，就業構造基本調査により，東京都民の企業規模別就業者数の推移を示したものである。この表から，従業者規模300人未満の中小企業が就業の場として過半を占めてきたことがわかる。1997年調査まで，300人未満企業のシェアは，就業者数にして66～64％，雇用者数にして58％台を安定的に占めてきた。2002年調査では，この割合が大きく減少し，就業者数で57.4％，雇用者数で51.2％に低下している。これが，1997～98年の経済危機にともなう実質的変化を示しているのか，調査方法の変化による見かけ上の変化なのか，判断は難しい。かりにそうした変化が実質的なものだとすると，その要因の解明は，重要課題である。東京の労働市場における今後の雇用創出力に大きな影響を及ぼす可能性があるからである。とはいえ，2002

表Ⅰ-6　企業規模別東京都就業者数推移

(単位：人)

	1982年		1992年		1997年		2002年	
	就業者	雇用者	就業者	雇用者	就業者	雇用者	就業者	雇用者
総数	5,893	4,752	6,635	5,631	6,677	5,725	6,654	5,771
1～9人	2,104	1,007	2,134	1,159	2,070	1,142	1,907	1,058
10～29人	688	669	806	787	789	772	710	698
30～299人	1,123	1,121	1,346	1,343	1,433	1,431	1,201	1,200
300～999人	461	461	569	569	611	611	578	578
1,000人以上	1,061	1,061	1,322	1,322	1,240	1,240	1,180	1,180
官公庁	423	423	392	392	449	449	420	420

出所：総務省統計局「就業構造基本調査」より作成。

年度調査結果を前提としても，依然として中小企業における雇用・就業が重要であることは，確かである。

3.3　職業構造が変わり，仕事内容が変わってきた

この20年間に職業構造も大きく変化してきた。表Ⅰ-7は，国勢調査（常住地ベース）により，職業大分類別の就業者数および構成の推移を示したものである。

①大きなトレンドとして，生産工程・労務作業従事者が大きく減り，逆に，専門的技術的職業従事者が大きく伸びた。これは，上で検討した産業構造の変化（製造業の後退と専門的サービス業の拡大）と対応した変化である。2000年国勢調査（常住地ベース）によると，東京都の生産工程・労務作業者 1,285,688 人のうち，57％が製造業および建設業で働いている。逆に，専門的技術的職業従事者 1,024,449 人のうち，サービス業で働いている人の割合は79％にのぼる。

②事務従事者・販売従事者は横ばい傾向である。前者は，オフィス・オートメーションの進展などにより拡大が抑制されたと考えられ，後者は，卸売小売業の横ばい，ないし縮小傾向と関連していよう。

表Ⅰ-7　職業別東京都就業者数の推移（居住地ベース）

（単位：人，カッコ内％）

	1980年	1990年	2000年
総数	5,672,052 (100)	6,284,061 (100)	6,158,377 (100)
専門的・技術的職業従事者	639,354 (11.3)	926,081 (14.7)	1,024,449 (16.6)
管理的職業従事者	395,565 (7.0)	341,056 (5.4)	226,547 (3.7)
事務従事者	1,251,577 (22.1)	1,490,015 (23.7)	1,428,446 (23.2)
販売従事者	1,006,199 (17.7)	1,082,768 (17.2)	1,081,678 (17.6)
農林漁業作業者	37,159 (0.7)	32,672 (0.5)	28,356 (0.5)
採掘作業者	970 (0.0)	—	—
運輸・通信従事者	212,557 (3.7)	205,876 (3.3)	195,048 (3.2)
生産工程・労務作業従事者*	1,515,908 (26.7)	1,499,569 (23.9)	1,285,688 (20.9)
サービス職業従事者	529,674 (9.3)	553,583 (8.8)	632,952 (10.3)
保安職業従事者	69,670 (1.2)	74,335 (1.2)	83,741 (1.4)
分類不能の職業	13,419 (0.2)	78,106 (1.2)	171,472 (2.8)

注：＊1980・1990年については，「技能工，生産工程作業者及び労務作業者」。
出所：総務省統計局「国勢調査」より作成。

③サービス職業従事者は，若干増えているが，その内実は必ずしもはっきりしない。内訳をみると，この職種の65％程度（2000年国勢調査）が飲食物調理従事者（34％），接客給仕職業従事者（31％）で占められるが，これらの仕事に従事する人は必ずしも増えていない。増えているのは，その他のサービス職業従事者（2000年に10％程度）で，その中身はよくわからない。2000年国勢調査で，産業大分類別にみると，東京都に居住するサービス職業従事者632,952人の51％は卸売小売業，42％はサービス業で働いている。

④数はそれほど多くないが，管理的職業従事者が1980年の7.0％から2000年の3.7％に，大きく減少していることも注目される。2002年就業構造基本調査で管理的職業従事者の従業上の地位の内訳をみると，277,000人中，219,000人（79％）が民間の役員である。いわゆる法人成りにより，実質的な自営業主が民間役員の形をとるケースがあるから，この減少は，ひとつには，小零細自営業の減少傾向を反映したものと推測されるが，他方では，コーポレート・ガバナンス改革などにより，民間企業の役員数が削減されたとも考えられる。

拡大している専門的技術的職業従事者の内訳をみると，シェアも大きく数も伸びているのが，技術者（1985年254,978人だったものが，2000年には326,000人へ），保健医療従事者（1985年163,972人だったものが，2000年198,534人へ）である。もうひとつシェアが大きい教員は減少気味である（1985年127,992人だったものが，2000年には121,700人へ）。このほかに，シェアはそれほど大きくないが伸びている職種としては，社会福祉専門職業従事者，美術家・写真家・デザイナーなどがある。本書では，第Ⅱ章において，情報技術者とデザイナーを取り上げてその実態を解明している。こうした専門的職業や技術者たちの育成・活用方策は，企業の人事管理の観点からも，産業政策の観点からも重要なポイントのひとつである。そうした重要性から，多くの研究が行なわれているが（たとえば，佐藤2001），なお決め手にかける状況であり，今後いっそう調査研究を深めていく必要があろう。

3.4 就業構造が変わり，働くかたちが変わってきた

働く場や，仕事の内容だけでなく，働くかたちも変わってきた。表Ⅰ-8

は，就業構造基本調査によって，東京で働く人々の就業・雇用形態の推移をみたものである。なお，2002年就業構造基本調査を利用する際には，従来と調査票が変わったため，項目によっては，それ以前の調査との連続性が不確かであることに留意が必要である。この表から，つぎのことがわかる。

①全就業者に占めるパート・アルバイト（呼称）の割合は，1982年調査では10％程度であったが，1997年には16.4％，2002年には17.6％に増加した。全雇用者に占める割合でみると，12.2％（1982年）から19.2％（1997年），20.9％（2002年）に増大している。自営業を除けば，働く人の2割がパート・アルバイトなどということになる。大きな増加である。

②つぎに，全就業者に占める正規の職員・従業員の割合をみてみると，1982年に59.0％であったものが，1997年に56.2％，2002年には50.5％へ

表 I-8 就業形態別東京都就業者数の推移

		1982年		1992年		1997年		2002年	
		実数	％	実数	％	実数	％	実数	％
男女計	総数	5,893	100	6,635	100	6,677	100	6,654	100
	自営業主	765	13.0	697	10.5	701	10.5	654	9.8
	家族従業者	354	6.0	300	4.5	247	3.7	184	2.8
	雇用者	4,752	80.6	5,631	84.9	5,725	85.7	5,586	84.0
	うち正規の職員・従業員	3,477	59.0	3,837	57.8	3,751	56.2	3,359	50.5
	うちパート	581	9.9	519	7.8	605	9.1	627	9.4
	うちアルバイト			372	5.6	493	7.4	542	8.1
男	総数	3,713	63.0	4,047	61.0	4,011	60.0	3,949	59.3
	自営業主	541	9.2	495	7.5	502	7.5	472	7.1
	家族従業者	63	1.1	56	0.8	44	0.7	35	0.5
	雇用者	3,093	52.5	3,493	52.6	3,464	51.9	3,323	49.9
	うち正規の職員・従業員	2,401	40.7	2,610	39.3	2,568	38.5	2,345	35.2
	うちパート	148	2.5	31	0.5	45	0.7	53	0.8
	うちアルバイト			202	3.0	250	3.7	271	4.1
女	総数	2,180	37.0	2,588	39.0	2,667	40.0	2,705	40.7
	自営業主	224	38.0	203	3.1	199	3.0	182	2.7
	家族従業者	290	38.0	244	3.7	203	3.0	148	2.2
	雇用者	1,659	28.2	2,138	32.2	2,261	33.9	2,263	34.0
	うち正規の職員・従業員	1,076	18.3	1,227	18.5	1,183	17.7	1,014	15.2
	うちパート	433	7.3	488	7.4	560	8.4	574	8.6
	うちアルバイト			171	2.6	243	3.6	271	4.1

出所：総務省統計局「就業構造基本調査」より作成。

と減少している。ただし，1997年から2002年にかけての減少については，上に述べた調査票の変更によって，やや過大にあらわれている可能性が高い。具体的には，この2つの調査で派遣労働者数の調べ方が変化しており，その結果派遣労働者数が過大にあらわれ，逆に正規職員・従業員が過小に表示されていると推測される。

③より劇的な変化を遂げたのは，自営業主・家族従業者数の割合である。1982年に19.0％を占めていた自営業主・家族従業者は，1997年には14.2％，2002年には13.0％に減少している。この20年間でパート・アルバイトと自営業主・家族従業者の労働市場に占めるシェアが逆転したことになる。実数ベースでみても自営業主・家族従業者は，この間，111万9,000人から86万6,000人へと25万人以上の減となった。

このような働くかたち（雇用・就業形態）の変化の背景には，産業構造の変化（増加傾向にある卸売小売業やサービス業では，業務の繁閑が大きく，短時間勤務者が求められる傾向が強いなど）や，産業組織の変化（流通の担い手が中小零細企業から大企業へ変化するなど），労働供給構造の変化（つぎに検討するように，女性の労働供給が増加してきたが，そのなかには，短時間勤務を望むものも多数存在するなど）があったと考えられる。このような変化は，産業と人々のニーズに対応した変化であるという側面をもち，全体として経済や社会の活力を高めるように機能してきたことは確かである。だが，そこに問題がないわけではない。正規従業員とパート・アルバイトの均等待遇が社会的に問題となり，また1990年代に入ると若年で正規職員・従業員として就業せず，パート・アルバイト勤務を継続するいわゆるフリーター層が拡大するなど，多くの課題が残されている。

問題解決の前提は，的確な事態の認識と分析である。都立労働研究所は，発足以来，こうした雇用就業形態の変化について調査研究を深めてきた。都労研（1982）をはじめとして，また，自営業セクターの重要性にいち早く注目し，その活性化の方途を探った（都労研1992，参照）。

3.5 女性の労働供給が増え，就業形態が変化してきた

東京の労働市場における供給構造の変化も顕著であった。この面でまず指

摘すべきことは，女性の労働供給が増加したことであろう。表Ⅰ-9は，国勢調査により，東京都に居住する15歳以上人口の推移を性別年齢別に示したものである。この表から，つぎのことがわかる。

①都内に居住する15歳以上人口は1980年からの20年間で140万人近く増加し，労働力人口も64万人近く増加したが，全体としてみた労働力率は63.3％から61.1％へと若干低下した。労働力率を押し下げる要因としては，高齢人口の増加（15歳以上人口に占める60歳以上の割合をみると14.0％から25.0％に増加した），進学率の上昇（20～24歳層の労働力率が69.2％から60.4％に低下した）がある。

②この間，男性の労働力率は，81.9％から73.5％へと低下し，労働力人口の実数でみても，3,739,197人から3,872,907人へと13万人の増加にとどまった。逆に，女性の労働力率は，45.6％から48.8％へと増加し，労働力人口も209万人から260万人弱へと50万人以上増加している。①で指摘した労働力率を押し下げる要因は，男性も女性も共通しているから，この期間，女性の労働供給を増加させる力がそうした押し下げ要因を乗り越えて強かったことがわかる。

③女性の労働力率の変化をみると，25歳以上のどの年齢層でも労働力率が上昇しているが，とくに目立っているのが，第一に，25～29歳（17.7ポイント上昇），30～34歳層（13.7ポイント上昇）で，これは婚姻年齢・出産年齢の高齢化の影響が大きいグループ，第二に45～49歳，50～54歳，55～59歳層（いずれも10ポイント強上昇）で，少子化などにより，労働市場に再参入する割合が高まったグループと考えられる。かりに，第1グループの労働力率が1980年と同レベルだったとすれば，50万人の労働力供給減要因となったはずである。また，第2グループの労働力率が1980年と同レベルであったと仮定すれば，64万人の労働力供給減要因となったはずである。

このような女性の労働市場への参加率の増大は，この期間の東京の労働市場における労働需要の増加に対する労働供給の量的適応という点からみて，もっとも重要な要因のひとつであったといってよい。

ところで，このような女性の労働市場参入増を，東京の労働市場はどのように吸収したのだろうか。前掲表Ⅰ-8をみると，1982年から2002年の間

表 I-9 性年齢階級別東京都労働力状態の推移

		1980年			1990年		
		労働力人口	就業者	総数	労働力人口	就業者	総数
男女計	総数	9,203,524	5,830,024	5,672,052	10,034,551	6,484,814	6,284,061
	15～19歳	876,161	171,393	162,056	948,359	195,474	178,695
	20～24歳	1,113,290	699,223	674,672	1,195,664	827,176	789,477
	25～29歳	1,010,762	778,079	752,397	995,391	817,449	788,547
	30～34歳	1,128,129	825,828	804,199	804,673	604,527	588,109
	35～39歳	954,985	716,895	703,524	822,279	630,564	615,680
	40～44歳	851,939	651,755	641,412	1,000,011	799,389	783,233
	45～49歳	803,528	611,455	601,586	893,591	723,493	711,169
	50～54歳	665,798	493,682	484,999	804,082	631,871	620,866
	55～59歳	508,454	350,144	340,652	737,990	540,429	528,097
	60～64歳	395,517	233,385	221,424	588,485	350,913	331,497
	65歳以上	894,961	298,185	285,131	1,244,026	363,529	348,691
男	総数	4,614,440	3,739,197	3,633,768	5,021,034	4,002,534	3,877,192
	15～19歳	456,826	92,364	85,827	489,587	108,003	97,097
	20～24歳	616,805	363,641	350,561	645,946	433,151	412,454
	25～29歳	543,382	522,108	506,968	534,900	502,458	488,028
	30～34歳	587,169	578,482	564,799	424,361	409,839	400,743
	35～39歳	478,907	473,448	464,801	428,012	416,289	407,255
	40～44歳	418,503	413,180	406,314	509,047	496,223	486,409
	45～49歳	396,865	390,748	384,044	442,741	431,475	423,938
	50～54歳	323,651	317,186	311,201	393,817	381,871	374,964
	55～59歳	229,620	220,955	213,954	362,109	346,200	337,718
	60～64歳	174,113	152,132	141,883	280,517	234,725	218,514
	65歳以上	388,599	214,953	203,416	509,997	242,300	230,072
女	総数	4,589,084	2,090,827	2,038,284	5,013,517	2,482,280	2,406,869
	15～19歳	419,335	79,029	76,229	458,772	87,471	81,598
	20～24歳	496,485	335,582	324,111	549,718	394,025	377,023
	25～29歳	467,380	255,971	245,429	460,491	314,991	300,519
	30～34歳	540,960	247,346	239,400	380,312	194,688	187,366
	35～39歳	476,078	243,447	238,723	394,267	214,275	208,425
	40～44歳	433,436	238,575	235,098	490,964	303,166	296,824
	45～49歳	406,663	220,707	217,542	450,850	292,018	287,231
	50～54歳	342,147	176,496	173,798	410,265	250,000	245,902
	55～59歳	278,834	129,189	126,698	375,881	194,229	190,379
	60～64歳	221,404	81,253	79,541	307,968	116,188	112,983
	65歳以上	506,362	83,232	81,715	734,029	121,229	118,619

出所：総務省統計局「国勢調査」より作成。

第Ⅰ章　東京の労働市場とその変容, 1980〜2000 年

（単位：人）

2000 年		
労働力人口	就業者	総数
10,596,334	6,469,930	6,158,377
640,095	107,193	97,018
991,457	599,153	553,870
1,118,725	884,733	831,816
1,020,691	766,266	729,053
877,029	658,343	632,966
731,320	567,087	548,481
773,398	609,324	588,471
955,871	743,722	717,858
839,781	619,021	595,820
737,511	426,961	396,511
1,910,456	488,127	466,513
5,271,132	3,872,907	3,677,796
328,620	57,201	51,076
523,171	302,053	277,118
580,884	494,768	465,877
532,026	475,983	454,956
459,840	420,440	405,601
377,857	349,614	338,382
396,696	366,893	353,539
483,897	445,975	429,120
414,340	375,052	358,940
355,502	267,270	243,185
818,299	317,658	300,002
5,325,202	2,597,023	2,480,581
311,475	49,992	45,942
468,286	297,100	276,752
537,841	389,965	365,939
488,665	290,283	274,097
417,189	237,903	227,365
353,463	217,473	210,099
376,702	242,431	234,932
471,974	297,747	288,738
425,441	243,969	236,880
382,009	159,691	153,326
1,092,157	170,469	166,511

に，女性就業者数は 218 万人から 270 万 5,000 人に 52 万 5,000 人の増となっているが，雇用形態別にみて増加が顕著なのはパート・アルバイトで，43 万 3,000 人から 84 万 5,000 人へと，41 万 2,000 人増である。正規の職員・従業員は，107 万 6,000 人から 101 万 4,000 人へとむしろ減っている。この間，男性についても正規の職員・従業員は 240 万 1,000 人から 234 万 5,000 人へと減少しているから，正規職員・従業員の減少傾向は男女を問わずみられる現象である。だが，この間の女性労働力供給の大幅な増加を考えると，そうした追加的労働力供給の多くが，パート・アルバイトを中心に，派遣や契約社員等の非正規社員の増加という形で吸収されたといえる。

　これは，前節でもみたように，一面では供給サイドの短時間労働志向などのニーズに適合した労働需要が多くつくりだされ，需給があいまって女性就業者の増加に貢献し，また家計における生計費の増加をカバーすることによって消費需要を維持拡大することにつながった面があることは確かであろう。だが，もし，このように参入してきた女性労働者たちが，より高い生産性を発揮できる仕事につき，より高い賃金を獲得することができていたなら，家計は実際に実現したよりも豊かになり，日本経済は消費主導の成長を遂げることができていたかもしれない。そのような可能性がなかっ

たのか，社会科学の目で検証することが必要であろう。

都労研は，こうした女性就業者の増加の重要性にいち早く着目し，さまざまな調査研究を実施した。また，1985年度以降は，女性労働部門を設けてさまざまな職業・産業分野の女性労働者の実態を解明した。その成果の一端は，本書の第Ⅴ章に示されているとおりである。

3.6　労働力の高年齢化が進んだが，団塊第2世代の参入で若年労働供給も増えた

つぎに，年齢構成という観点から，表Ⅰ-9を見直してみよう。まず，最初に注目されることは，労働力の高年齢化が進んだことである。1980年に東京都の労働力人口（常住地ベース）の15.1％を占めていた55歳以上の高年齢者の割合が，1990年には19.4％，2000年には23.7％に増加した。これは，この間，人口の高齢化が進んだことと対応している。東京都に居住する15歳以上人口に占める55歳以上層の割合は，1980年には19.5％だったが，1990年には25.4％，2000年には32.9％へと増加した。ちなみに，60～64歳層の労働力率は，この間，一貫して59％台を記録しているから，この20年間における労働力人口の高齢化は，主として住民の年齢構成の高齢化によるものであったと推測できる。

労働力人口の高齢化が進むと，定年制度，賃金制度，教育訓練から作業環境の見直しなど，それに見合った雇用・就業のあり方の見直しが必要になる。都立労働研究所は，中高年労働部門を設置し，多様な分野における中高年労働の実態調査を実施し，19本にのぼる報告書を刊行している。

ところで，年齢構成という点からみた東京の労働力人口の変化として注目すべきもうひとつの動きは，若年労働力である。ここでは，進学率上昇の影響を受けにくい25～34歳の層を抜き出してみてみよう。すると，つぎのような興味深い事実が明らかになる。すなわち，この年齢層の若年労働力人口は，1980年には労働力人口全体の27.5％を占めていたが，1990年には21.9％に減った。だが，2000年には，この割合は，ふたたび25.5％に増加している。これは，1980年には団塊第1世代が，2000年には団塊第2世代が，この年齢層に多く含まれているということによるものである。この20年間

に，一方では労働力人口の高年齢化が進行すると同時に，若年労働力人口の大きな波動が生じたことが指摘できる。こうした波動現象は，人口学的要因によるものであり，十分に予測可能な事態であった。だが，若年雇用をめぐる問題が社会科学的研究の対象となったのは，フリーターの存在などが騒がれるようになってきた比較的近年のできごとであり，調査研究面での対応が遅れたことは否めない。都立労働研究所の報告書のなかでも，若年に焦点を当てたものは，比較的少ない。

　これは，団塊第1世代の労働市場参入をめぐる問題が，経済の比較的順調な成長と，進学率の上昇によって緩和され，当初危惧されたような大きな問題を起こすことなく解決されたことから，団塊第2世代の労働市場参入をめぐる問題が等閑に付され，研究関心の立ち後れが生じた面があるといわざるをえない。

3.7　高学歴化が進み，産業・職業構造の変化に対応してきた

　労働供給面でもうひとつ大きな変化は，労働力の高学歴化である。表Ⅰ-10は，1980年と2000年の国勢調査により，東京都の就業者のうち在学者，未就学者を除いた者を卒業学校種類別・職業大分類別に示したものである。この表から，つぎのことがわかる。

　①この20年間に東京都の就業者（居住地ベース）のうち，大学・大学院卒の割合が22.3％から31.3％へ，短大・高専卒の割合が9.5％から15.7％へと大きく伸びた。両者をあわせて高学歴層と考えれば，その割合はすでに47％に達している。若年人口の高学歴化傾向を勘案すれば，この割合は，今後もいっそう高まることが予想される。

　②これを実数でみると，大学・大学院卒は，この20年間で約65万人増加，短大・高専卒は同じく約42万人の増加をみたが，高校・旧中卒は，約19万人の減，小学校・中学校卒は，約59万人の大幅減となっている。

　③増加した高学歴労働力を吸収した職業は，第一に，専門的・技術的職業で，大学・大学院卒就業者約24万人増，短大・高専卒就業者約8万人増，合計で約32万人増となっている。第二は，事務で，大学・大学院卒就業者約18万人増，短大・高専卒就業者約13万人増，合計で約31万人増となっ

表Ⅰ-10 居住地別東京都就業者数

	1980年						
	卒業者総数	小・中学卒	高校・旧中卒	短大・高専卒	大学・大学院卒	卒業者総数	小・中学卒
総数	5,554,663	1,195,985	2,492,856	527,010	1,234,172	6,111,281	922,269
専門的・技術的職業従事者	630,565	20,142	129,339	146,096	331,565	896,634	18,458
管理的職業従事者	404,052	41,509	134,458	42,362	177,688	355,823	26,336
事務従事者	1,256,449	90,473	662,275	165,443	325,643	1,493,509	77,901
販売従事者	969,011	182,241	477,921	60,971	231,110	1,057,505	114,631
サービス職業従事者	515,487	178,109	270,483	31,318	25,661	517,581	136,000
保安職業従事者	68,722	9,899	37,187	2,880	15,635	73,864	9,408
農林漁業作業者	36,903	19,454	9,944	868	1,678	32,857	16,197
運輸・通信従事者	210,857	73,469	114,477	7,233	10,804	205,052	59,872
生産工程・労務作業者	1,443,394	575,786	648,113	68,223	111,655	1,409,493	452,047
分類不能の職業	19,221	4,903	8,657	1,615	2,754	68,963	11,419

注：1980年の「生産工程・労務作業者」は，「採掘作業者」の項目との合計。
出所：総務省統計局「国勢調査」より作成。

ている．第三は，販売で，大学・大学院卒就業者約16万人増，短大・高専卒就業者約7万人増，合計約23万人増となっている．

　この間，専門的・技術的職業は，学歴計で約38万人の増加，事務は，同じく約19万人の増加，販売は，同じく約7万人の増加である．したがって，専門的・技術的職業では，労働需要の増加に高学歴労働力供給増がマッチすることにより，需給がおおむねバランスした格好になっているが，事務と販売については，高学歴者による低学歴者の置き換えが進んだことがわかる．置き換えの度合いは，販売のほうが大きい．この背景には，IT革命の進行による事務という職業の内容変化，流通構造変化による小零細商店の縮小と大型店の比重の増加による販売職業の内容変化など，労働需要側の変化があったと考えられるが，他方では，労働供給サイドでの高学歴化進行により，労働力調達先がより高学歴層にシフトせざるをえなかったという事情も働いていた可能性がある．

　こうした労働力供給の高学歴化と労働市場の需給のマッチング問題について，都労研は，「専修・専門学校卒業生の労働市場」（都労研1989），「大卒女性の職業選択行動と職業生活」（都労研1994）に関する調査研究を実施しているが，必ずしもその全体像とダイナミズムを十分解明したとはいえない．残された課題のひとつといってよい．

の推移

1990 年			2000 年				
高校・旧中卒	短大・高専卒	大学・大学院卒	卒業者総数	小・中学卒	高校・旧中卒	短大・高専卒	大学・大学院卒
2,636,709	783,860	1,611,622	6,013,547	606,787	2,303,055	945,236	1,883,442
167,708	205,942	490,547	1,009,149	16,928	165,877	229,258	570,692
112,629	30,633	178,095	241,552	13,111	69,508	18,712	129,599
699,547	271,750	412,634	1,450,766	51,409	544,473	297,181	506,754
479,339	101,174	335,765	1,037,661	72,036	397,220	133,255	387,931
278,165	52,997	33,035	586,056	96,500	289,438	100,946	61,896
40,114	3,687	19,379	82,886	6,921	40,799	5,804	26,436
12,075	1,659	2,003	29,086	9,640	12,361	2,363	3,412
117,954	8,340	12,414	196,747	43,998	110,071	12,067	17,860
700,437	99,574	115,554	1,223,018	280,032	609,667	123,540	144,825
28,741	8,104	12,196	156,626	16,212	63,641	22,110	340,37

3.8 外国人労働者が増え，さまざまな分野で働くようになった

この20年間の労働市場における特徴的な変化のひとつは，外国人労働力の増加である。東京都も例外ではない。経験的につかめるこの変化も統計的に正確に把握しようとすると，大きな困難に突きあたる。短期滞在者の残留などによるいわゆる不法滞在が多数存在し，正確な数をつかむことは難しい。表Ⅰ-11は，法務省出入国管理統計年報にもとづき，主要出身地域・国別にみた東京都における外国人登録者数の推移を示したものである。これだけでは不十分であるが，変化の動向をみる指標としては利用できよう。この表から，つぎのことがわかる。

①東京都の外国人登録者数は，1980年の11万4,449人から2000年の29万6,823人へと大幅な増加を示した。

②しかも，1980年の外国人登録者のうち，戦前の植民地統治の影響によるところが大きい韓国・朝鮮籍の人が7万3,836人と64.5%を占めていたのが，2000年にはその割合は32.9%へと低下している。この期間における新規外国人流入が大きかったことがうかがえる。そのうち留学生なども増えているが，彼らのアルバイトなども含めて外国人労働力供給増が大きかったことがわかる。

③とくに増加が目立つのが中国籍の人であって，1980年の1万4,979人から2000年には7万7,163人増加しており，これは，この20年間の外国人登

表Ⅰ-11　出身地域別東京都外国人登録者数の推移

	1980年	1990年	2000年
総数	114,449	213,056	296,823
アジア	93,898	175,582	242,975
うち韓国朝鮮	73,836	91,931	97,710
うち中国	14,979	60,156	92,142
北・南米	11,021	21,420	28,093
うちアメリカ	9,308	15,317	16,817
ヨーロッパ	7,779	12,818	18,972
その他	1,001	2,876	6,499
無国籍	750	360	284

出所：法務省「出入国管理統計」より作成。

録者増加分の 42.5% を占めている。

④韓国・朝鮮，あるいは中国以外のアジア諸国からの登録者数の増加も顕著である。1980 年にはわずか 5,078 人にすぎなかったが，2000 年には 5 万 3,123 人と 10 倍以上の伸びとなっており，この 20 年間の登録者増加分の 26.5% を占める。

⑤ここでは表示していないが，外国人登録者数が増加したのは東京だけでなく，全国的な傾向である。1980 年に 78 万 2,910 人だった登録者数は，2000 年には 168 万 6,444 人に倍増している。東京都の特徴のひとつは，全国的にみると，2000 年には 31 万人 2,921 人の登録者数を記録する南米諸国出身者が少なく，7,937 人にとどまることである。製造業などを中心にこの期間大量に南米諸国から流入したいわゆる日系の人々は，東京以外の製造業集積地などに集中して居住する傾向を示したことがわかる。

このような外国人労働者の増加に都労研はいち早く対応し，1993 年には国際労働部門を設置して，さまざまな要因で困難がともなう外国人労働者の実態調査を実施し，4 つの報告書を刊行している。その成果は本書第Ⅵ章に示されている。とくに，中小零細企業調査の実績と経験を生かし，これら外国人労働者たちの職場における受け入れ状況を的確に分析していることは，都労研の外国人労働者研究の特徴であり，ほかにはない強みである。経済不況により外国人労働者の流入が抑制される面もあるが，ひきつづき増加している分野もあり，東京の労働市場と雇用政策の今後を考えていくうえで重要な論点のひとつであることは疑いない。

3.9 労働組合の組織率が低下し，争議も減ったが，個別労使紛争は増えている

以上に述べてきた労働市場の構造変化は，労働組合にとっては，組織しづらい労働者を増やし，組織率の維持にとって不利な方向に作用してきた。表Ⅰ-12は，労働組合基礎調査により東京都の組合員数の動向を示し，また，国勢調査（従業地ベース）による雇用者数にもとづいて組織率の動向を示したものである。2000年国勢調査については，従業地ベースの雇用者数が現時点では利用できないため，空欄となっている。参考までに，国勢調査のかわりに，1981年，1991年，2001年の事業所統計調査（1991年，20001年については企業・事業所統計調査）によって得られる雇用者数にもとづく推計を表示してあるが，これによれば，1990年から2000年にかけての東京都の組織率低下はそれほど大きくなかった。ただし，組合員数は，この期間大幅に減少しており，労働組合の勢力低下傾向は，続いたと考えられる。

組織率以上に劇的な変化を遂げたのは労働争議の減少である。表Ⅰ-13から明らかなように，争議件数，争議損失日数いずれをとっても，大幅に減っている。1990年代に経済環境が悪化したことは，労働組合が攻勢にでることを困難にしたから，賃上げなどの争議がある程度減少することは予想できるが，他方，雇用問題の発生などにより紛争が発生する確率を増加させる

表Ⅰ-12 東京都における推定労働組合組織率の推移

	組合員数	雇用者数	推定組織率	参考（事業所統計による推計）
1980年	2,143,371	7,317,367	29.3	31.3
1990年	2,310,456	8,627,607	26.8	27.7
2000年	2,199,168	8,023,630	—	27.4

出所：組合員数については，厚生労働省「労働組合基礎調査」；雇用者数については，総務省統計局「国勢調査」；参考の分母については，総務省統計局「企業・事業所統計調査」より作成。

表Ⅰ-13 東京都における労働争議の推移

	労働損失日数	争議件数
1980年	1,40,060	175
1990年	32,593	119
2000年	10,491	45

出所：厚生労働省「労働争議統計調査」より作成。

表 I-14 東京都の労政事務所相談件数の推移

(単位：件)

1980 年	24,683
1990 年	30,747
2000 年	48,045

出所：東京都産業労働局「労働相談及びあっせんの概要」より作成。

要因もあったから，これほど一方的な争議の減少が続いたのは，なんらかの構造的要因によるか，あるいは，労使の対応が大きく転換したことによると考えるべきであろう。

集団的労使紛争は減少したが，他方，組織されない労働者による個別的な労使紛争は増加傾向にあると推測される。表 I-14 は，東京都の労政事務所における相談件数の推移を示したものであるが，1990 年代における増加が顕著である。相談項目では，解雇をめぐる紛争の増加が目立っている（1990 年に 1,704 件だったものが，2000 年には 9,447 件）。

都労研は，発足当初より，労使関係部門をもち都内就業者の労使関係意識や労働組合の組織化活動，未組織企業における労使関係などについて調査研究を行ない，労使関係の実態を解明するべくつとめてきた。その成果の一端は本書の第IX章で述べられている。

3.10 経済が停滞し，賃金水準が伸びなくなったが，労働時間は短縮した

以上にみてきたような労働市場の構造変化と労使関係の変化をうけて，賃金，労働時間などの労働条件がどのように変化してきたかについては多くの論点があり，それらを広くカバーする余裕はない。ここでは，平均値の推移のみをみておこう。表 I-15 は，毎月勤労統計調査により，東京都の事業所（規模 30 人以上）における月平均の現金給与総額と総実労働時間の推移を示したものである。この表から，1980 年代まで順調に伸びてきた賃金が 1990 年代に停滞したこと，他方で，労働時間は短縮したことが示されている。賃金の停滞は，基本的には景気変動によるものであり，経済の回復とともに，ふたたび上昇することが考えられる。他方，労働時間の短縮は，90 年代前半期に大きく進んだもので，これは，景気変動による所定外労働時間

表 I-15 東京都における現金給与総額および総実労働時間の推移

	現金給与総額（円）	総実労働時間（h）
1980 年	310,490	169.8
1990 年	456,795	164.7
2000 年	505,260	154.4

出所：厚生労働省「毎月勤労統計調査」より作成。

の減少もあるが，労働基準法改正などによる所定内労働時間の短縮によるとことが大きいので，いわば段階的な変化であると考えられ，もとにもどるとは考えにくい。サービス残業などの問題を残しているが，この期間に労働時間の短縮が進んだことは確かであろう。労働時間の短縮は，時間あたり労務費の上昇をもたらすから，事業主にとっては負担であり，その影響を生産性向上によってどれほど解消しえたかは，今日の労働市場を考えるうえで重要なポイントのひとつであろう。

4 むすび

以上，東京都の労働市場がこの 20 年の間にどのような構造的変化を遂げてきたのか，そのありようを公表統計データにもとづいて描いてきた。サービス経済化，ホワイトカラー化，女子労働力供給の増加，高齢化や高学歴化などのキイワードがそこから浮かび上がってくる。このような構造変化は，労働市場をとりまく環境変化と，それに対応した企業や，そこで働く人々の行動の変化の帰結であるが，結果として進行する労働市場の構造変化がまた，企業や人々の対応を促すことになる。そうしたダイナミックなプロセスのなかで，さまざまな問題や隘路が発生する。よくいわれる労働力需給のミスマッチは，そうした労働市場の動態的展開のなかで発生するものであり，単に職業紹介システムを整備（それ自体は重要であるが）すれば解決するようなものではない。ここに広い意味での雇用政策が対処すべき課題があるわけであるが，その前提は，正確な事態の認識である。そのために種々の調査が行なわれ，統計が作成され，また分析が行なわれている。研究者による研究も

数多く行なわれている。

だが，そうした分析の多くは全国データによるもので，特定の地域を対象にした精密な分析は，それほど多くない。労働力は，他の商品と異なり，地域的固定性を有する。労働力の担い手である人間は，特定の地域社会で生活し，簡単には移動できない。したがって，地域に着目した労働市場の動態分析は，もっと行なわれてよいはずである[3]。また，そのなかで，東京は，日本の首都であるだけでなく，最も活力ある都市として，日本経済発展の鍵を握る地域である。その東京の労働市場の動態をミクロとマクロの視点で分析していくことは，日本全体の観点からみても重要な課題である。都立労働研究所の20年間の活動は，その意味で貴重なものであった。その役割を，どのように引き継ぐことができるか，考える必要があろう。

参考文献

Jacobs, Jane (1969) *The Economy of Cities,* New York: Random House（中江利忠・加賀谷洋一訳『都市の原理』鹿島研究所出版会，1971年）．
─── (1984) *Cities and the Wealth of Nations,* New York: Random House（中村達也・谷口文子訳『都市の経済学』TBSブリタニカ，1986年）．
尾高邦雄編 (1956)『鋳物の町』有斐閣．
佐藤　厚 (2001)『ホワイトカラーの世界』日本労働研究機構．
東京都立労働研究所 (1982)『中小事業所における非正規従業員の実態』東京都立労働研究所，3月．
─── (1989)『専修学校（専門学校）卒業生の労働市場』東京都立労働研究所，3月．
─── (1992)『自営業者のキャリアと就労』東京都立労働研究所，3月．
─── (1994)『大卒女性の職業選択行動と職業生活』東京都立労働研究所，3月．
─── (1998)『価格破壊・価格革命下の卸売業の経営と労働事情に関する調査』東京都立労働研究所，3月．
氏原正治郎・高梨昌 (1971)『日本労働市場分析』東京大学出版会．

---

3) 戦後の労働研究は，特定地域を研究対象とするところから出発した。たとえば，神奈川県の調査を主たる対象とした労働経済学的研究（氏原・高梨1971），埼玉県川口市の鋳物工業地域を対象とした社会学的研究（尾高編1956）などが想起される。

第Ⅱ章　都会のプロフェッショナルたち
デザイナーと情報技術者を中心に

今野浩一郎

1　はじめに

　製品・サービスの高付加価値化をはかることは，厳しい国際競争のなかで生き抜くためにわが国企業がとる経営戦略の基本である。そうなると経営活動を高度化し，それを支える専門職を育成し活用することが重要な経営課題になる。他方，労働者の働く意識をみると，彼ら（彼女ら）のキャリア志向は多様化し，経営者や管理者の組織責任者へ昇進することよりも，専門職としてキャリアを積み重ねることを目標とする労働者が確実に増えている。

　このように企業にしても労働者にしても専門職に対するニーズが拡大しているにもかかわらず，わが国企業は専門職を効率的・効果的に育成し活用する管理システムの構築に必ずしも成功していない。たしかに企業はこれまで幾度か専門職制度の整備を試みてきた。しかし，その行く末は「専門職を効率的・効果的に育成し活用する管理システム（つまり専門職制度）」とはほど遠いものであった。

　したがって，いま考えねばならないことは，専門職制度の重要性については合意されているので，どうすれば効率的，効果的な専門職制度を構築し，運用できるかである。それを解決するために必要な作業はいくつもあるが，専門職とはどのように能力とキャリアを形成する労働者であるのか，その背景にある労働市場にはどのような特性があるのかを明らかにすることが重要な作業のひとつになろう。

　さらに，この点を明らかにするうえで専門職のタイプに注目する必要があると考えている。ひとくちに専門職といっても多様なタイプがあり，専門職

制度もそれに合わせて作られねばならない。それとともに，本章は「企業内専門職のための専門職制度のあり方」を考えることを主要なねらいとしているので，企業内専門職と他のタイプの専門職を比較することで貴重な情報が得られると考えている。そこで本章では，まず専門職の類型化を行ない，そのなかから典型的な類型，つまり典型的な企業内専門職と非企業内専門職を抜き出し，それらの比較を通して，企業内専門職の雇用管理のあり方を検討している。また本書が「東京で働く人々」をテーマにしているので，東京に労働者が集中している都市型の専門職を分析の対象にしたいと考えている。

2　専門職とは何か

2.1　専門職の捉え方

まず問題になることは専門職とは何かである。それを検討するうえで，専門職として一般的に認められている職業の特性について考えてみると参考になる。

弁護士や公認会計士は，専門職として認められている典型的な職業である。それは，高度な専門能力を要する業務に従事している，公的資格の取得が義務づけられている，高度な専門能力あるいは公的資格をもって企業などの組織に依存せずに働くことができるという特徴をもち，それらが専門職の要件と考えられているからだろう。しかし，これらの要件のなかで，公的資格の取得を必要としないデザイナーも専門職として認められていることからすると，公的資格の取得は専門職の必須の要件ではなく，高度な専門能力を備えていることを担保するためのものと考えていいだろう。

それでは，もうひとつの組織に依存せずに働くことができるという要件はどうであろうか。この要件の場合には，さらに同一職業を軸にした横断的な労働市場，つまり労働者が同じ職業のなかで組織を超えて移動し，労働者の地位と価値（賃金）が組織を超えて社会的に決定されるという労働市場が想定されている。それは，専門職の第一の要件である「高度な専門能力」が組織を超えて社会的に通用するので，専門職の人たちは組織に依存することな

く働き，横断的労働市場を形成すると考えられているからである。

しかし，「社会的に通用する高度な専門能力」があっても，横断的な労働市場が形成されていない専門職の例を見つけるのは容易である。大手企業で働いている研究者を考えてみてほしい。彼ら（彼女ら）は企業内定着性が高いので，企業を超えて横断的に移動することが横断的労働市場の重要な特性であり，それが専門職の不可欠の要件であるとすると，専門職の範疇から排除されねばならないだろう。しかし，企業の研究者は一般に専門職とみなされているし，彼ら（彼女ら）の能力は明らかに「社会的に通用する高度な専門能力」なのである。

このようにみてくると，何を専門職とするかは問題関心に沿って決める必要がある。ここの主要な問題関心が企業内専門職にあること，それに加えて，専門職とみなされている職業のなかで企業内専門職の存在が大きくなっていることからすると，弁護士などとともに企業の研究者も専門職の範疇に加え，それを前提に専門職をつぎのように定義する必要があろう。

「組織（企業）を超えて社会的に通用する高度な専門能力を要すること」が専門職の不可欠な要件である。しかし，その職業の労働者がどの程度組織に依存する働き方をし，横断的労働市場を形成しているのかは専門職の不可欠な要件ではなく，そのタイプを決める要素である[1]。

2.2 専門職の類型化と2つの代表タイプ

専門職をこのように捉えると，組織依存度と横断的労働市場の2つの要素

---

1) 欧米先進国における専門職の研究を踏まえて，太田（1993）は，組織で働く専門職の要件として，①大学などでの体系的な教育訓練によって習得され，一定の理論的基礎と汎用性を有する専門的知識・技術にもとづく仕事に従事していること，②専門家団体あるいは専門家社会の基準による，能力その他の評価システムが何らかの形で存在していることの2点をあげている。ここでの定義と比べると，第一の要件はほぼ一致するが，第二の要件は異なる。専門職の能力を社会的に評価する職業団体などがない，あるいは存在していたとしてもその社会的影響力が弱いというわが国の現状を踏まえると，第二の要件を厳しく設定すると，わが国で一般的に専門職と考えられている多くの職業が専門職の範疇からはずれてしまう。この点を考慮して，本章では第二の要件を専門職の定義からはずしてある。

を使って専門職の類型を考えることができるが，この2つの要素の程度をどのように評価するかについて簡単にふれておきたい。

まず組織依存度については，専門職といえども企業などの組織で働くのが一般的であるという現実を念頭にいれると，専門職としての仕事を行なううえで，組織が提供する生産手段にどの程度制約されるのかによって決まるだろう。また，横断的労働市場がどの程度形成されているのかは，組織（企業）間の流動性の多寡で判断できるだろう。そうした視点で評価した組織依存度と横断的労働市場特性の大小を組み合わせると，図Ⅱ-1で示すように4つの専門職類型が考えられる。

そのなかの典型は組織依存度が小さく，横断的労働市場の特性が大きい類型である。それは専門職の伝統的タイプにもっとも近い類型であり，弁護士，公認会計士，デザイナーがそれに当たるだろう。彼らの場合には，専門職としての仕事を行なううえで，多額の費用を要する（したがって，個人で費用を負担することが困難な）機械・設備などは必要とせず，彼ら（彼女ら）が所有する高度な専門能力をもってすれば仕事を十分に遂行できるという意味で組織依存度は小さい。さらに労働市場の特性についてみると，組織を超えて移動することも独立開業することも容易であり，弁護士や公認会計士の場合には，身分も報酬も社会的に相場化されていることから，横断的な特性を

図Ⅱ-1　専門職の諸類型

		横断的労働市場特性	
		大	小
組織依存度	大	大学研究者（理工系） 医者	企業内研究者・技術者 SE等情報技術者
	小	弁護士 公認会計士 デザイナー	企業内管理スタッフ （人事・教育，経理，財務等）

出典：筆者作成。

強くもっているといえるだろう。

　それと対極をなすのは組織依存度が大きく，横断的労働市場特性が小さい企業内の技術者・研究者である。彼ら（彼女ら）の場合には，専門職としての仕事を行なううえで多額の投資を必要とする（したがって，企業が提供する）機械・設備などが不可欠であり，その点で組織依存度は大きい。労働市場の特性については，彼ら（彼女ら）の多くが大企業で働く，社内定着性の高い労働者であることはよく知られたことであり，その点で横断的な傾向は少ないという特徴をもっている。

2.3　管理スタッフも専門職の一類型

　本章では，これら2タイプの比較をするが，図Ⅱ-1に示してある，それ以外の2つの類型についても簡単に説明しておきたい。ひとつは組織依存度も大きく，労働市場の横断的な特性も強い専門職である。高額な実験装置を必要とする理工学系の大学研究者や，高額の医療機器を必要とする医師などはこの類型にあたると考えられるが，企業内専門職の視点からみて重要なのは，もうひとつの類型である。

　それは組織依存度が小さく，労働市場の横断的な特性が小さい専門職である。この類型には経理・財務などの管理スタッフが当たり，意外であるかもしれないが人事・教育スタッフも含まれると考えている。彼ら（彼女ら）の仕事がここで定義した意味での組織依存性が小さく，企業間の移動が少ないという意味で労働市場が横断的でないことについては説明を要しないだろうが，彼ら（彼女ら）の能力がもともと「社会的に通用する高度な専門能力」であるのかについて疑問があろう。

　とくに人事・教育スタッフが問題になると思うが，人事管理のライン化が進むなかで，彼ら（彼女ら）は現場が必要とする人事・教育サービスを提供するプロとしての役割が強く求められている。また，とくに政策や制度，それらの運用の基本的な仕組みを設計し展開する能力には企業を超えて通用する部分が多い。外資系企業の人事スタッフが企業間を頻繁に移動していることは知られている事実であるが，それはこうした意味での「社会的に通用する高度な専門能力」の存在を示している。

以上の専門職の類型化を踏まえて，以下では非企業内専門職を代表する「組織依存度が小さく，横断的労働市場の特性が大きい」類型と，企業内専門職を代表する「組織依存度が大きく，横断的労働市場の特性が小さい」類型の2つの典型を比較する。具体的には，都市型専門職を選択するという点も考慮して[2]，前者についてはデザイナー，後者については情報技術者を取り上げている[3]。

3　デザイナーの労働市場とキャリア形成[4]

3.1　労働市場の特性

3.1.1　流動性の高い労働市場

デザイナーの労働市場の特性は，①新規の労働力が同市場にどのように供給されているのか，②労働移動の面からみてどのような労働市場として形成されているのか，③そうした労働市場の供給側の特性として，どのような職業意識が形成されているのかの3つの観点からみることができる。第一の点については，デザイン事務所が採用する新規学卒者の構成をみるとわかる（表Ⅱ-1参照）。デザイン関連専門学校卒が新規採用者の約6割を占め，新

---

[2] 総務省（2001）によると，デザイナーと情報技術者を主要職種とするデザイン業とソフトウェア業の全国の事業所数（従業者数）は10,010所（46,861人），19,658所（584,253人）であり，そのうち東京都が占める比率は39.6%（46.3%），37.3%（45.7%）である。つまり事業所は全国の4割弱が東京都に立地され，従業者は5割弱が東京都で働いていることになり，両職種は東京集中が著しい代表的な専門職である。

[3] 太田（1993）は企業内研究者，服飾デザイナー，情報処理技術者，建築士などを対象にして，わが国の専門職のキャリア志向などを実証的に研究している。その成果によると，服飾デザイナーは組織を超えたプロフェッショナル志向の強い専門職であり，情報処理技術者は組織人志向の強い専門職の典型であることが明らかにされている。

[4] デザイナーについては，筆者が参加した都労研（1996）の報告書によっている。同報告書は，デザイン事務所を対象にした事業所調査（以下，本章では『デザイナー版事業所調査』と呼ぶ）と，デザイナー個人を対象にした個人調査（同『デザイナー版個人調査』）からなる。事業所調査は有効回答数679件（有効回収率22.8）であり，同じく個人調査は390人（21.4%）である。

表Ⅱ-1　新規学卒採用者の学歴別構成

(単位：%)

	デザイナー			情報技術者
	デザイン関連分野	その他分野	計	計
大学・大学院	20.3	6.0	26.4	64.5
短大	11.0	1.1	12.1	9.2
専門学校	57.1	2.2	59.3	22.3
高校	1.6	0.5	2.2	5.3
計	90.1	9.9	100.0	100.0

注：1）デザイナーについては，1993年と1994年の2年間の新規学卒採用者の構成をみたものである。
　　2）情報技術者については，1998年度の新規学卒採用者の構成をみたものである。
出所：『デザイナー版事業所調査』，『情報技術者版企業調査』より作成。

表Ⅱ-2　新規採用者と中途採用者の構成

		デザイナー		情報技術者	
事業所（企業）当たりの採用人数	新規学卒採用者数	0.45人	(100)	5.8人	(100)
	中途採用者数	0.69人	(153)	3.7人	(64)
デザイナーあるいは情報技術者に占める転職経験者（中途採用者）比率		70.8%		57.4%	

注：「事業所（企業）当たり採用人数」は，デザイナーについては1993年と1994年の2年間，情報技術者については1998年度の数値である。
出所：「事業所（企業）当たり採用人数」は『デザイナー版事業所調査』，『情報技術者版企業調査』，「転職経験者比率」は『デザイナー版個人調査』，『情報技術者版個人調査』による。

規労働力の主要な供給源になっている。それに大学・大学院，高校のデザイン関連コースの卒業者を加えると90％に達し，デザイナーの新規供給は学校教育の専門分野と密接にリンクしている。

　第二の労働移動からみた労働市場の特性については，デザイン事務所の中途採用の状況とデザイナー個人のキャリアからみることができ（表Ⅱ-2を参照），デザイナーの労働市場は流動的な労働市場として形成されている。デザイン事務所の採用実績をみると，新規学卒採用者数1に対して中途採用者数が1.5の割合であること，事務所に雇用されている正社員のデザイナーの71％が転職経験者であることといった証拠をあげれば十分だろう。

3.1.2 職種別に形成された労働市場

それでは，どのような特性をもった流動的労働市場として形成されているのか。デザイン事務所の中途採用者の主要な前職をみると（表Ⅱ-3参照），「デザイン事務所のデザイナー」出身がほぼ半数（46%）を占め，他のデザイン事務所で働くデザイナーが主要な供給源になっている。それにフリーランス（11%），一般企業（13%），広告代理店・印刷会社（11%）のデザイナーを加えると，中途採用者の主要な前職をデザイナーとした企業が8割を超える。しかも，大手企業から小規模企業への転職は珍しいことではなく，デザイナーは企業（あるいは事務所）の経営規模を気にせずに移動している。

表Ⅱ-3 中途採用者の主要な前職

（単位：％）

デザイナーの前職		情報技術者の前職	
デザイナー職種		ソフトウェア関連職種	
デザイン事務所	46.2	情報サービス産業	36.6
フリーランス	11.4	―	―
一般企業	12.7	一般企業	10.7
広告代理店・印刷会社	10.5	コンピュータ・メーカー	9.9
デザイナー以外の職種	19.1	ソフトウェア関連以外の職種	42.9

注：1）デザイナーについては，「中途採用者の主要な前職」をデザイン事務所に質問した結果であり，情報技術者については，「代表的な中途採用者」の特性を企業に質問した結果である。
　　2）両職種とも「その他」と「不明」を除いて100%になるように再計算してある。
出所：『デザイナー版事業所調査』，『情報技術者版企業調査』より作成。

表Ⅱ-4 デザイナーの志望理由

（単位：％）

クリエイティブな仕事	65.1
専門的な能力を生かせる	50.4
能力があれば認められる	26.8
自由な仕事である	26.3
独立したい	21.7
あこがれていた	18.2
能力があれば高収入	13.1
なんとく	6.7
カタカナ職業だから	0.0

出所：『デザイナー版個人調査』より作成。

このようにみてくるとデザイナーの労働市場は，企業規模によって分断されることなく，同一職種のなかで労働者が企業を超えて横断的に移動している流動的な労働市場として形成されていることになる。

こうした特性をもつ労働市場の背景には，デザイナーの職業意識がある（表Ⅱ-4参照）。デザイナーがデザイナーとしての仕事を選択した理由の第一は，「専門的な能力を生かして」(50%)，「創造的な仕事ができる」(65%) というプロ志向の職業意識であり，そのうえに「能力があれば認められる」「自由な仕事である」「独立しやすい」といった脱組織志向の動機が加わっている。

3.2 能力・キャリア形成と報酬の特質

3.2.1 求められる能力特性

それでは，こうした労働市場のなかでデザイナーはどのように能力とキャリアを形成していくのか。その点を理解するには，まずデザイナーに求められる能力特性を把握しておく必要がある（表Ⅱ-5参照）。一人前のデザイナーの場合には，第一に「デザイン表現の技術力」(70%) と「デザイン感覚の柔軟性・創造性」(70%) に「造形力」(46%) を加えたデザイン専門能力であり，「商品知識」(54%) や「市場に関する知識」(33%) のマーケテ

表Ⅱ-5　デザイナーに求められる能力特性

(単位：%)

	一人前のデザイナー	優秀なデザイナー
商品知識	53.9	37.7
市場の知識	33.0	46.7
造形力	46.4	26.4
デザイン表現の技術力	70.0	33.4
OA機器の使用能力	22.5	10.3
顧客・他部門との交渉能力	28.3	49.9
管理能力	10.0	29.2
育成・指導能力	5.4	23.9
デザイン感覚の柔軟性・独創性	70.1	73.8
協調性	25.8	14.1
社外の人脈	4.9	23.3
その他	2.8	2.9

出所：『デザイナー版事業所調査』より作成。

ィング能力は二次的な能力として位置づけられている。しかし優秀なデザイナーになるには，それとは異なる能力が要求される。「デザイン感覚」はもちろんであるが，それ以外については，デザイン専門能力より折衝力（「顧客や他部門との交渉能力」），情報力（「社外の人脈」「市場に関する知識」），リーダーシップ（「管理能力」「後輩の指導・育成能力」）といった能力が強く要請されている。

3.2.2 能力・キャリア形成のパターン

こうした能力は仕事の経験を通して形成されるが，それには一定のパターンがみられる。『デザイナー版事業所調査』によると，「経験を積むほどに能力は向上するが一定年数以降は変わらない」（53％）がもっとも一般的なパターンであり，そのさいの平均的な能力向上期間は9年である。つぎに多いパターンは「経験を積むほどに能力は向上するが一定年数以降に低下する」（36％）であり，そのさいの平均的な能力向上期間は11年，能力低下開始時期は17年である。この2つの主要な能力形成パターンを前提におくと，20歳前後でキャリアを開始したとすれば，10年程度の能力向上期を経た30歳前後で能力停滞期に入り，30歳台後半期には能力が低下するかもしれないということになる。

こうした能力形成のパターンはキャリア形成に対応している（表Ⅱ-6を参照）。ほぼ6年のアシスタント経験を経て一人前デザイナーになり，その後，経験9年の後にプロジェクト・リーダになるというのがデザイナーの平均的なキャリア形成パターンである。これに前述の能力形成パターンの結果を組み合わせると，また20歳前後でキャリアを開始することを前提におくと，デザイナーのエキスパートとしての養成期が終わる30歳前後が重要な分岐点であり，その後のキャリア・アップにとってプロジェクトを責任もっ

表Ⅱ-6 「一人前」等になる経験年数

(単位：年)

	デザイナー	情報技術者
一人前になるための経験年数	5.7	4.9
プロジェクト・リーダーになるための経験年数	9.3	9.0

出所：『デザイナー版事業所調査』，『情報技術者版企業調査』より作成。

表Ⅱ-7　将来のキャリア志向
（「将来，働きたいと考えている組織」に対する回答）
（単位：％）

デザイナー		情報技術者	
デザイン事務所	23.9	現在勤めている会社	55.6
		同業の別の会社	9.6
デザイン事務所の開業	18.4	独立する	15.4
フリーのデザイナー	25.0		
その他	32.6	その他	18.4

注：表中には，無回答を除外して100％になるように再計算した値を示してある。
出所：『デザイナー版個人調査』，『情報技術者版個人調査』より作成。

て運営するリーダの段階に進めるかが重要になる。

　さらに，その後に独立することが重要なキャリア段階になっており，デザイナーの注目すべき特徴である（表Ⅱ-7を参照）。現在，デザイナー事務所で働く正社員デザイナーの将来の希望をみると，いまと同じように「デザイン事務所で働く」ことを希望しているデザイナーは24％にとどまり，それ以上に「デザイン事務所の開業」（18％）か「フリーのデザイナー」（25％）で独立することを希望しているデザイナーが4割強に達している。このようにみてくると，デザイン事務所で経験を積んで一人前になり，それを踏み台にして独立開業する，あるいはフリーランスを経て独立開業するというのが主要なキャリア・パターンのひとつといえるだろう。

3.2.3　賃金等の報酬決定システムの特質

　以上の労働市場とキャリア形成の特質を背景にして，賃金等報酬の水準とその決まり方が決定される。まず『デザイナー版個人調査』から個人の年収をみると，年齢によって大きく異なり，男性の場合には29歳以下の338万円から50歳以上の945万円まで年齢別給与カーブの勾配はかなり急である。また就業上の地位別には（表Ⅱ-8参照），デザイン事務所の管理者（997万円）がもっとも高く，独立開業者（830万円）とフリーランサー（719万円）が続き，一般職・正社員（424万円）がもっとも低い。サンプル数が少ないために以上の水準がデザイナー全体を代表しているとはいえないが，少なくとも，独立型デザイナー（独立開業型とフリーランサー）の収入は組織

表II-8 デザイナーと情報技術者の賃金構造

	デザイナー		情報技術者	
	賃金額（万円）	指数	賃金額（万円）	指数
管理職（部長相当以上）	997	235	754	168
管理職（課長相当）			618	137
一般職	424	100	450	100
独立開業者	830	196	―	―
フリーランサー	719	170	―	―

注：情報技術者については，一般職（係長相当）と一般職を分けて賃金を調査しているので，ここでは両者を合わせた平均値を一般職の賃金としている。
出所：『デザイナー版個人調査』，『情報技術者版個人調査』より作成。

内デザイナー（一般職）よりかなり高く，管理職に近い水準にある点は確認できるだろう。こうしたことが，多くのデザイナーが独立開業を目指す背景要因になっていると考えられる。

さらに被用者型デザイナーの詳細についてみると，デザイン事務所はキャリア段階によって給与の決め方を変えており，平均的な人の給与を100にしたときの優秀者の給与は，アシスタント段階145，一人前の段階160，プロジェクト・リーダ段階183であり，キャリアの段階が上がるほど給与格差が急拡大している。こうした背景には，給与の決め方（賃金制度）があり，アシスタント段階では，成果，専門能力とともに年功的な要素がある程度考慮されるが，一人前になると成果と専門能力が，さらにプロジェクト・リーダになると，それらに加えて管理能力が主要な決定基準になる（『デザイナー版事業所調査』による）。

4 情報技術者の労働市場とキャリア形成[5]

4.1 労働市場の特性

4.1.1 技術者の給源と流動性

情報技術者の労働市場の特性をデザイナーと同様の視点でみると，第一の「新規の労働力がどのように供給されているのか」については（前掲表II-1参照），大学（大学院を含む）と専門学校が主要な供給源であるが，学校教

育の専門分野との関連性はデザイナーほど強くない。たしかに専門学校の場合には情報処理関連分野の出身が主力を占めるが，大学卒については，文科系卒業者が多いし，理工系卒についても情報処理関連の専門分野の出身者が多いわけではない。

第二の労働移動からみた労働市場の特性についても，デザイナーほどに流動的ではない。情報サービス企業の採用実績をみると（前掲表Ⅱ-2参照），中途採用者数は新規学卒採用者数の半分程度であり，情報サービス企業に雇用されている技術者のうち転職経験者は57％である。

4.1.2 職種別労働市場と職業意識

第三の観点は，労働市場が職種別にどの程度形成されているかである。前掲表Ⅱ-3をみると，企業が中途採用した者のうち前職が情報サービス産業・ソフトウェア関連職種であるとする，同産業・同職種間移動が37％を占める。さらに，同比率にコンピュータメーカー・ソフトウェア関連職種と一般企業・ソフトウェア関連職種を加えると，転職経験者の約6割が同一職種内移動である。これらの中途採用者には，事務職などの情報技術者以外の職種も含まれるので，情報技術者に限定すると同一職種内移動はこの6割を大きく上回るだろう。さらに技術者のレベルとの関連をみると，初級SEなどの若いアシスタント・レベルの技術者の場合には他業種・他職種からの移動が多いが，中核的技術者である上級レベルのSEやプロジェクト・マネージャーになると同産業・同職種間の移動が圧倒的に多くなる。しかも，大手企業から小規模企業への転職も珍しくないことからみると，情報技術者の労働市場は企業規模によって分断されることなく，同一職種のなかで労働者が企業を超えて移動する横断的な労働市場として形成されていることになる。

こうした特性をもつ労働市場の背景には，情報技術者の職業意識がある。それを彼ら（彼女ら）の転職理由の観点からみると，「やりがいのある仕事

---

5) 情報技術者については，筆者が参加した日本労働研究機構（2000）の報告書によっている。同報告書は，情報サービス企業を対象にした企業調査（以下，本章では『情報技術者版企業調査』と呼ぶ）と，情報技術者個人を対象にした個人調査（同『情報技術者版個人調査』）からなる。事業所調査は有効回答数1,617件（有効回収率24.3％）であり，同じく個人調査は2,689人（20.1％）である。

ができる」と「能力向上に結びつく仕事がある」が第一の理由であり，それに比べると賃金，勤務形態，転勤，労働時間といった労働条件，作業条件を指摘する技術者は少ない。彼ら（彼女ら）の職業意識には「仕事内容」を重視するプロ志向型という特徴がある（『情報技術者版個人調査』による）。

4.2 キャリア形成と報酬の特質

4.2.1 キャリア形成のパターン

技術者のキャリア段階をアシスタント技術者，一人前の技術者，プロジェクト・リーダととらえると，企業は一人前の技術者になるための経験年数を5年，同プロジェクト・リーダを9年としている（前掲表Ⅱ-6参照）。また技術者個人は，一人前の技術者への到達年齢を27歳，同プロジェクト・リーダを31歳としている（『情報技術者版個人調査』による）。以上の結果ともっとも中心的な学歴が大学卒であることを踏まえると，5年程度のアシスタント経験を経た27歳で一人前の技術者になり，9年程度の経験ののちの31歳でプロジェクト・リーダになるというのが平均的なキャリア・パターンということになる[6]。

さらに将来のキャリア志向についてみると（前掲表Ⅱ-7参照），将来「情報関連産業以外の会社」で働くことなどを考えている「その他」は18%と少なく，彼らの専門職志向の強さがわかる。ただしデザイナーと異なり，情報産業関連企業で雇用者としては働くこと（「現在勤めている会社」と「同業の別の会社」の選択肢）を考えている技術者が65%と主流をなし，「独立する」を考えている技術者は15%にとどまる。そうなるとデザイナーと異なり，情報技術者にとって組織内でキャリアをどう積んでいくのかが重要なことになる。

4.2.2 賃金等の報酬決定システムの特質

以上の労働市場とキャリア形成の特質を背景にして，賃金等報酬の水準とその決まり方が決定される。まず『情報技術者版個人調査』から個人の年収

---

[6] 同様のことは他の調査でも明らかにされており，情報サービス産業協会（1994）によると，企業は，平均すると一人前レベルに相当すると考えられる上級プログラマーになる年齢が27歳，同プロジェクト・リーダが30歳であるとしている。

をみると，年齢によって大きく異なり，29歳以下の369万円から50歳以上の780万円まで年齢別給与カーブの勾配はかなり急である。また就業上の地位別には（前掲表Ⅱ-8参照），部長相当以上754万円，課長相当618万円，一般職450万円である。また賃金（年収）格差についてみると企業は，平均的な技術者の水準を100としたときの「最も高い人」の水準は，プロジェクト・リーダ層に相当すると考えられる30歳代前半層で137であるとしている（『情報技術者版企業調査』による）。

こうした背景には，給与の決め方（賃金制度）があり，アシスタント段階では，能力とともに年功的な要素がある程度考慮されるが，一人前になると能力ついで成果が，さらにプロジェクト・リーダになると，同水準で能力と成果が重視されている（『情報技術者版企業調査』による）。

5 むすび

5.1 デザイナーと情報技術者の類似性と異質性

これまでデザイナーと情報技術者の労働市場とキャリア形成の特質について詳しくみてきた。それを踏まえて，両職種の類似性と異質性についてあらためて整理しておきたい（表Ⅱ-9参照）。

まず労働市場の特性についてみると，新規労働力の供給構造は，両職種とも高度な専門能力を必要とする専門職であるにもかかわらず，まったく異なる特性をもっている。デザイナーが専門学校卒中心であるのに対して，情報技術者は専門学校卒以上に大学卒者が中心という点で高学歴化しているが，それ以上に注目される点は，教育の専門分野の違いである。デザイナーの場合には，教育と職業の関連が強く，新規労働力の多くがデザイン分野の専門教育コースの卒業生である。それに対して情報技術者の場合には，情報技術の専門教育を受けていない卒業者が主力であり，多くの文科系卒業者が新規労働力として雇用されていることは周知の事実である。

つぎに転職市場についてみると，企業間移動の中心が同一職業内であり，横断的労働市場が形成されている点では共通しているが，デザイナーの流動

表Ⅱ-9　デザイナー

労働市場，キャリア等の特性		特性をみるための観点
労働市場の特性	新規労働力の供給源	新規採用者の出身学校・専門分野
	流動性	中途採用者の比率
	職業別横断性	同職種間移動者の比率
職業意識		
キャリアの特性	キャリア形成パターン	一人前になるための経験年数
		同プロジェクト・リーダー
	キャリア志向	同一専門分野希望者の比率
		独立希望者の比率
賃金制度	主要な賃金決定要素	アシスタント期
		一人前期
		プロジェクト・リーダー期
賃金構造	年齢別格差	29歳以下＝100のときの50歳以上の水準
	地位別格差	一般職＝100としたときの指数
	同一地位内格差	平均者＝100としたときの優秀者の水準

出所：筆者作成。

性は情報技術者を上まわっている。したがって両職種間には，流動性の高い横断的労働市場の特性をもつデザイナー，流動性が小さい横断的労働市場の特性をもつ情報技術者という違いがみられる。

　キャリアについても類似性と異質性が同居している。専門職としてのキャリア形成パターンは，経験5～6年で一人前レベルになり，同9年でプロジェクト・リーダーになるという点でデザイナーと情報技術者の間の共通性は大きい。しかし，プロジェクト・リーダー以降のキャリア志向は大きく異なり，両者とも同一職業分野でキャリアを伸ばしていきたいという点では似ているものの，デザイナーは独立志向が，情報技術者は組織内志向（つまり，雇用者としてキャリアを伸ばしていく志向）が強い。

　最後に報酬についてみると，企業の賃金制度（報酬の決め方）については両職種間の共通性は高く，アシスタントから一人前を経てプロジェクト・リーダーになるにともない，年功より能力，能力より成果を重視する仕組みが

と情報技術者の対応表

デザイナー	情報技術者
専門学校中心のデザイン専門コース卒業者	○大学卒と専門学校卒が中心 ○非関連専門分野出身が多い
大（71％）	小（57％）
強い（81％）	強い（6割以上）
仕事志向，脱組織志向	仕事志向
6年	5年
9年	9年
大（67％）	大（65％）
独立志向大（43％）	独立志向小（15％）
成果，専門能力，年功	能力，年功
成果，専門能力	能力＞成果
成果，専門能力，管理能力	能力，成果
格差大（280）	格差小（211）
格差大（管理職245，独立開業者196，フリー170）	格差小（部長168，課長137）
格差大（一人前の場合＝160， 　　　　プロジェクト・リーダーの場合＝183）	格差小（30歳台前半層＝137）

とられている。このように「決め方」については類似性があるにもかかわらず，賃金構造（賃金水準の格差の構造）の違いは大きい。年齢別格差，地位別格差，同一キャリア段階内の格差のいずれについても，デザイナーの賃金格差は情報技術者を上回る。

5.2　異質性の背景を考える

　このように類似性と異質性を整理すると，デザイナーを独立志向型（脱組織型）専門職，情報技術者を組織依存型（組織内キャリア形成型）専門職としたことに大きな間違いはなさそうである。そうなると，高度な専門能力を要するという点で求められる能力に類似性があり，しかもその能力を形成していくキャリア・パターンにも類似性があるにもかかわらず，なぜ異なる専門職タイプとして登場するのか，その結果として，企業の人的資源管理にどのような違いがあらわれるのかが問題になる。

第一の点については，労働市場の供給側と需要側のそれぞれの面から検討する必要がある。前者については，デザイナーの場合には，専門能力の養成に特化した学校教育システムが整備され，学校教育段階から専門職としての職業意識が形成され，そうした職業意識をもつ人材が新規労働力として企業に雇用されている。それに対して情報技術者の場合には，情報技術とは関連のない教育を受けた人材が企業のなかで専門的な教育を受け，専門職として養成される。したがって，情報技術者はデザイナーと異なり，キャリアの出発点から組織内専門職として養成され，そのことが，その後のキャリア志向の形成に影響を及ぼしていると考えられる。

　さらに，こうした違いは労働市場の需要構造の違いによって強化されている。プロジェクト・ベースで仕事を行なうなど働き方には類似性が多くあるが，プロジェクトのもつ性格が大きく異なる。デザイナーのプロジェクトには，最終顧客に直結した完結型プロジェクトという特長がある。それに対して情報技術者の場合には，顧客から受託された情報システムの開発業務が重層的な分業構造のなかで進められ，個々のプロジェクトは一連の開発業務のなかの一部を担当するという特徴がある。しかも，大手企業が付加価値の高い上流工程を，中小企業が付加価値の低い下流工程を担当するという構造が形成されている。

　そうしたなかで，情報技術者が独立開業したところで，重層的な分業構造の下流部分を担うことになる。それにもかかわらず付加価値の高い上流部分を担当するには，市場のなかで需要の大きい，したがって企業内で調達が難しい高度な専門能力を備えることが必要である。しかし学校教育段階から専門教育を受けていないこと，したがって企業のなかで長期の訓練と経験を積む以外に高度な専門能力を身に着ける方法がないことから，結局は，多くの情報技術者は企業内専門職としてのキャリアを積み，企業が社内で調達できないほど高度な専門能力をもつ人材に育つことが難しいのである。

　それでは，こうした違いが企業の人的資源管理にどのような影響を与えるのか。これに関連して注目される点は，賃金制度（賃金の決め方）については似た構造をもっているにもかかわらず，賃金水準の格差構造（賃金構造）に大きな違いがみられるということである。つまり，デザイナーの賃金は年

齢，地位，キャリア段階のいずれからみても，情報技術者に比べて格差の大きい構造になっている。

その背景には，キャリアのリスクの違いがあるように思える。最終顧客に近い領域で働かざるをえないデザイナーは，能力や成果を市場によって評価される傾向が強い。それに対して情報技術者は，重層的な組織間の分業構造のなかにあるため，市場から離れたところで働き，組織内均衡のなかで評価される傾向が強い。こうしたことが長期にわたる人材の選抜の厳しさの違い（つまりキャリアのリスクの違い）にあらわれ，賃金構造の違いを生むのである。

5.3 企業内専門職の人的資源管理の方向

以上のデザイナーとの比較を踏まえると，企業内専門職（ここでは，その代表である情報技術者）に対する人的資源管理（つまり専門職制度）はどうあるべきであるのか。人的資源管理は企業の経営戦略に規定されるということからすると，企業が対面する市場とそのなかで企業が展開する経営戦略をどう考えるのかが問題になる。その点からすると，情報技術者はデザイナーに近づきつつあるといえるだろう。

情報サービス市場の需要構造は，汎用機をベースにした集権型システムからサーバーなどをベースにした分散型システムへと急速に転換してきている。それにともない情報サービス企業が受託するシステムの規模は縮小し，情報技術者が参加するプロジェクトと顧客の距離は近づきつつある。さらに競争の激化と開発拠点の国際化を背景にして，情報サービス企業は高付加価値型経営への転換を迫られている。

そうなると，市場の厳しい評価に応えることができる，付加価値の高いサービスを提供できる高度人材に対するニーズは高まることになる。事実，プログラミングなどの中流以下の開発工程を担う人材の不足を心配する企業は少ないが，上流工程を担うコンサルタントなどの高度人材の不足を訴える企業は多い。他方で企業は従来型の年功型人事管理から仕事・成果にもとづく人事管理への転換を急いでいる。

このような企業の動きを踏まえると，情報技術者が企業内専門職としてと

どまることには変化はないが，彼らはこれまで以上に市場で厳しく評価され，企業内キャリアの不透明性は高まると考えられる。それは，キャリア形成がデザイナー型に近づくことを意味している。そうなると企業内専門職であっても，市場価値を強く反映する報酬格差の大きい，したがって高度な人材には厚く処遇する仕組みが導入される必要があり，企業内専門職制度はこの方向で再編成される必要があろう。

企業内専門職の人事管理の再編の方向をこのように捉えると，それを支える社会的なシステムの整備が求められる。とくに報酬制度に注目すると，情報技術者の市場価値を正しく伝える社会的インフラの整備が求められ，企業内専門職制度の整備はそれと並行して進められることになろう。

参考文献

情報サービス産業協会（1994）『我が国情報サービス産業における雇用管理と給与』情報サービス産業協会。
日本労働研究機構（2000）『情報産業の人的資源管理と労働市場』日本労働研究機構。
太田　肇（1993）『プロフェッショナルと組織——組織と個人の「間接的統合」』同文舘。
総務省（2001）『事業所統計』総務省。
東京都立労働研究所（都労研）（1996）『デザイナーの働き方とキャリア』東京都立労働研究所。

第Ⅲ章　第三次産業の中小企業に働く人々
営業職とサービス職を中心に

尾形　隆彰

1　ファクト・ファインディングから

　サービス労働やサービス産業に関する抽象論議は後に回すことにして，これまで東京都立労働研究所（以下，「都労研」と略称）が行なってきた調査の経緯や，そこで蓄積されてきたファクト・ファインディングについて論じていこう。とはいっても本章で示す諸論点は，必ずしもその時々の調査時点で得られた限定された結論だけではなく，その多くに関わってきた筆者がそれに考察を加えたり，今日の時点から理論的な考察を行なったものであり，これらの調査報告書自体にこうした知見が明記され解釈が行なわれていたとは限らないことを断っておきたい。

1.1　不況下の失業と雇用の受け皿
　かつて第2次オイルショック後の不況局面において，製造業を中心とする雇用調整が進められるなかで，雇用を抱えるばかりかむしろ増やしている産業があり，それが第三次産業，とりわけ対企業サービス業や対個人サービス業だった。当時，第三次産業は雇用調整の受け皿や雇用調整のバッファーとして評価をされることが多かった。都労研があいついで行なった2つの調査の契機も，実はそれに近かった。ただ，この調査がその後の一連の第三次産業研究の出発点だったといっても過言ではないので，ここでやや詳しく紹介しておこう。

1.1.1　失業者の転職先
　まず最初の調査は，この時期の失業の実態を明らかにしようとした（都労

研 1981)。これについては別章に詳しいので，本章ではそこであらわれたひとつの論点のみに言及しておこう。この調査によると，たしかに不況の影響は深刻で，製造業などからの離職者の雇用機会が狭まり，転職は容易ではない様子がインタビューから浮き上がった。しかし第三次産業，それも狭義のサービス行（後述）に目を転じてみると，そこからの離職者は案外容易に再就職しているようで，その意味では，たしかに第三次産業は雇用の下支えとなっていた。しかしそれが良い「受け皿」になっているかというと，必ずしもそうは言い切れない。というのは，われわれのインタビューに答えてくれた製造業からの離職者の多くの人々は，第三次産業にはかなりの求人があるにもかかわらず，この分野——とくに対人・対企業の「(狭義の) サービス業」——への転職を好まないという傾向が少なからずみられたのである。

これを職種の観点からみると，生産工程従事者は同じ製造業でも営業，販売，サービスといった職種への転職を好まないし，ましてや第三次産業のそれへの転職は思いもよらないといった答えが少なからずあった。転職に同職志向が強いことや，求人が多かったのは中小のサービス業が多く，転職は条件面で下降移動となることが多いため，求職者がそれを選び渋るのはある意味で当然なことでもあろう。

しかしそれ以上に，何か第三次産業やサービス関連職種への不安感や不信感のようなものが転職者にみられた。こうした傾向は立場こそ異なるが，第三次産業以外の経営者にもしばしばあったのである。実際，ある第三次産業の有名百貨店の経営者は，「士農工商の最末端のわれわれのような業界では……」と筆者のインタビューに答えたが，あながちこれは謙遜だけでもなかったようだ。こうした雰囲気は当時，そうした業界の従業員にもあったのではないかと思う。ただ後に，旅行業や流通業，情報処理業などが新卒者の人気業種として急上昇したことを思えば，今は昔の感がある。

こうした第三次産業や営業職やサービス職への軽視傾向は，実業界や職場ばかりではなく，研究者，経済政策担当者などにも往々にしてみられた傾向で，物財生産だけが産業の中心であるという意識がまだ強かったのではないか，と筆者は考えている。

少々横道にそれるが，第三次産業と雇用・就業に関する研究史上の出発点

を省みておこう。周知のように，その出発点はペティ＝クラークの法則（Clark 1940）からということになっている。産業が高度化するにつれて，第二次産業の発展を超えて第三次産業の就業者が増えることを，C. クラークは，かつてオランダの経済発展と商業の発展と関連づけたペティに敬意を表してこう名づけた。たしかに資本主義が高度化すると急速に第三次産業の就業者が増えることは確かで，たとえば最近までの全産業に占める第三次産業のGDPと就業者の比率の変化をグラフ化した図Ⅲ-1をみても，それは明らかだ。わが国もアメリカ合衆国と並び，とうとう70％台の大台に達した。これはシンガポールやルクセンブルクといった商業や金融業に特化した国を除けば，先進国のなかでも最先端である。

しかし1970年代以前は経済学者のみならず実業界にも，経済は物財生産が主で，サービス財は消費だから従だといった風潮があった。生産−所得−

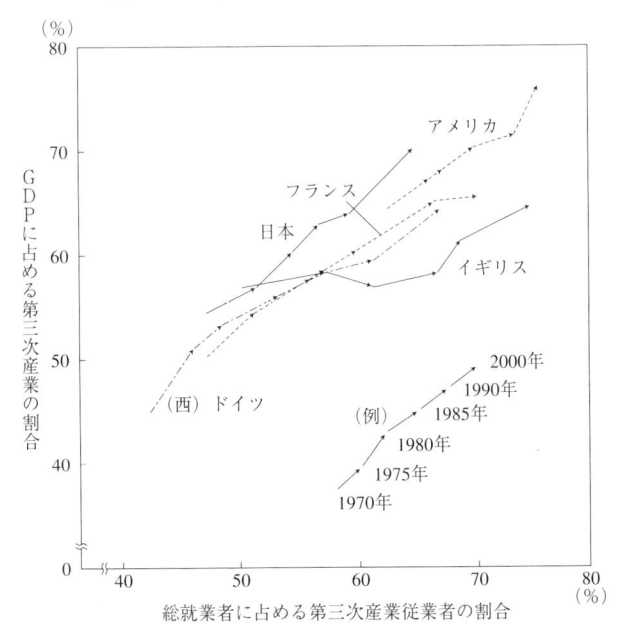

図Ⅲ-1 主要先進国におけるサービス化の進展

出所：経済企画庁『日本経済の現状』，矢野恒太郎記念会編『世界国勢図会』などより作成。

消費の三面等価の法則は自明とされながらも，意識のうえではそのような扱いがなされていたのである。当時，経済学における「サービス」の定義すら混乱（尾形 1988）している状況だったのだから，そこに働く人々の労働や労働諸条件や労使関係や労務管理，そして労働者意識の状況などについては，金融（銀行）や医療（看護）といった一部の例外を除いては，あまり研究蓄積がなかった。その意味では都労研の第三次業調査の出発点は，世の通例でそれほど積極的なものだったとはいえなかったのである。実際，サービス経済化の進展と，サービス労働者の増加と意義をおそらくはじめて経済的に説明した V. フュックス（Fuchs 1968）でも，サービスが「生産」即消費となる特性があるから労働集約的たらざるをえず，雇用増が必然化することを説いている。卓見だが，後述するようなより積極的な観点は少なかったのである。

それはともかく，第三次産業の雇用はたしかに不況に強く，とくに首都東京のようなところではその傾向が強かった。報告書には書かれていないが，当時筆者は「東京のような大都会では身を落とせば浮かぶ瀬もある」と感じていたが，自身も当時上のような限界的な見方をしていたことを正直に告白せざるをえない。

1.1.2 不況で雇用を伸ばしている業種

この離職者調査の翌年に，石川晃弘を中心とするわれわれの調査班は，不況にもかかわらず都内で成長の著しい業種（小分類）を列挙し（表Ⅲ-1），そのなかから4業種——食堂・レストラン，情報サービス業，建物サービス業，各種飲食店小売業業——を取り上げ実態調査（都労研 1981）を行なうことにした。それらの調査結果から，これらが単なる受け皿ではなく，それぞれ独自の興味深い特性や発展可能性を秘めた領域であることが明らかにされた。

この分野には，パートタイマー（その言葉自体があいまいだったが）やアルバイト，季節就労者，嘱託者といったいわゆる「不安定」「縁辺」就労者が多かった。そうした労働者はたしかに製造業などにも存在したが，この分野ではそうした労働力をむしろ中心戦力とするところが少なくなかった。これは当時，雇用労働者の労働諸条件を危うくさせるものという見方も多かっ

表Ⅲ-1　東京における従業者数増加業種上位 15 業種

業種（小分類）	47 年（人）	53 年（人）	増人数（人）	増加率（％）
食堂・レストラン	109,880	140,275	30,395	27.7
情報サービス業	31,606	53,462	21,856	69.2
病院	78,207	99,217	21,010	26.9
建物サービス業	44,784	64,080	19,296	43.1
酒場・ビヤホール	12,875	31,082	18,207	141.4
地方公務員	111,267	128,058	16,791	15.1
銀行	96,787	113,199	16,412	17.0
各種食料品小売業	15,972	31,998	16,026	100.3
百貨店	66,636	82,244	15,608	23.4
児童福祉事業	19,192	34,770	15,578	81.2
外衣製造業	39,622	53,440	13,818	34.9
菓子パン小売業	22,673	35,719	13,046	57.5
書籍・文房具小売業	38,448	50,904	12,456	32.4
建築工事業	55,154	66,080	10,926	19.8
喫茶店	46,736	57,373	10,637	22.8

注：従業者規模 1〜4 人は除く。
出所：都労研（1980：4）より。

たが，その後，彼らが提供するサービス労働は経済のサービス化・ソフト化の重要な一翼であることが確認された。それは先のフュックスが，サービス経済化は女性や高齢者の社会進出をも拡大する可能性があるといって，その積極的側面を主張し，P. ドラッカー（Drucker 1989）が，サービス職や営業職における「自営業的労働者」の出現を評価し，また A. バートン＝ジョーンズ（Burton-Johns 1999）が雇用労働者というもの存在自体が先進諸国の就業構造で揺るぎはじめているとして，その不可避性を強調している労働・経済的現象だったのである。

付言しておけば，こうした非正規社員としての「不安定就労者」は，とくに中小企業では，その職務遂行や職場での人間関係では正規従業員との境界（表Ⅲ-2）はきわめて小さく，労働諸条件面では格差はあるものの，ある意味では中心的な労働力として位置づけられていることも，1982 年度の調査（都労研 1982）で明らかにされた。この調査は正社員と非正社員と分けられている従業員それぞれが，自分と相手をどう見ているかの結果を示したもので，賃金については多少差があるとされているものの，残業の取得や働きぶり，人間関係についてもあまり差がないことも確認された。

表Ⅲ-2 正社員・非正社員別にみた両者間の「仕事の内容」のちがい

		サンプル合計	ほとんどかわらない	かなりちがう	まったくちがう	不明
計	正社員	100.0（N= 486）	61.3	19.8	10.1	8.8
	非正社員	100.0（N= 673）	66.6	16.5	8.6	8.3
男子	正社員	100.0（N= 338）	59.8	18.3	12.4	9.5
	非正社員	100.0（N= 137）	70.1	16.8	8.8	4.4
女子	正社員	100.0（N= 148）	64.9	23.0	4.7	7.4
	非正社員	100.0（N= 536）	65.7	16.4	8.6	9.3
合計		100.0（N=1,204）	63.5	17.5	9.0	10.0

出所：都労研（1981: 74）より。

1.2 概念の整理

少々横道にそれるかもしれないが，ここで第三次産業がこのように拡大する背景を筆者が作成した概念図（図Ⅲ-2）で説明しておこう。これは経済構造のサービス化・ソフト化の進展理由を説明するもので，まずは筆者がこの研究でのわが国の第一人者とみる田中滋氏たち（田中1983）に倣って，「財」を分類する。そこでは市場交換される財を「物財」，「情報システム財」，「（狭義）サービス財」の3つに分ける。左下段の2者は広義のサービス財で，「物財」とは区別される。その最下段にある「（狭義）サービス財」とは「生産」が即消費となるようなサービス財（労働）――たとえば歌手が歌っている状態や営業職者や販売員が顧客に説明する状態――などである。これに対し「情報システム財」とは，知識・情報そのものやシステムとして保管可能なもの――たとえば各種技術ソフトやマニュアル，音楽ソフトやこの本――などである。

興味深いのは，「情報システム財」が，物財部門からも「（狭義）サービス財」からも派生することである。D. ベル（Bell 1973）やF. マハループ（Machlup 1962）が論じた知識労働（インテリジェシト・ワーク）が優位となる社会とは，この部分の増大を意味する。わが国もいまや物財生産大国から技術・知識や管理技術を提供する高度産業社会になることが求められているが，それはこの文脈からよく理解できる。バブル時代の反省から「製造業の復権」が叫ばれているが，もはや物財生産の偏重への回帰という選択肢は選べない。かといって，意味（商品価値）のない情報システム財を造るわけ

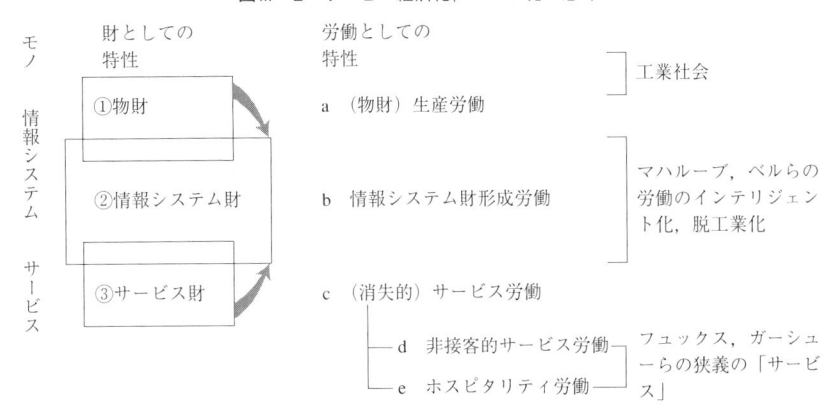

第Ⅲ章　第三次産業の中小企業に働く人々　51

図Ⅲ-2　サービス経済化，ソフト化の意味

```
モ         財としての        労働としての
ノ           特性              特性
情                                                    ┐
報          ①物財         a （物財）生産労働          ├ 工業社会
シ                                                    ┘
ス                                                    ┐ マハループ，ベルらの
テ          ②情報システム財  b 情報システム財形成労働  ├ 労働のインテリジェン
ム                                                    ┘ ト化，脱工業化
サ
ー          ③サービス財    c （消失的）サービス労働
ビ
ス                            ┌ d 非接客的サービス労働 ┐ フュックス，ガーシュ
                              └ e ホスピタリティ労働   ┤ ーらの狭義の「サービ
                                                      ┘ ス」
```

出所：筆者作成。

にもいかない。いかにして市場価値のある情報システム財を形成するのか，またそのための人材育成や管理とはどういうものかが，いま企業に問われているのだ。

　他方「(狭義) サービス財」は，消費されると同時に顧客に「便益＝満足」をもたらすが，後には何も残さない。フュックスが論じた商業や対人サービス業のサービス財が，それにあたる。これこそバブルの現況だと論じる向きもあるが，無理解もはなはだしい。なぜなら物財であれ狭義のサービス財であれ，財は消費されてこそ価値が実現する。その財の最終消費を実現するのがこの分野である。跡になにものも残さない「(狭義) サービス財」の消費も社会生活には一定不可欠であり，最近ではむしろモノの消費よりこちらの消費──たとえば文芸やレジャー──が重視されるようになってきた。それどころか，この領域はフュックスが指摘したように，労働集約性が強く合理化が困難な領域であるからこそ雇用を支えるのだといってもよい。

　以上のように，サービス経済化の進展とは，情報システム財を中心に，狭義のサービス財が中心となる産業社会のことなのである。そうした分野での企業活動や労働，労使関係を研究しない経済学や社会学，労働法があるとすれば，それは単に怠慢だということでしかないだろう。

2 「自営業主」的「労働者」

　第三次産業分野の労働者には，業界で確固として通用する資格や，公的な資格などをもつ労働者が多く含まれており，こうした人々は市場を横断的に移動したり，独立開業を目指して修行したりしている。先の調査で，「食堂・レストラン」の板前などがこうした分野の代表である。彼らはいつか自分の店を持つという前提から，腕を磨くために勤め口を移動することが当然だとするものも少なくない。これを雇用調整の文脈のみで捉えようとするのは無理があることが報告書では論じられている。
　こうした知見は，その後の一連の第三次産業の業種ごとの調査につながっていく。まずは 1983 年度に行なわれたのが，タクシー，自動車整備，美容に関する調査（都労研 1983）で，自営業主を目指す労働者像の特徴がくっきりと浮かび上がった。彼らは，その存在自体はたしかに雇用労働者なのだが，将来は自立を目指しているので，生涯企業に雇われていることを当たり前と思っている生産工程従事者や事務従事者とは，かなり違った勤労観や人生観を有している。誤解を恐れずにいえば，目前の労働諸条件への関心より，将来の自立に向けた技能（腕）やのれん，顧客への信用などのほうを重んじる。その意味では，被雇用者でありながらもその意識や志向性は，いわば「自営業主」的なのである。
　これはなにも，上にあげた格保有労働者ばかりの傾向ではない。後に述べる各種営業職者や情報処理技術者など，新しく増えつつあるサービス労働者にも，多かれ少なかれ共通する傾向なのではないかと筆者は考えている。ちなみに，先のフュックスは，サービス経済化の進展は規模の経済の論理に一定の歯止めをかけ，小規模自営業を復権させる可能性があると論じた。またドラッカーも，営業，サービス分野や知識産業においては「自営業的な労働者」といった形容矛盾にも聞こえる労働者が出現すると予言しているが，その後の産業構造の展開をみると，この予言はかなり正鵠を射ていたことを証明している。

こうした問題意識は，2000年に行なわれたデザイン業，旅行業，飲食店への調査（都労研 2000）にも貫かれており，そうした世界での労働における裁量性の強さや，労働者における自営業主的な意識の強さを「境界労働者」と名づけている。もちろん，「自営業主的労働者」とか「境界労働者」とはいっても，それはかつての「生業型」の個人商店主などを示すのではなく，いまや小規模株式法人の形態をもつようなものをさしていることを忘れてはなるまい。伝統的な「のれん分け」管理は無理だとしても，従業員の積極的なスピンオフを援助し，それが可能になった後もそれらと連携関係をとり結んで共存共栄していくような，いわばネットワーク型の経営と労務管理が求められ模索される時代になってきたのである。

3 営業職の特性とセールス・サービス・エンジニア化

3.1 営業職者の勤労意識

サービス職種のひとつの典型がセールスマン（ウーマン）＝営業職である。こうした職種の人々は，不況期に販売促進が至上命令となることも手伝って，意外と強いことが明らかになった。こうした職種を，それも中小企業におけるそれを正面から扱った研究が少なかったので，都労研では一連の調査を開始したのである。

その最初が 1984 年の調査である。これは個人宅に直接出向いて飛び込み的にセールスする「訪問販売」（印鑑等販売，化粧品販売）と，企業など一定の顧客を担当する内勤も含む「ルートセールス」（医療品，紙文具）に分けて行なわれた。

そこでの発見は，第一に，ルートセールスはもとより個別の訪問販売に携わるような営業職者でも，いわゆる「口先」や「誠実さ」といったうわべのセールスでは長持ちせず，専門的な商品知識や全人格的サービスを提供することが求められるという点だ。たしかに，いつの世でも悪質なセールスは後を絶たないのも事実だが，それがすべてではない。またその職務遂行能力はなかなか客観化しにくいのだが，それなりのノウハウは確かにあって，それ

がこの職種の同職継続意識の高さや自信強さ，職種継続意志の固さを形づくっている。

　第二に，ルートセールスなどの内勤も含む営業職の場合は，短期的な業績・実績主義は意外と企業側ばかりか本人も好まない傾向が強く，企業内昇進を中心にした評価体系のほうが一般的なことも多いことが確認された。ただ問題なのは，訪問販売の営業職ほどではないにせよ，その業績や能力の評価が客観化しにくいことと，事業所外で仕事ぶりを管理することが非常に難しいことも同時に明らかになった。もっともこれは，逆にいうと，彼らの仕事における自立性や最良余地の源泉ともなっており，いわば裏腹の関係にあることも忘れるべきではない。

　第三に，外勤者の場合は他の職種と比較した場合，たしかに手段主義的で実績主義的な傾向が強く，企業忠誠心などは非常に薄いと思われるところがある。自分たちの仕事の良い部分と悪い部分を自己評価してもらったところ，表Ⅲ-3にみるように，努力がすぐ報いられ，いろいろな人とめぐり会え，時間が自由に使えるところなどが良く，反対に悪いところは賃金が不安定で，世間の評価が低い，対人関係が難しいというところである。努力の使用によっては業績が結果にすぐあらわれるのだが，そう甘い世界でもないことがよくわかるだろう。また対人関係面おいて，一面では顧客に喜んでもらえる点はやりがいとなるが，うまくいかないとストレスを生むという，対人接客的な営業職らしい特徴も出ている。

　第四に，両者の共通の問題でもあるのだが，営業は物財を売る場合もあるが，情報システム財や狭義のサービスそのものを提供することもあるので，「商品」の評価がなかなか難しくなる。仕事ぶりの評価の難しさは，なにも企業側からのそれだけではなく，後に述べる顧客との関係の「評価の主観性」をもその特質とする労働なのだ。

3.2　セールス・サービス・エンジニア化

　先の自動車整備業の調査から検証された興味深い観点が，営業職とエンジニアとの職務拡大あるいは職務融合の側面である。これは自動車販売の不振という拠り所ない事情で生まれた施策だったのだが，各社は整備工場の整備

表Ⅲ-3(a)　セールスマンのよい面（主として外勤の者のみ）

(単位：％)

業界＼項目	計	努力しだいで収入があげられる	時間が自由につかえる	自分のペースで仕事ができる	いろいろの人と会えて世間が広くなる	仕事にやりがいがある	その他	とくにない	不明
計	100.0	42.0	17.3	2.0	26.3	5.3	0	0.9	6.2
ルートセールス型（医薬品・紙文具）	100.0	9.1	8.1	2.0	61.6	9.1	0	3.0	7.1
印鑑等家庭訪販型	100.0	57.1	5.4	2.9	17.5	5.8	0	0.8	10.4
化粧品	100.0	40.2	35.4	1.0	19.6	2.9	0	0	1.0

表Ⅲ-3(b)　セールスマンの悪い面

業界＼項目	計	賃金が不安定	社内で重要なポストにつけない	仕事に対する世間の評価が低い	対人関係がむずかしい	体にきつい	その他	とくにない	不明
計	100.0	39.1	0.7	11.7	15.7	9.3	2.0	14.1	7.5
ルートセールス型（医薬品・紙文具）	100.0	3.0	1.0	7.1	41.4	19.2	4.0	15.2	9.1
印鑑等家庭訪販型	100.0	40.0	0.4	16.7	7.5	7.5	2.1	14.2	11.7
化粧品	100.0	55.0	1.0	8.1	12.9	6.7	1.0	13.4	1.9

出所：都労研（1984: 114, 116）より。

工を自動車販売の営業フロントに出すということを行なった。それに対する顧客の反応や整備工自身の反応は思いのほかよかった，という事実から注目されたものである。これはいうなれば，サービス職とエンジニア職の融合形態だともいえる。

　こうした職務拡大は，自動車のみならず，さまざまなマイクロ・エレクトロニクス化の進む職場でも起こっている。かつては非常に難しかったコンピュータのプログラミングが簡略化し，他方すべての企業業務がソフト化されるようになってきたことも，これを加速化している。システムエンジニアと事務職や営業職が融合を始めるという過程や，生産工程従事者がシステムエンジニアの仕事をするという例（山本1993）も多く見られるようになっていった。セールス・エンジニアの出現である。今日では，OSの基礎ソフト

のみを作っているコンピュータ技術者というのはむしろ少数で，顧客のところまで出張ってその要望にあうソフトをデザインする労働こそが，情報処理業の中核労働となってきた。その意味でも，一人ひとりの技術者が営業マインドを持ち，また経営マインドをもって自立的に働くことが求められるという，ドラッカーの主張が具現している。

4　営業職の労働時間問題

　営業職の研究で発見された第四の特質は問題があまりに大きいので，ここでは別項目にして取り扱おう。それは労働時間管理の難しさである。これは営業職ばかりではなく，サービス職や研究・技術職，そして「管理的」労働の従事者にも共通の問題でもある。そもそもサービスを論じるものが，その特質の第一にあげるのがこの問題である。すなわちサービスは，生産（提供）即消費という特質をもち，したがって保存不可能であることによって，その労働供給には繁閑差が不可避となる。サービス職ではたとえば観光産業のように，季節や祝祭日の繁閑に依存しており，閑期には待機状態が続き，繁期には長時間労働を迫られる。商業や飲食店，そして理髪業など対人サービスの多くの業種も週繁閑や一日の時間帯繁閑のため，手待ち時間の設定や解釈が企業側の恣意性の余地を広げやすくなる。また，顧客へのサービス競争から営業時間が長引きがちになり，店長という名の「管理職」――実質は労働者と管理職の中間状態であることも明らかにされた――の異常な労働時間の長さや休日のとりがたさも，しだいに明らかになっていった。
　こうした第三次産業の営業職の労働時間の実態と管理の難しさに真正面から挑んだ調査が，森隆男らを中心に筆者も参加した都労研（1991）であった。いま振り返ると，これほど調査票を作るのが面倒だった調査も珍しかった。まず第一に残業手当の実態について，「毎勤統計」などにあらわれる「実際に行われた残業」という数字が，実は「支払われた残業」でしかないことがママあることをわれわれが知っている以上，労働者本人に残業時間の実態を質問しなければ実態に迫れない。第二に，事業場外労働における「みなし」

労働時間や（認められた）残業時間が、別途支給されている「営業手当」と比較した場合、どの程度実際の残業時間と見合っているかを推定してみる作業もしなければならなかった。

　その先のほうの推定はアンケートを集計する過程ではっきりと結果が出た。図表は省略するが、残業時間の形で手当てを支給されている営業職労働者ですら、行なった残業を完全に申請したものは33.1％にすぎず、31.0％が一部しか申請せず、まったく申請していないものが32.2％も存在する。申請した残業時間で平均すると、51.0％の残業しか申請されていないことになる。ではなぜ申請しないかと問うと、「管理職（的）だから」（実際は管理職とは思えない人が多いのだが）、「申請するほどではないから」、「なんとなくしにくい」、「上限を規制されている」、「一律の残業手当が出る」などの4つの理由で65.5％を占めている。当時は今ほど「サービス残業」への非難は多くはなかったが、少なくとも営業職にそれは確かに存在していたのである。そこで営業手当てのみで残業が支給されている人や、両者の併用型の人々はどうか。複雑な組み合わせと手当額の計算も行ったが、ここでは最後の結論（表Ⅲ-4）だけを示そう。要するに7割以上の人が「残業時間には手当ては

表Ⅲ-4　営業手当額と残業時間のつりあい

(単位：％)

手当類型	合計	上回っている	みあっている	下回っている	不明
併用型	117.0	1.0	28.0	84.0	4.0
	100.0	0.9	23.9	71.8	3.4
営業手当型 (1)	5.0	—	—	5.0	—
	100.0	—	—	100.0	—
営業手当型 (2)	20.0	5.0	1.0	18.0	—
	100.0	—	5.0	90.0	—
営業手当型 (3)	18.0	—	2.0	15.0	1.0
	100.0	—	11.1	83.3	5.6
営業手当型 (4)	26.0	—	4.0	21.0	1.0
	100.0	—	15.4	80.8	3.8
営業手当型 (5)	17.0	—	6.0	10.0	1.0
	100.0	—	35.3	58.8	5.9
合　計	203.0	2.0	41.0	153.0	7.0
	100.0	1.0	20.2	75.4	3.4

出所：都労研（1991: 99）より。

見合っていない」と答えている。ただ営業手当てのみが支払われている人の実額と，実際にやった時間とを比較すると，半分程度が支払われているのではないかと推察される。結局どの形の手当てが支払われていようと，実際の残業時間への見返りは半額程度というのが落ち着きどころのようである。

　正邪の判断を別とすれば，営業職の「サービス残業」の実態はある程度似通った状態になっているのである。これは基準法の精神からみれば問題だが，サービス残業は大企業などでも常態化しているとの指摘もあるのだから，一種の日本的な「文化」を形成してしまっているともいえる。あるいはそれなりに公平感だけは実現しているので，いわば「社会学的」安定を保っているといえるのかもしれない，などと皮肉も言いたくなる結果ではあった。こういうと何か企業の管理が意図的に残業未払いを行なっているように聞こえるかもしれないが，そうとばかりもいえない。1987年度に行なわれた広告業についての調査（都労研1987）では，表Ⅲ-5にみるように，残業手当の不公平さを認めつつも，4割強の企業が「残業時間の概念が難しい」とし，2割強が「外勤・主張者の就業時間把握ができない」と答えている。必ずしも意図的というべきではなく，そうした困難さをもつ業態であり労働であることも事実なのである。

表Ⅲ-5　広告業の労働時間管理の問題点（複数回答）

	合計	外勤・出張者の就業時間把握できず	労働時間が不規則で効率配分ができず	定時遅刻も多めにみなければならず	残業時間の概念が難しい	仕事によっては長期休暇がとれない	管理職の残業多く割増賃金支給なし	他社より残業時間が長すぎる	その他	不明
合　計	100.0	22.8	9.8	20.3	42.3	36.6	13.8	7.3	7.3	17.9
	123.0	28.0	12.0	25.0	52.0	45.0	17.0	9.0	9.0	22.0
規模別										
1〜9人	100.0	15.6	9.4	18.8	28.1	37.5	15.6	6.3	0.0	28.1
	32.0	5.0	3.0	6.0	9.0	12.0	5.0	2.0	—	9.0
10〜49人	100.0	25.5	9.8	21.6	39.2	35.3	7.8	7.8	9.8	17.6
	51.0	13.0	5.0	11.0	20.0	18.0	4.0	4.0	5.0	9.0
50〜299人	100.0	27.3	12.1	18.2	57.6	39.4	18.2	9.1	9.1	9.1
	33.0	9.0	4.0	6.0	19.0	13.0	6.0	3.0	3.0	3.0
300人以上	100.0	25.0	0.0	0.0	75.0	50.0	25.0	0.0	25.0	0.0
	4.0	1.0	—	—	3.0	2.0	1.0	—	1.0	—
不明	100.0	0.0	0.0	66.7	33.3	0.0	33.3	0.0	0.0	33.3
	3.0	—	—	2.0	1.0	—	1.0	—	—	1.0

出所：都労研（1987: 185）より。

ところで，長くなりがちな労働時間と休日休暇の関係について労働者自身に行なったアンケート調査（図Ⅲ-3）や，インタビューで興味深かったことがある。それは，こうした営業職者たちは，一日の労働時間の長さや週休のとりづらさについて「仕事の性格上ある程度仕方がない」とあきらめている，あるいは当然だと思っている節があったことだ。ただ，そうした状態が年中続いていることには非常に大きな不満を抱いている。実際，ある自動車のセールスマンは，「長いのや不規則なのはしょうがないが，出来れば年に2～3週間の長期休暇が欲しい」という切ない希望を語った。こうした声を聞くたび，営業，サービス職の人々の労働条件の改善や法的保護を論じる場合には，製造業のそれを基準としていては的外れになるのではないか，ということを筆者は強く感じるのである。

同じようなことはデザイナーや技術研究職などの労働についてもいえる。こうした職種では労働の裁量性の大きさや仕事の面白さなどによって，労働時間の長さがある意味弁済されているともいうべき様子がうかがえる。もちろん賃金的な見返りがあるかどうかは疑わしいのだが，労働者の間にはそれほど大きな不満がないことが，調査（都労研 2000）で明らかにされている。

図Ⅲ-3 労働時間，休日，休暇に関する意識（従業員）

	まったくその通り	ある程度そうだ	どちらともいえない	あまりそうは思わない	まったくそうは思わない	無回答
休日・休暇少ない	18.9	32.8	14.6	22.9	9.8	1.0
時間を自由に使える	6.5	50.2	16.4	21.4	4.5	1.0
手当なし残業が多い	29.4	21.1	17.2	20.6	10.3	1.5
経費の自己負担が多い	7.8	26.5	19.1	27.2	17.7	1.7
外回りで変化がある	18.7	49.6	18.1	9.6	2.5	1.5

出所：都労研（1991: 109）より。

ただ，そのときに行なわれた外食産業の「店長」という「（労働者的）管理職」や旅行業の労働者への調査では，労働時間への不満はかなり強い。それは対人的労働であることや（従業員への）管理的労働であることによる仕事満足度の高さがあっても，なおそうなのである。ひとくちにサービス労働の労働時間問題とはいっても，勤務形態や立場によってさまざま異なった問題として発現してくるのである。したがって「労働時間の短縮」とはいっても，処方箋は多様にならざるをえないのである。

ただ将来的には，先のドラッカーが述べたように，サービス職と知識労働者の区別なく，しだいに自己管理的な「自営業主的労働者」が増えていくことになることは必然であろう。こうした労働者群をわれわれは「境界労働者」——労働者と管理者，雇用者と自営業者，労働者と技術者などとの境界が不明確になっている状態——と呼んだのだが，その労働時間や仕事を企業が直接管理することはきわめて難しい。結局「自己管理」が中心となり，企業はそれを業績などで間接管理していくほかない。

この点について，よく労働法などの観点からその問題面ばかりが指摘されるようだが，働く者の観点からすると必ずしもマイナスばかりだとはいえない。直接管理ができないということは，労働者にとってある種の「自由」と「自立（律）性」の余地の存在を意味するからだ。実際，顧客相手の仕事では「手待ち」時間が生じ，一日の労働時間はどうしても長くなり，「サービス残業」的な部分も生じがちだ。ところが，そうした現実に対する彼らの不満は思ったほど強くはないこともすでに述べた。「時間調整にパチンコなどで遊んでいるのでは？」などといった下種の勘繰り勘ぐりは的外れである。人々は空き時間にも，仕事の準備などけっこう真面目にやっている姿も浮き上がった。それでもある程度自由に仕事を設定できことで，ノルマ管理の厳しさがいくらかなりとも緩和されているともいえるのだ。後述する「営業職の仕事満足度の高さ」の理由の一端は，案外ここにあるのかもしれない。

「自立（律）」の高さは，逆に自己管理の厳しさを意味することはいうまでもない。見られていないところでは遊んでいる，などというのでは結局脱落するしかない。その点では，こうした仕事は「組織人タイプ」には向かないし，そうした人のために設定された労務管理にもそぐわない。実はこうした

営業職の仕事と労務管理の特性は，後述する情報処理労働者などにも当てはまり，もしかするとサービス化・ソフト化が進む全産業の労働者の特質になりつつあるのではないか，と筆者は考えているのである。

5 サービス労働の二面性とインターナル・マーケティング

5.1 サービス労働の二面性

サービス職種に携わる人々，とくに人と接する職種の人々の仕事のやりがい感でもっとも大きいのは，まさに「いろいろな人に接すること」であり，「提供したサービスを喜んでもらえること」なのである。実際，彼らの仕事満足度は他職種と比べて低くないどころか，むしろかなり高いのである。これらの職種は，その所属企業が大企業であれば，高学歴者にたいへん人気があることも，それが原因となっていることは疑いないだろう。

筆者がこうした事実を最初に思い知らされたのが，先の雇用増加業種で担当した「建物サービス業」の調査だった。この業種では，ビルの清掃や昇降機，空調のメンテナンス，害虫・獣退治といった，まさに縁の下の力持ち的な仕事が行なわれている。SSMなどの職業威信でも最下位を争いそうな職種である。当時は，要員派遣業態として職安法44条に抵触するかとも疑われた業界でもあった。こうしたいわば社会的評価の低い業界の経営者も従業員も，自分たちの仕事がオフィスや過程の安全と清潔さを保っているという自負と自覚をもっており，仕事中に一言「ありがとう」といわれたときに大きな喜びや，やりがい感を感じるという。こうしたことは，タクシー運転手や自動車ディーラーの営業職などや旅行代理店の添乗員も，異口同音に語るところであった。これら対人的サービス的側面の強い労働者を，筆者はアメリカの経営学で用いられる概念を参考に，「ホスピタリティ労働者」（尾形1987）と名づけたが，こうした労働者たちに共通する職業意識だと考えてきた。

先のサービス経済学者フュックスは，物財生産労働はその商品の消費者と直接対面できないが，サービス労働は直接的なので，ある意味「労働が人間

化」される可能性があると論じた。経営学者のP.コトラー（Kotler 1996）は，サービス労働が直接対面的であるゆえにやりがいも強いと論じた。サービス労働の積極的側面の強調である。他方，社会学者のなかには，E.フロム（Fromm 1955）のように対人的にサービスを提供するため「人格が商品化」するとしたり，ホックシールド（Hochschild 1983）のように，心を管理する疎外された感情労働だとこき下ろしたりする向きもある。前者は持ち上げすぎ，後者は第三者的ないささか感情的な解釈であるというのが筆者の率直な感想だが，実際にはこうした感情が両面同時に存在していることは，こうした労働者にインタビューしたことのある者なら自明のことである。ホスピタリティ労働者の労働とその労働意識にはこうした二面性をもっているところが，その第一の特性なのだ。

　それを如実に語っているのが，たとえば旅行業の労働者の意識調査結果（図Ⅲ-4）である。よい点は「顧客に喜んでもらえる」，「いろいろな人と出会える機会がある」ということなどであるが，反面「顧客や取引先に神経を使う」とか「精神的ストレスが強い」といった対顧客関係がつらい面だと答えている。同じことの裏表が同時に存在する労働なのである。他方，「自由裁量の余地が広い」とか「知識趣味が生かせる」といった仕事の自立性や面白さへの評価も高く，やはり仕事自体への評価は高さがこの業界の人気を裏づけている。他方，「業界への世間的評価が低い」とか「忙しすぎる」といった面はつらいと感じられているようだ。

　こうした対人的なサービス労働の根本的な問題点を，筆者は「サービス」受給に際する人間関係の問題として捉えている。これを比喩的に言えば，日本語の「敬語」の関係のように考えればわかりやすいだろう。つまり尊敬語のように相手を持ち上げてもいいし，謙譲語のようにこちらがへりくだれば相対的に顧客の位置は高くなる。「お客様は神様」だ。しかしこれでは，先のフロムがいった「人格の商品化」そのものになってしまう。これではサービス労働者に一方的にストレスが蓄積しかねない。それに対し，慇懃無礼は困るが丁寧語のように，お互いに立場を尊重し合い「サービス」を交換すれば立場に歪んだ上下関係は生じにくい。もっとも実際には，タクシーの運転者に暴言を吐き，接客労働者を奴隷のように思っている顧客も多いし，「た

第Ⅲ章　第三次産業の中小企業に働く人々　63

図Ⅲ-4　仕事（旅行業）のよい点，つらい点

男 ―――
女 -------

	+2	+1	0	-1	-2
	まったく そうだ	ある程度 そうだ	どちら とも いえない	あまり そうは 思わない	まったく そうは 思わない

〈よい点〉
仕事に創造性がある
自由裁量の幅が広い
顧客に喜んでもらえる
仕事が社会的に評価される
いろいろな人と出会う機会が多い
賃金が高い
海外に出たり海外情報が得られる
組織にしばられない
独立開業のチャンスがある
趣味，知識が生かせる
都会的な仕事である
特殊な技能が身につけられる
大きな仕事をとったときに喜びがある

〈つらい点〉
忙しすぎる
顧客や得意先に神経をつかう
ノルマに追われたいへんな仕事だ
賃金が安い
労働時間が長い
休日，休暇がとりにくい
業界への世間評価が低い
能力や業績が評価されにくい
精神的ストレスが強い
仕事に年齢的な限界がある
業界の先行きに不安がある
職場の人間関係がよくない

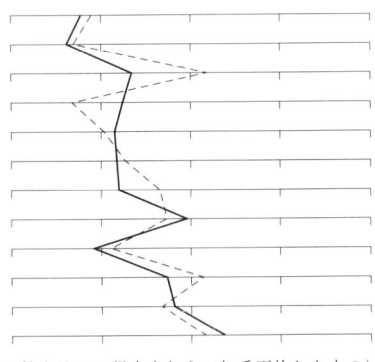

（無回答を除いて得点を与えて加重平均したもの）
サンプルは一般・国内旅行業の従業員489名

出所：都労研（1987: 130-133）より。

だへりくだれ」というなさけない指示しか出せない経営者も少なくないのだからきれい事ではすまないのだが，サービス受給をめぐる人間関係は，結局その個人・社会の民度を反映しているのではないかと考えている。

　こうした思いはさておき，サービス労働とは困難だがやりがいのある仕事なのである。そのことは，彼・彼女たちの労働満足度の高さとしてあらわれ

表Ⅲ-6 職種別に見た仕事のやりがい

「大いにある」+2,「ある程度ある」+1,「どちらともいえない」0,「あまりない」-1,

項目 職種	イ 賃金	ロ 労働時間	ハ 休日・休暇	ニ 安全・衛生	ホ 昇進機会	ヘ 仕事の変化	ト 新しいことを学ぶ機会	チ 能力を発揮する機会
平 均 値	-.71	-.72	-.52	+.14	-.42	-.19	+.24	+.05
1 管理職	-.59	-1.53	-1.00	+.18	+.29	+.71	+.76	+1.00
2 事務	-.55	-.64	-.46	+.44	-.24	-.35	+.03	-.10
3 生産工程技能	-.78	-.88	-.54	-.06	-.60	-.74	-.36	-.60
4 技術	-.63	-.73	-.37	0	-.56	-.12	+.38	+.22
5 外交・営業	-.78	-.55	-.28	+.51	-.20	+.05	+.61	+.39
6 店頭販売	-1.20	-1.70	-1.60	-.60	+.10	-.50	+.20	-.10
7 サービス・接客	-.73	-.72	-.64	-.04	-.41	-.31	+.23	-.01
8 倉庫・運転・運搬	-.34	-.34	-.69	+.03	-1.14	-.83	-.48	-.90
9 その他	-1.16	-.84	-.72	-.22	-.91	0	+.09	-.16
10 不明	-.78	-.83	-1.33	-.28	-.11	+.17	-.06	0

 1 外交・営業職（-0.01）   4 技術職（-0.18）
 2 管理職（-0.02）   5 事務職（-0.24）
 3 サービス・接客職（-0.17） 6 その他の職種（-0.43）
 注：マイナスほどストレスが大きい。
出所：都労研（1990: 80）より。

ている。表Ⅲ-6は，若年者を中心にさまざまな職種の満足度を相互比較した結果（都労研1990）である。どういう項目を設定するかにかかってはいるのだが，ここで取り上げた項目を平均した限りでは，店頭販売職の評価は生産工程従事者並みだが，外交営業職やサービス接客労働者のそれは，技術職や管理職のそれとも見劣りはしない。図Ⅲ-5は，第三次産業内の3業種（デザイン業，旅行業，飲食店）のさまざまな職業満足度であるが，これを見ても，こうした職種に働く人々の満足度が決して低くはないことだけはわかるだろう。

5.2 インターナル・マーケティング

 労務管理のひとつの目的が，労働者の勤労意欲を向上させることにあると

（男子30歳以下のみ）
「まったくない」－2の加算平均値

リ 創意工夫の機会	ヌ 趣味を生かす機会	ル 顧客に貢献	ヲ 精神的ストレス	ワ 職場の人間関係	カ 男女間の平等	ヨ 会社の将来性	単純平均値
＋.03	－.85	＋.25	－.46	＋.30	－.23	＋.03	－.20
＋.94	－.71	＋.24	－.88	＋.59	－.35	－0	－.02
－.27	－.97	－.18	－.35	＋.21	－.14	－.01	－.24
－.52	－.98	－.52	0	＋.38	－.24	－.16	－.44
＋.19	－.77	＋.09	－.50	＋.28	－.18	－.01	－.18
＋.23	－.78	＋.70	－.64	＋.60	－.27	＋.19	－.01
0	－1.10	＋.50	－1.20	－.10	＋.40	＋.10	－.45
＋.20	－.73	＋.74	－.51	＋.30	－.26	＋.33	－.17
－.93	－1.34	－.03	＋.17	＋.14	＋.10	－.14	－.45
－.13	－.75	＋.31	－.66	－.19	－.63	－.53	－.43
＋.28	－.89	＋.17	－.22	－.44	－.78	－.06	－.34

7　生産工程技能職（－0.44）
8　店頭販売職（－0.45）
8　（同位）倉庫・運転・運搬職（－0.45）

すれば，こうしたサービス労働者の二面性を理解していなければ成り立つはずがない。換言すれば，「ホスピタリティ」の二面性と矛盾を調整するのが労務管理なのだ。二面性のマイナス面をメンテナンスすることを比喩的にいえば，「安全・衛生」管理とは，神経をすり減らしがちな従業員の「メンタルヘルス」を正常に保つことである。またサービスの品質管理とは，良質のサービスを提供することである。動機づけとは，企業と従業員自身が他社よりは「よいサービス」を提供できているという自信をもつことである。それに比べれば，サービス労働者の労働諸条件のあれこれの劣悪さなどは二の次だと，当事者こそそう考えているのではないか，というのが筆者の偽らざる感想でもある。

　しかしそれが一筋縄では行かないところが，サービス産業分野（とくに狭

図III-5 さまざまな満足度

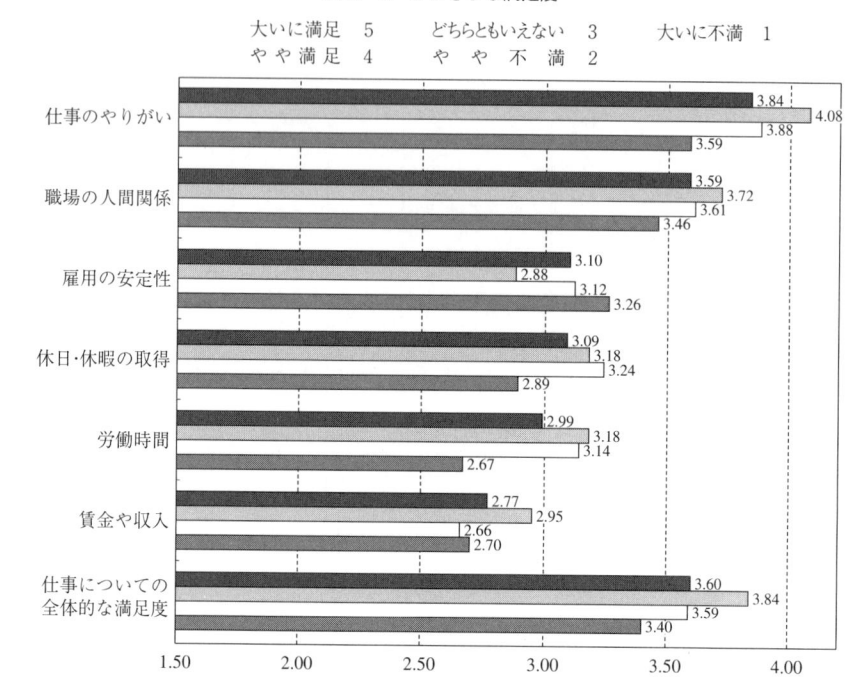

大いに満足　5　　どちらともいえない　3　　大いに不満　1
やや満足　　4　　やや不満　　　　　　2

項目	平均	デザイン業	旅行業	飲食店
仕事のやりがい	3.84	4.08	3.88	3.59
職場の人間関係	3.59	3.72	3.61	3.46
雇用の安定性	3.10	2.88	3.12	3.26
休日・休暇の取得	3.09	3.18	3.24	2.89
労働時間	2.99	3.18	3.14	2.67
賃金や収入	2.77	2.95	2.66	2.70
仕事についての全体的な満足度	3.60	3.84	3.59	3.40

出所：都労研（2000: 109）より。

義のサービス）の労務管理の難しさなのだ。サービス・マーケティング論の泰斗であるコトラー（Kotler et al. 1996）は，サービスのマーケティングの特質として，その"Variability"をあげている。これは，提供するサービスの評価が顧客との関係で価値が「変動してしまう」ことをあらわしており，顧客の満足自体の不安定さのことである。先の田中滋（1983）も，同じことを「高い消費者リスクとクレームの発生」と表現している。筆者の解釈するところでは，これはサービスに対する顧客側と提供側の「評価の主観性」というべきもので，双方の人それぞれにサービスへの意味づけが一定せず，一致しないことが少なくないことをあらわしていると考える。こうした情況下で働くサービス労働者は，当然さまざまな心的ストレスを抱え込むことになる。

ところでコトラーは，マーケティングの歴史を跡づけて，生産優位→消費優位→品質優位→マーケティング優位→社会的という順に発達してきていたとする。5番目の「社会的マーケティング」がこのことと深くかかわっている。そこでは企業が顧客に提供するサービスが，その企業の営利原則だけでなく，自然環境や健康，そして快適な生活などからみて社会的にどう評価されるかが重視される。もちろん現実の厳しい企業間競争のもとでは，理想的にそれを実現できないとしても，少なくとも他社よりは一歩前進している点に比較優位性を主張する企業になることが，現代のマーケティングの第一条件だとしているのだ。もちろんそれは何もサービス産業に限ったことではないのだが，顧客と接するサービス労働者には直接跳ね返ってくるこの産業ではとくに重要になる。

要するにサービス労働は，提供する労働者と顧客との直接的な対面状況で行なわれるため，顧客から感謝されたときには労働者にとっては喜びも大きいが，評価は顧客の主観によるためクレームも多く，労働者は辛いことも多い。そこで「お客様は神様」式の指導ばかりされていては，現場はたまったものではない。そうなると従業員のモラールは低下し，結局は顧客への対応が悪化するという悪循環が始まる。コトラーらは，スカンディナヴィア航空を再建したY.カールセンの従業員重視の「インターナル・サービス」論を援用して，顧客に対して満足のいくサービスを提供したいなら，その現場の主人公であるサービス労働者に適切な労務管理を担保しなければいけない，と主張するのである（Kotler et al. 1996）。インターナル・サービスとはサービス労働者への労務管理にほかならないのである。理想論のように聞こえるかもしれないが，結局双方に納得がゆく「サービス」を提供する企業こそが，長期的には成功し存続するという考え方である。

合衆国におけるこのような経営学的理論の展開と，先の「自営業主的労働者論」や「知識労働者論」を考え合わせると，サービス業の労務管理とは，これまで製造業などで行なわれてきた平均的大衆（マス）の直接的管理から，自己裁量と自己管理を行なう「自営業的労働者」を側面から個別援助し，顧客との健全な関係を模索するように誘導する管理だということになる。正直言って，これまでの労働研究所の研究は，こうした観点を前面にすえたもの

だったとは必ずしも言いがたかった。今後，別の機会に追求されるべき研究テーマであろう。

6 中小サービス業における労働条件と労使関係

　各種飲食店の労務管理を検討した上林千恵子（都労研1981）は，中小企業の労務管理は経営者の個人的経験によって，家族主義的で「成り行き的（drift）」に行なわれている側面が強いが，多少経営が安定し規模も大きくなると，松島静雄（1979）が指摘したような「労務管理の近代化」に向かう傾向にあることを指摘している。賃金水準の大幅向上や労働組合——存在しないことが多い——との近代的な労使関を形成する余裕はないものの，可能な限り年功賃金を拡大し福利厚生制度を充実しようとする試みは，かつて鈴木春男（1968）が指摘したように，惨めなだけではない中小企業一般の日本的特質もみせている。

　とはいっても，小零細の商業や飲食店，対個人サービス業などには，いうなれば労働基準法とは無縁の世界というものも多かった。これは都労研の調査ではなく，1980年代に旧労働省で個人飲食店や理髪店，酒場などの小零細業の労働条件を調べたときの経験（尾形1986）だが，たとえば，雇用保険，労災保険を申請していない店が4〜5割もあったり——要するに近代的雇用関係の認識がなく当然賃金も損金扱いになっていない——，所定労働時間の範囲が不明確なため残業時間計算があやふやで，「割り増」などは当然ない。「有給休暇の消化率は？」と尋ねると，「うちは正社員なので与えていません」などと訳のわからない答えが返ってくる。一事が万事こういった調子なのである。当時労働省の面々になかなか信じてもらえないので，「それでは日ごろ利用されている商店で軒並み聞いて御覧なさい」と提案，それをした人には納得されたものである。

　これほどひどい状態ではないにせよ，第三次産業は伸びている分だけ新しく未熟な企業も多く含まれ，すでに述べたような定型化しにくい労働でもあるため，労務管理も未経験なものが多い。前項のインターナル・マーケティ

ングなどは，望むべくもないところが大部分なのである。実際そこには労働組合も結成すらされていないことが多いので，労働者と経営者の間でのさまざまなコンフリクトが起こっている。その実情を知ろうとしたのが「労使紛争の研究」——労政事務所などに持ち込まれた斡旋事案を分析——や，「第三次産業における労働組合の結成」という調査である。別章で詳しく紹介されるとは思うが，とくに第三次産業にかかわる部分のみ論及しておこう。

　東京都の労政事務所などに持ち込まれた相談，斡旋事案を克明に検討した調査（都労研 1985）によると，その案件自体も第三次産業からのものが多いのだが，その内容はといえば驚くほどプリミティブなものも少なくなかった。労働者側から曰く，「辞めたいがやめさせてくれない」，「解雇予告手当をくれない」，「試用期間だといって賃金をくれない」，「退職金を払ってくれない」，「有給休暇をくれない」などという苦情に対し，使用者側からは，「面倒見てやったのに」，「そういう制度を知らなかった」，「そういうものだと思っていた」，「制度がない」，「パートにはいらないと思った」などというものすらあった。こうなると斡旋結果も比較的単純で，常識を説明すると「おっしゃる通り」ということで一件落着する。要するに，労使ともに「労働基準法」や労働組合法などはあまり知らないという世界が広がっていたのである。こうしたところに，われわれですら調査に手を焼いた労働時間問題などが起これば，行き違いと混乱の極みとなることも蓋し当然なのである。どこに相談に行っていいかわからず，交番に駆け込んだ労働者もいたのだから，それが公的か民間かは別として，こうした分野のコンフリクトを解決するサービス機関が不可欠だと筆者は考えたものである。例外もあるが，初めから悪意で人を雇う経営者や，クレームをねじ込む労働者などはごく少数なのである。

　労働組合はどうか。どの国でも第三次産業の労働組合の組織率低下は，ある意味では法則的事実に近いものがある。しかし，われわれが第三次産業に対して行なった調査（都労研 1986）によると，こうした状況でも労働組合が新しく結成されたところでは，労使のコミュニケーションが好転したと評価する経営者が少なくなかった。労働組合の結成は労使関係の安定化や仕事環境の整備という機能も有しているという，興味深い発見である。労働者の

図Ⅲ-6　組合結成前の不満（M. A.）点

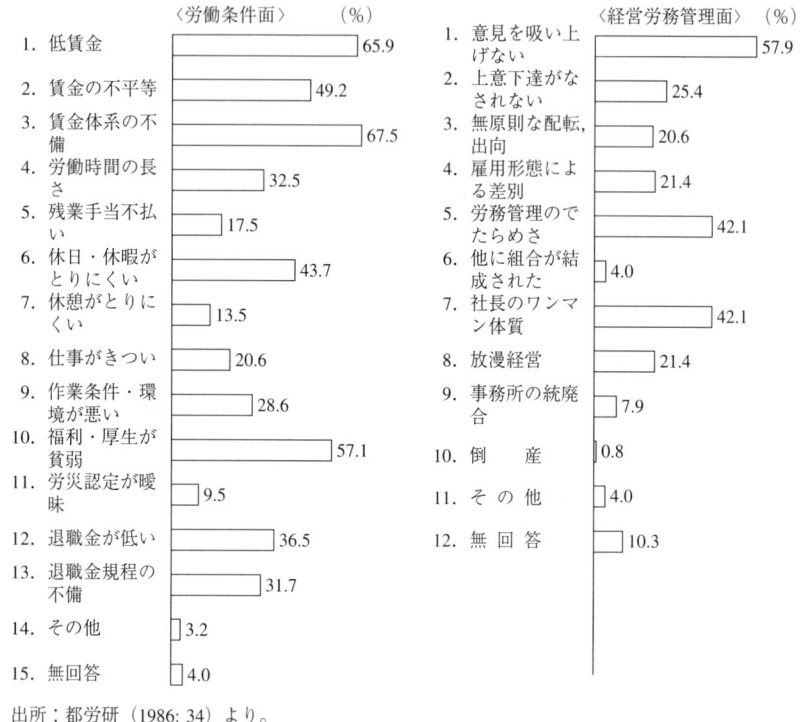

〈労働条件面〉　（%）

1. 低賃金　65.9
2. 賃金の不平等　49.2
3. 賃金体系の不備　67.5
4. 労働時間の長さ　32.5
5. 残業手当不払い　17.5
6. 休日・休暇がとりにくい　43.7
7. 休憩がとりにくい　13.5
8. 仕事がきつい　20.6
9. 作業条件・環境が悪い　28.6
10. 福利・厚生が貧弱　57.1
11. 労災認定が曖昧　9.5
12. 退職金が低い　36.5
13. 退職金規程の不備　31.7
14. その他　3.2
15. 無回答　4.0

〈経営労務管理面〉　（%）

1. 意見を吸い上げない　57.9
2. 上意下達がなされない　25.4
3. 無原則な配転,出向　20.6
4. 雇用形態による差別　21.4
5. 労務管理のでたらめさ　42.1
6. 他に組合が結成された　4.0
7. 社長のワンマン体質　42.1
8. 放漫経営　21.4
9. 事務所の統廃合　7.9
10. 倒産　0.8
11. その他　4.0
12. 無回答　10.3

出所：都労研（1986: 34）より。

評価（図Ⅲ-6）はどうかというと，結成以前の不満としては，労働諸条件面へのそれは当然ながら多いのだが，何にもまして経営者の経営戦略や方針への不満が大きい。先に述べたような未熟な経営に対する不満もあるのだろうが，すでに述べた労働者の「自営業主的」性格から，「自分が経営者なら」といった意見を抱くものが多いのではないかと筆者は考えている。それにしても，先述のインターナル・マーケティングや労働時間管理や仕事管理の難しさゆえに生じる諸問題を解決課題とする，新しいタイプの労働組合活動が出現すれば，この分野における組織率の低さは改善するのではないだろうか。その場合の組織形態は，これまでのような製造業でのそれではなく，たとえば同業組合型の組織がふさわしいのではないかと筆者は考える。なぜなら，こうした人々の存在と意識はかなりの程度自営業主的だからである。

7 その他の特性と残された課題

　以上，一連の第三次産業に対する調査結果から導かれた事実にもとづいて，いくつかの論点を概略してきた。実はこのほかにも，たとえば情報産業や建物サービス業などに常態化する派遣労働の特質や問題点（尾形 1984），あるいは情報処理産業における「テクノ・ストレス」の正体，百貨店などにおける第三次産業に働く女性労働者の特性，この産業の奨励さ企業に働く外国人労働者，職人やトラック労働者などの固有な問題の調査からも，興味深い知見が発見されている。しかし紙枚の制限や，そのいくつかは別章で取り上げられることになっているので，本章ではこれ以上言及することは控えよう。

　ただ，サービス経済化やサービス労働に関して，これまで都労研ではあまり手がけてはこなかった領域について，筆者が現代的意義があると考えているものについて最後に論及しておきたい。

　その第一は，サービスの「工業化」とか「マクドナルド化」といわれるものについての研究である。

　前者は T. レヴィット（Levitt 1960）が「サービスの工業化」といって先覚的に論じ，後者は G. リッツァー（Rizter 1993）の「マクドナルド化」で有名になった議論である。つまり本来対人的な性格を持つサービスが規格化され，非人格化されていく過程を冷徹に論じている。これによれば，サービス労働者の仕事上のやりがいはマニュアルのなかに埋没し，最良余地は管理システムに埋没する。先に述べたような，顧客に対する喜びや仕事の面白さではなく，システムへの従属のみが優劣を決めるという，やるせない職場が実現してしまうかもしれない。昨今の外食産業での規格化された接客態度でもてなされる安グルメや，電子音とアニメ画面表示による接客サービスの蔓延を見ていると，サービス労働はロボット化するのではないかという不安も大きくなってきた。サービスを受ける側にとってもそのほうがいい場合もあるわけで，それを全面否定するほど筆者も頑固ではないつもりだ。だがしかし，こうしたものが蔓延する職場が生来したところの労働の世界はどう変わ

ってしまうのか，そして社会はどう変わってしまうのかという問題意識だけは持っていなければならないだろう。

その第二は，通常の「雇用」とは異なった新しい「働き方」の出現の問題である。いうまでもないことだが，先進諸国ではNPOなどの活動が賃労働とは違った形で位置づけられ，無償・有償を問わず注目を集めるようになってきた。ワーカーズ・コレクティブのような賃労働に近いものもあるし，純粋のボランティアもある。こうした活動の多くはヒューマン・サービスといわれるような福祉的活動に多く展開されており，通常の民間「営利」サービス業と境界を接することが多い。問題は，どちらがいいのかではなくて，こうした活動と「労働」の関係が今後どのような形で組み合わされ統合されていくのかである。これは先進国社会の就業・産業構造や社会構造までも大きく変えかねない重要なテーマとなっていくだろう。

もう少し論を進めれば，サービスというものが商品として市場交換されること自体の必要性と妥当性が問われる時代が，早晩やって来るということだ。イギリスの社会学者のJ. ガーシュニー（Gershuny 1987）は，自国の経験を踏まえながら，産業化が一定まで進むと，家事や福祉，余暇などの市場的サービス消費の拡大は止まり，非市場的でドメステックな部分が広がっていくと論じている。豊かさをサービス消費で実現しようと，ますます忙しく，競争的に働いているわが国の現状からすると信じられないようなことだが，今後はこうしたことも研究対象とされる時代になるだろう。

参考文献

Bell, Daniel（1973）*The Coming of Post-Industrial Society: A Venture in Social Forecasting,* New York: Basic Books（内田忠夫ほか訳『工業社会の到来――社会予測の一つの試み』上下，ダイヤモンド社，1975年）．

Burton-Johns, Alan（1999）*Knowledge Capitalism: Business, Work, and Learning in the New Economy,* Oxford & New York: Oxford University Press（野中郁次郎監訳『知識資本主義――ビジネス，就労，学習の意味が根本から変わる』日本経済新聞社，2001年）．

Clark, Colin（1940）*Conditions of Economic Progress,* London: Macmillan（大川一司ほか訳篇『経済進歩の条件』上下，勁草書房，1953～1955年）．

Drucker, Peter（1989）*The New Realities: In Government and Politics, in Economics and*

Business, in Society and World View, New York: Harper & Row（上田惇生訳『新訳　新しい現実——政治，経済，ビジネス，社会，世界観はどう変わるか』ダイヤモンド社，2004年）.
Fromm, Erich（1947）*Man for Himself: An Inquiry into the Psychology of Ethics,* New York: Rinehart（谷口隆之助ほか訳『人間における自由』改訳，東京創元社，1972年）.
Fucks, Victor（1968）*The Service Economy*, New York: Columbia University Press（江見康一訳『サービスの経済』日本経済新聞社，1974年）.
Gershuny, Johnasan（1987）"The Future of Service Economy", in O. Giarini for the Services World Forum, ed., *The Emerging Service Economy*, Oxford & New York: Pergamon Press.
Hochschild, Arlie（1983）*The Managed Heart: Commercialization of Human Feeling,* Berkeley: University of California Press（石川准ほか訳『管理される心——感情が商品になるとき』世界思想社，2000年）.
Kotler, Philip, John Bowen, and James Makens（1996）*Marketing for Hospitality and Tourism,* Upper Saddle River, NJ.: Prentice Hall（ホスピタリティビジネス研究会訳『ホスピタリティと観光のマーケティング』東海大学出版会，1997年）.
Levitt, Theodore（1960）"Marketing Myiopia", *Harvard Business Review*, July-August.
Machlup, Fritz（1962）*The Production and Distribution of Knowledge in the United States,* Princeton, NJ.: Princeton University Press（高橋達男・木田宏共監訳『知識産業』産業能率短大出版局，1969年）.
松島静雄（1979）『中小企業と労務管理』東京大学出版会.
尾形隆彰（1968）「中小企業における労働問題と労使関係1, 2, 3」『労働時報』10～12月号，労働省広報室.
―――（1984）「労働者派遣事業の現状と将来」『労働法研究会報』1525号，総合労働研究所.
―――（1988）「サービス経済化とサービス労働」石川晃弘編『産業社会学』サイエンス社.
Ritzer, George（1993）*The McDonaldization of Society: An Investigation into the Changing Character of Contemporary Social Life*, Newbury Park, Calif.: Pine Forge Press（正岡寛司訳『マクドナルド化する社会』早稲田大学出版部，1999年）.
鈴木春男（1968）『中小企業に働く人々』日本労働協会.
田中滋監修・野村清著（1983）『サービス産業の発想と戦略』（株）電通.
東京都立労働研究所（都労研）（1980）『東京都における離職者の生活実態』東京都立労働研究所.
―――（1981）『第三次産業における雇用及び就業実態』東京都立労働研究所.
―――（1982）『中小事業所における非正規従業員の実態』東京都立労働研究所.
―――（1983）『第三次産業における雇用及び就業実態（その2）——タクシー業・自動車整備業・美容業』東京都立労働研究所.
―――（1984）『第三産業における雇用および就業構造（その3）——セールスマン』

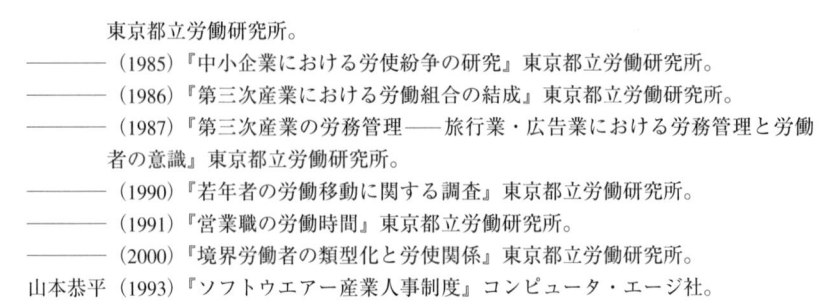

東京都立労働研究所。
──── (1985)『中小企業における労使紛争の研究』東京都立労働研究所。
──── (1986)『第三次産業における労働組合の結成』東京都立労働研究所。
──── (1987)『第三次産業の労務管理──旅行業・広告業における労務管理と労働者の意識』東京都立労働研究所。
──── (1990)『若年者の労働移動に関する調査』東京都立労働研究所。
──── (1991)『営業職の労働時間』東京都立労働研究所。
──── (2000)『境界労働者の類型化と労使関係』東京都立労働研究所。
山本恭平 (1993)『ソフトウエアー産業人事制度』コンピュータ・エージ社。

第Ⅳ章　中小製造業の経営行動と生産現場の人的資源管理

川喜多　喬

1　はじめに

　東京都立労働研究所（以下，「都労研」と略称）の一連の研究が行なわれた20年は，東京の製造業にとって大転換の時期であった。東京都には戦前から戦後にかけて中小製造業が急成長し，町工場がいたるところにあった。1960年代の高度成長期には，大企業の下請け・孫請けとして急成長したが，1970年代に入ると公害問題や地価高騰などが経営の転機となり，地方に移転していった企業も多い。都労研での研究が始まった1980年代には，ME（マイクロ・エレクトロニクス）による技術革新の前に，果たして中小製造業は生き延びられるのかということが話題になり，さらに第三次産業の成長で若年者の製造業離れ，技能者の中高年化が経営の隘路とされるようになる。日本の製造業は世界市場においてみごとに勝者となり，内需も順調に拡大して，「バブル」といわれる好景気となったが，中小製造業には労働力不足の加速化，土地利用機会費用の相対的高騰によるオフィス・商業・住宅用地への転換などマイナス要因をも生み出していった。そのなかでも，技術者や若者を引きつけるため「快適工場」化を急いだり，時短などさまざまな労務改善を行なう先進企業も多くあらわれた。しかし1990年代になると，一挙にいわゆる「平成不況」に突入し，「脱工業化」どころか「製造業空洞化」すらいわれるようになり，高度成長期に買い込んだ新鋭設備機器などへの投資の回収もできず，高齢化や労務費高騰もあって，廃業・倒産に追い込まれる中小製造業は続出した。

　ただ，このような大激動のなかでも，それら環境変動にみごとに対応した

り，あるいはそこまでいかなくても必死に耐えて雇用・就業機会を守っている中小製造業も多い。さらには新しくハイテクベンチャー企業として生まれ出ている中小製造業もある。

　東京の中小製造業の生産現場に働く人々を襲う暗い面と明るい面，苦しむ人々と活躍する人々，多様な姿を，東京都立労働研究所の研究は捉えてきた。

2　不況を生き延びている企業は設備機器にも人材にも投資

2.1　不況下の企業行動

　長い「平成不況」も底をうったという議論が出はじめた時点での，都労研の調査結果[1]から議論を始めたい。調査当時（1997年8月末から9月上旬）で，主要製品の売り上げは，「まだまだ横ばいだ」とする企業が全体の約半数（46.6％）あり，「売り上げ減が続いている」とする企業が26.6％で，7割の中小製造業では依然として経営不振が続いていた。しかし，一部であるにせよ売り上げがもとに復活しつつある企業があるということは，苦境にたつ企業といったい何が違うのか，という主題にわれわれの関心を導く。

　「短納期のものをこまわりよくこなしながら，低価格品で先行品に追随している」ような企業は，概して売り上げの低下が大きかった。特定の企業の要請に応えざるをえない企業は厳しい状況におかれていた。逆にいえば，独自品をもち，多数の顧客からその企業のものを使わざるをえないものを作っている企業は，価格競争力をもち，納期要求に対する力をもって生き延びていた。

　経営状況が好調な企業では，「省力化機器」への積極的投資を行なう企業が多い。「高品質の製品を生産し検査する機器」の導入も，好調な企業に多く，厳しい状況にある企業との差が目立つ。かように経営状況のよい企業は設備機器への投資に熱心である。

---

1) 調査方法，対象など詳しくは都労研（1999）を参照のこと。なお，川喜多（2000より連載）を読んでいただければ幸いである。

これがうまく循環すれば，優れた設備機器を生産する中小・中堅製造業の景気回復につながるであろう。

一方，「今も売り上げ減が続いている」中小・中堅製造業企業では，過去5年間に，せいぜい「自社下請けの整理・内製化」を行なってきただけである。これに比して，「かなり前から回復している」企業では，過去5年間に，多様な対策をとってきている。具体的には，a) 意匠・設計部門の強化，b) 省力化機械への積極投資，c) 高精度製品生産および検査機器の導入，d) 財務・経理部門の充実などの策，が他のタイプの企業より多く採用されている。

とくに製造部門でとられている対策を細かくみてみると，比較的多く実施されている対策が工程・部材の改善である。

「材料・購買部品の見直しで低価格品の使用」「作業時間内で工程・設備の改善活動」「全社的な品質改善（TQC）活動」などが，ほぼ4～6割の企業で実施されている。

ただ，かなり苦しい状況にあるとする企業では，コストダウンをより強調しているのに対し，好調な企業では，工程・設備の改善活動を強調しているというように，製造部門での対策にも差がある。好調な企業ほど機械設備投資を行なって自動化を進めているので，このことからその改善活動がより必要になっているとも考えられる。

すでに労働力不足下の時代に，省力化機械への投資を先行させてきた企業が，中小・中堅製造業にもあった。そのような機械化投資は，それと同時に，a) 製品の精密化や，b) 標準化，c) 製品の安定化，d) 大量生産また多品種生産，などより高度な顧客需要に答えようとするものでもあった。

そういう投資を積極的に行なっている企業が好調な企業だったのである。

設備機械を充実させるだけでなく，さらにそれによって大企業の外注化の受け皿になっていると自負する中小・中堅企業は，売り上げの減少を小幅に食い止めていた。

機械設備への投資は，しばしば雇用減をもたらし，労働者に悪影響のみをもたらすという伝統的な議論がある。資本対労働の図式をすぐに持ち出す論者が好むものである。

それでは，優れた企業はいわば人材への依存度を下げているであろうか。

たしかに「安く，早く」作ることにのみ，自社の特徴を見出しているような企業では，従業員の雇用を削減せざるをえない状態に追い込まれているようであった。しかし，成長している企業では，雇用削減は少なく，また非正社員の比率を増やしていた。

2.2 中小製造業の人材需要と人材不足問題

機械設備への投資は，人材への投資と相関性が高い，と私は調査結果から判断した。

ただ，育てたい人材像の変化はある。

まず，不況下の中小企業には育てたい人材像があった。

企業にとって決定的に重要な人材像を描いてもらうことにしたところ，新製品開発ができる研究職・開発職が第1位で，つづいて営業・販売の企画立案能力がある営業管理職，第3位に製造方法・生産システムの改善が担える生産技術職がくる。中小製造業で，好景気時代には労働力不足感の強かった生産工程従事者は，決定的に重要な職種とはみなされなくなっている。また事務職は，一般職・管理職を問わず，比較的軽視されている。実際に最近5年間の従業員数の変化率を，職種別にみると，研究開発技術者が27.2%増，生産技術者・保全工が15.3%増，生産技能工が0.3%増，営業職が17.0%増となっている（一時点のみ回答した企業を含む）。経営状況の如何にかかわらず，研究開発技術者の雇用増加率は高く，生産技能工の増加率は低い。中小・中堅製造業の企業自身の判断による自社の人材の基本的特徴は，a)「熟練技能者集団に近い」(44.4%)，b)「作業者集団に近い」(32.9%)，c)「研究技術者集団に近い」(16.5%)，d)「企画営業集団に近い」(6.4%)，の順である（複数回答による比率）。

かような人材の特徴は，その企業の経営状況とかなり密接な関連があった。すなわち，経営状況が好調な企業では，不調な企業に比べ，「研究技術者集団に近い」，「企画営業集団に近い」とする企業の割合が高く，「作業者集団に近い」とする企業の割合が低かった。かくして，すべての中小製造業が同様の人材像を描いていると考えるのは間違いである。企業類型で需要に差があるからである。どの類型の企業でも重視されているのは生産技術職である。

それを除くと，国際標準開発企業では研究職・開発職と営業管理者を重視し，商品開発特化企業では営業管理者を重視し，優良企業下請企業では工場管理者層や生産管理職を重視している。技能職や生産作業職を重視するのは比較的少ないものの，機械設備充実企業ではメカトロ機器を操作できる技能工を比較的重視していた。概してしまうと，つぎの二様の企業がみられた。

①「商品企画を重視し，生産は外注する。そしてその商品企画に際して高い研究開発技術力を誇り，国際規格品を生産している。生産に関しては海外を含め外注して行く」方針の企業は，研究職・開発職と営業部門の管理者にニーズがあるとしていた。

しかし，

②「大企業の外注化に応じて受注をのばしている有力企業の主力下請け」であろうとする中小・中堅製造業は，生産技術職，生産管理職，メカトロ機器を操作できる技能工，そして以上を統括できる，工場管理者層を重視していた。

また，かような基幹人材が社内にすでにいるかどうかについて，企業の類型によって差がかなりある。すなわち，国際標準開発企業には自信があり，優良企業下請企業では，逆に人材がいないとの認識が強い。だから下請企業では，下請けを脱し自立しようにもかような人材不足が大きなネックになる。

必要な人材がいないときに，a) 外部から採用するか，b) 内部で育成するか，c) 社外から派遣を受けるか，d) 業務を委託する，協業するか，の選択肢が考えられるが，d) を聞いた調査はあまりない。そこで，新製品開発や生産工程の高度化・自動化を進めるうえで役立った外部の組織を聞いてみると，設備機器のメーカー（40.8％），主要な取引先企業（31.3％）の２つが多くなった（MA）。ただし「研究技術者集団に近い」企業では，公的研究機関や，工業系短大・大学工学部との協力も進んでいる。

しかし，外部の知識を借りるにせよ，あくまで，それを使いこなせる人材が企業内にいればこその話である。

中小・中堅製造業の人材育成への姿勢は，とくに優れた企業では，不況下でも崩れてはいない。企業の経営対策として，過去５年間に実施してきたこと（複数回答）の第５位は「従業員への教育訓練の強化」だったが，今後に

ついては，それを重視したいとする企業が増え，今後の方針としては第1位にきている。ことに，経営状況のよかった，「機械設備充実型」の企業では，人的投資も進めている。かような企業では，従業員の教育訓練を強化し，小集団活動や提案制度も活発に行なって，人材育成にも努めている。また，4社に1社は「不況で新卒が採りやすくなった」としていた（26.1%）。ゆえに不況は，中小・中堅製造業は負の影響をもたらしただけではないのである。

　1997年の調査によれば，中小製造業内に重要な人材がいる場合（社長である場合を除く），その典型的人物像は45歳ぐらい，5割強が技術系高校，大学卒業者である。6割までが中途採用者であるとはいえ，せいぜい27～28歳ぐらいまでには入社しており，他社経験よりは自社での経験が長い。その長さは，17年ぐらいに及び，その大部分は現在の部門であるが，他の職場経験も育成のためにさせられている。

　しかし，ちょうどその45歳を越えた従業員の増加は，中小・中堅製造業に高齢労働者問題を引き起こしている。というのも，「社員の高齢化で困っている」とした企業が半数近く（46.5%）と多かったからである。とくに，「社員の高齢化で困っている」としたものは経営状況が不調な企業に多く，またかように経営状況が不調な企業では，不況で新卒が採りやすくなってもおらず，新技術・製品への転換に対応できる社員がいない傾向がある。

2.3　技能工からみた現場の変化と「3K職場」に取り残された人々

　この調査より5年前に行なわれた調査結果（都労研1994）では，当時の職場の変化については，現場の男子ベテラン技能工自身から，以下にみるような指摘があった。いわゆる製造業離れ，現場離れが社会問題化するような状況で，新人が入ってこない（57.2%）。しかし，退社が増加するほどではなく（21.5%），労働力の高齢化が進んだ。ただ高齢者を活用しようという雰囲気が育ってきたという指摘も，一部ではあるが（22.9%）あらわれはじめていた。

　1980年代末ごろから，マイクロ・エレクトロニクス（ME）応用機器の浸透が話題になっており，機械化が進展してきた（37.6%）。技術革新が進むと，ベテラン技能工はついていけなくなり，その技能は陳腐化して，雇用不

安までが生じるというような,「技術革新と労働問題」では伝統的な見方が俗論ではしばしば流行していたが,技能の陳腐化の不安は感じられていない(4.7%)。

　技術革新はむしろ成長の原動力となり,金融緩和による「バブル経済」の発生ともあいまって仕事が増え,多忙となったことを訴える声があった(30.0%)。他方で,当時,経営としての若年労働力不足緩和策としても,また「生活大国」という政策論からも労働時間短縮が呼びかけられ,実際に休日が増え,時短が進んだ(45.2%)時代でもあり,その影響で労働密度が高まったこともあろう。また,当時は,人に優しい職場づくりだの,快適工場だの,若年女性の技能工採用だの,いろいろな論議また政策による誘導がされたが,実際にはそれらの影響は小範囲にとどまっていた(環境改善が進展した＝18.3%,従業員への配慮がされるようになった＝14.3%,女性を活用するようになった＝13.4%)。

　もっとも,職場の変化は,その職場に長く生きていないとわからないものであろう。実際,熟練度が高いと思われる者ほど,多様な点で職場の変化を指摘し,新人が入らなくなり,仕事が増え多忙化したが,経営者が従業員に配慮するようになり,休日が増え時短が進み,高齢者を活用するようになり,環境改善が進展し,また機械化も進んだとしている。高齢層についての扱いの変化もそうであろう,高齢層ほど企業が高齢者を大切にするようになったと認識している。

　このように,バブルの余韻がまだあった時点では,経営の余力を源とし,人材確保に追われたがための,また政府に強制されたがための,労務改善の動きを意識した生産工程労働者がいたと思われる。しかしながら,それほどまでに,「豊かな社会」の大海に残された,いわば離れ小島としての「3K(きつい,きたない,きけん)職場」の存在が意識された時代でもあったのである。自分の職場を,いわゆる"3K"職場と考えている者の比率は,運搬物流運転(その30.8%),機械操作(30.3%),手作業(22.4%),保守点検段取(22.2%)などにいた。ただ,別の見方をすれば,世間で中小製造業の労働条件の悪さを言うほどには多数が意識しているわけでもないことにもまた,留意をしておかねばならぬ。

"3K"職場だとする者には，食品飲料，雑貨でやや高く，自分の仕事が組・協同作業で，流れ作業であるとする者の比率が高い。このためか，スピードが速く，終われる感じがするという者の比率もより高かった。早出があるとか，重い物を持つとか，手肌が荒れるとする者の比率も高かった。"3K"職場に働く人々には，いまの会社に長く働いてきた理由が消極的なものである者が多い。"快適"職場の者の，仕事が向いていた，知識や技能の活用の機会がある，会社が自分の力を認めてくれた，社長が立派だった，よい作業環境だった，などの指摘率は"3K"職場の者を上回っていた。後者では，やめると損だとか，家に近かった，なんとなく，などをより強調している。現在の就労理由も，"快適職場"の者が知識経験活用をより強調するのに，"3K"職場の者に指摘がより多い理由は，子や孫に楽をさせたい，無職だと肩身が狭い，家計補助，なんとなく，など，労働内在的価値以外のものであった。

"3K"職場の者のほうに，いままで辞めることを考えたことが何度かあったという傾向があり，その理由として，賃金の不満，仕事のきつさ，職場環境の悪さを指摘する者の比率が他の層より多くなっていた。自分の提案を聞いてくれないとする者の比率が"3K"職場の者に高くなっていた。バブル崩壊にともなう大都市における中小製造業の衰微，崩壊は，このような"3K"職場をまるごとなくしたものか，それとも，従来，改善に向かっていたより良い職場までも"3K"職場に戻したものか，それは別の調査を待たねばならない。

3 経営戦略の選択と連動する人材像

中小製造業というと典型像，平均像を性急に書こうとするか，たとえ第一次接近としてはやむをえないにせよ，そこにとどまる議論が多い。しかし，実際には多様な中小製造業があり，それにともなって生産現場の人々の状況もかなり違う。労働需要は，基本的には経営の函数であり，まずは経営をちゃんと研究しなければならない。さらに経営の類型の差は，経営者の事業戦

略に依存する[2]。

3.1 企業類型の選択と人的資源の戦略

　企業特性と企業の盛衰を左右するとされる人材とを整理してみたところ，大きくは両極端の類型にわかれることがわかった。

　「商品企画を重視し，生産は外注する。そしてその商品企画に際して高い研究開発技術力を誇り，国際規格品を生産している。生産に関しては海外を含め外注してゆく」方針のような企業は，研究職・開発職と営業部門の管理者を重視している。

　かような「開発－営業」重視型の企業群と対極にありそうなのが，大企業の外注化に応じて受注を伸ばしている有力企業の主力下請けである。ここでは，生産技術職，生産管理職，メカトロ機器を操作できる技能工，そして以上を統括できる工場管理者層を重視している。これらは「設備－技能」重視型の企業群である。世間では，「工場無きメーカー」とか「ファブレス化」とか，「生産の海外化による垂直分業」論議が表だって取り上げられるが，直接生産現場で働く人々を重視し，育成に力を入れようとしている中小製造業がないとはいえない。「脱ものづくり」ばかりが起きているのではない。むしろ逆の道もある。

　中小製造業の経営戦略には，「ワン・ベスト・ウェイ」があるようには性急には語れない。むしろいくつもの選択肢があり，その選択肢ごとに「ベター・プラクティス」が模索されていると考えたほうがよい。その経営戦略選択はある種の人的資源戦略の選択と親和性はある。調査結果からみると，

　①国際規格品の生産をしようとしている企業はとくに，研究職・開発職と営業部門の管理者を重視している。

　②海外メーカー向けに機械・部品を供給しているとする企業では，そうではないタイプの企業に比べて，やはり研究職・開発職をより重視している。

　③研究開発技術力が強いと自負する企業では，当然ながら，研究職・開発職を，他の企業よりもかなり重視している。そしてまた，このような企業で

---

2 ）ここからふたたび，素材は都労研（1999）に戻る。

は営業管理者をも重視しており，研究開発した製品を自ら販売していく力を備えているか，備えようとしている。

④商品企画を重視し，生産は外注するというタイプの企業でも，研究職・開発職重視である。また，営業管理職を重視し，生産技術や工場管理は軽視する。

⑤狭い市場で高いシェアをもっている企業は，ほかに比べて，研究職・開発職は基幹人材として重視しているが，第一線営業職については，やや軽視している。あらためて営業の必要がないという意識が，これらにはより強い。

⑥高度な熟練技能をもっているとする企業は，そうではないとする企業と比べて，とくに決定的に重要とする職種に関して明確な特徴がみられない。つまり，熟練技能工に関しても，とくに他より決定的に重視する姿勢が強いわけではない。熟練工が揃っている企業では他の人材に差別化の重点を移せるのかもしれない。

⑦高額の設備に投資を続けている企業では，研究職・開発職よりも，生産技術職を重要視し，また，メカトロ機器の操作ができる技能工についても，より重視している。議論を繰り返すが，機械設備への投資は，必ずしも生産技術職や技能職を排除するものではなく，むしろその需要を高める。

⑧きわめて短かい納期に敏速に対応できる企業だとする企業では，研究職・開発職の重視度が低い。下請部品製造・加工企業である可能性が強く，製品に関する独自の技術をもつ必要が比較的少ないためであろう。

⑨大企業の外注化で受注が伸びているとする企業では，生産技術職を重視しており，大企業の要請（小ロットか対応，短納期化，品質向上）に応えられる生産技術体制の構築を急いでいる。かようなタイプの企業では，より上級の技術者と考えられる研究職・開発職や，第一線営業職の重視度は低い。製品は大企業から図面などで指示されるから，独自の研究・開発職は比較的不要で，また営業は，大企業の傘下に入れば不要である（あるいは生産技術職が営業を兼務する）という認識がある。

⑩優良企業の主力下請けの企業は，そうではない企業に比べて，生産技術職，生産管理職，工場管理者，メカトロニクス機器を操作する技能工を重視しており，生産現場を支える人材をより重要視している。

⑪海外工場を積極的に展開しようとする企業も，研究・開発機能は国内で重視しようとしている。実際にも他の企業に比べて，研究職・開発職の重視度が高い。

3.2　最近の経営改善・革新行動と人的資源戦略

　上では自企業の特徴に関する経営者の判断をもってその企業の個性選択の代理指標と考えて，それによって企業の人材戦略に違いがあることをみた。不況のもとで，都内の中小・中堅製造業は，どのような経営対策をとってきたであろうか。あらかじめ示した，予想される複数の経営行動のなかから複数回答自由で選択をさせ，どういう行動が比較的まとまってとられる傾向があるかをみるために，因子分析を行なってみた結果，

　①従業員の教育訓練の強化は，小集団活動や提案活動，また基幹人材の新規採用とともに行なわれる。つまり不況下でも基幹人材の新規採用を行なっているような企業は，社員教育や小集団活動にも熱心な企業である。それによって製造工程の改善や部材の改善を行なっている。これらの企業は，革新的基礎技術の開発や営業力強化にも熱心である。

　②不況下で，従業員にはもっとも厳しい対応（社員の希望退職募集・整理解雇，賃金・賞与水準の切り下げ）で臨んでいる企業は，遊休資産売却や不動産運用，また不採算事業所の廃止を行なっている。減量の努力が従業員数および労務費だけに向けられているのではなく，事業所・資産の減量もともなっている。しかし，このような策をとる企業も，すべての従業員を減量しているのではなく，財務・経理部門については充実を図っている。

　③省力化機械への積極投資をしている企業は，製造方法・工程・部材の改善を同時に行ない，また自社下請けの整理を行なって，内製化を促進する。省力化機器を導入することで生産性が高まり，内製化比率を高めるのである。部材の共通化も下請け比率を下げる方向に寄与しているのであろう。「インソーシング化」を行なっている企業がちゃんとある。

　これらの行動と対局的な位置にある行動が，海外生産・海外調達の強化である。国内の本社は製品開発機能に特化し，生産機能は海外へと国際分業を行なっている。

④非正社員・臨時工への転換を目指す企業は，意匠・設計部門の強化を目指す企業と対極的な位置にあり，新事業開発を諦め本業に回帰し，生産は海外により任せ，国内の生産機能は縮小する傾向もある。

⑤外注化の促進を行なっている企業は，生産機能の縮小を行なっていない。製品の整理・集約をしている企業とは対極的な位置にある。そして，高精度製品を生産する機器あるいは検査機器の導入を行なっている。かような企業は，高精度の製品の組立機能は社内に残し，部品・加工の外注化を図る形で，社内外の分業を行なっている。こういう企業が導入する機器は，省力化に貢献するとともに，非正社員の活用も可能にしている。しかし非正社員化ばかりを進めているのではなく，意匠・設計部門での正社員強化は行なっている。

⑥新事業の整理・本業への集約を行なっている企業と，新事業への進出を行なっている企業とは，対極にある。新事業への進出を行なっている企業は，他社の下請生産を拡大し，OEM生産も行なっている傾向がある。新事業進出とはいえ，ただちに自社ブランド製品あるいは最終製品の生産とは限らない。むしろ，自社へ発注してくれる親企業得意先を開拓するということが多い。その証拠に，デザイン部門を強化しているのは，むしろ新事業を整理し本業を重視し，本業の質を高めようとしている企業である。

⑦革新的基礎技術の開発は，外注化をも進める傾向があるが，営業経路の開拓など営業強化の姿勢は若干ある。自社は研究開発機能と営業機能により特化していき，生産機能は他に任せる行動がみられる。

⑧営業経路の開拓など，営業強化をする企業は，基幹人材の新規採用を行なっていることが比較的多い。

3.3　過去5年間の製造部門での対策

製造部門での対策も，生産現場での人的資源行動と関連が深い。因子分析を使って，類型化を試み，6つの対策群を発見した。

①機械化・自動化・流れ化を中心とする作業工程技術の変更と，それに関連する労働者の職務変更および技能向上，そして改善活動。主工程の自動化，検査工程の自動化，包装工程の自動化，資材倉庫・製品倉庫の自動化が行なわれ，工程の連続化・流れ化が図られる。このような機械化に対して，機械

の稼働率を高め，製品品質の安定度を向上するには，機械の保守点検が重要になる。作業員自身が機械設備の日常保守点検ができるように，職務富裕化が行なわれる。そして，小さな設備トラブルに対しては作業員自らが対処するように，教育が行なわれ，また，より大きなトラブルに対処できるよう，保全員が育成される[3]。中小企業では幹部社員自らによる改善対策活動が行なわれ，また，全社的な品質改善活動が行なわれる。その一環が，作業時間内での工程・設備改善活動であり，また時間外での小集団活動の奨励である。

②技術者と作業員の共同検討の場の設置。以上の行動とも関連があるものの，カンバン方式導入・在庫減らしとの関連性のほうが強い。後者が前者とあいまって行なわれている（俗論にはトヨタ式生産方式を労働強化となじるものがあるが，むしろ労働者の参画機会を促していると私はこの調査結果からも考える）。

③製品の見直しなどによる部品点数削減，材料・部品見直し低価格品使用，製品種の集約・生産ロット拡大は，製品そのものの見直しとして，他と独立して，しかし互いには関連して行なわれる[4]。

④搬送・マテハン部分の自動化，コンベアライン廃止・個別生産化は，工場内のロジスティックの改善であり，同時に行なわれる傾向がある。これは①群の行動を重視する企業以外で行なわれる傾向がある。

⑤作業集約・多台持ち・多能化，くくり拡大・受け持ち範囲拡大は，関連して実施される。

⑥設備稼働時間延長は一個の独立した対策である[5]。

---

[3] 機械化に対して，その保守点検からトラブル対処まですべて保全要員で行なうか，オペレータと保全要員で協力・分業して行なうか，オペレータだけで行なうか，これは企業の選択，機械の特性，労働者の能力，機械メーカーの得意先指導体制などに依存すると思われる。つまりここで述べた傾向があるにしても，機械化されれば必ずオペレータの保守点検トラブル対処業務が増えるということではない。

[4] X製作所では，1995年から「VA活動」の名前でこれが行なわれていた。VAとはvalue analysis，製品およびその部品の顧客に対して生み出す価値（およびその価値を生むに必要な費用）の分析のことである。2年間の活動で部品点数を32%削減し，製品種は8%削減したとされる（もっとも品種をどうくくるか，精密な議論がほんらい必要である）。

3.4 最強のライバル企業とどこで正面切って競争するか

ここでは中小・中堅企業自身が認識する自社の強さを検討する。自社の競争優位特性と最強の競争相手の競争優位特性とをクロス集計してみたが，自社に優位があって競争相手に優位がなければ，当然有利になるので，たいして面白い事実は発見できないと考え，自社も他社もより高いレベルで競争している場合に，中小製造業はどういう人材行動をするであろうか，という観点で整理してみることにした。

①品質競争：最強のライバルも高品質品製造企業であるほうが経営状況が良い。最強のライバルとして普及品製造企業がいるよりも，最強のライバルも高品質品製造企業であり，いわば品質において「切磋琢磨」するほうが企業経営はのびるという仮説を採用したい[6]。自社も最強のライバルも高級品製造企業である場合に，7割が製造方法・工程・部材の改善を行ない，4割強が省力化機械への積極投資を行ない，4社に1社が高精度製品生産＆検査機器導入を行なっている。このように機械設備の力を高めながらも，自社からの外注化の促進も行ない，「柔軟な分業構造」を活用しようとしている。生産，営業，財務すべての部門で仕事の質的充実が求められるためか，従業員の教育訓練の強化も4割強の企業が行ない，小集団活動・提案制度・5S

---

5) 政府の労働時間短縮政策が強化されたこの時期，これは不思議な対策のようにみえるかもしれない。しかしながら1996年に筆者が訪問した東京都のある鍍金業者（従業員32人）では，「安くて早い」という評判のため受注が殺到していた。しかも納期短縮要求が厳しくなっていた。従来，仕事を回していた近隣の業者はバブル期に廃業していったものが多かった。また設備更新によって能率を上げるだけの資金はなかったし，銀行のいわゆる貸し渋りで融資も受けられなかった。現在の設備の能率は材料に主として依存し，材料屋にその技術を依存している同工場では，その改善技術はなかった。そこで作業時間延長によって対応することにし，従業員を集めて意見を募った。従業員は周辺工場の同業者の従業員が工場廃止で失職した状況をよく知っており，また基本給が低い状況で残業代をあてにしてマイホーム建設を行なうのが普通であったので，作業時間延長（それには残業増を含むが）に賛成した。現在，工場は朝6時半から夕方6時半まで稼働している（延長以前は朝8時から夕方6時＝定時は5時であるが1時間残業が常態）。以上，鍍金工場経営者の証言による。

6) やや通俗書であるが，Belasco and Stayer (1993) によると，競争相手こそ最良の友とみなさなければならない。自分の事業に焦点を定めるにあたって一番に参考にすべきは競争相手の行動である，云々。

等を3割の企業が行ない，また基幹人材の新規採用を行なった企業もほかより目立っている。

　主工程を自動化し，設備の稼働時間を延長するとともに，工程の連続化・流れ化が図られる。それにつく労働者の作業を集約し，多台持ち，多能化を図る。多能化は複数の異なる機械設備への対応・異種操作作業への対応だけでなく，機械設備の操作員自身による保守点検や工程・設備改善活動ができる能力の育成でもある。幹部社員による改善対策も他より活発で，かつ幹部や技術者や作業者がいっしょになって改善を検討する参画経営の姿も，かような企業によりくっきりと存在しそうだ。全社的な品質改善活動を行なっているとする企業は6割強に達し，他の類型より顕著に多くなっているのである。以上，経営戦略と人的資源管理行動の好循環がみられると推定できる。

　②価格競争：価格に関しては最強のライバルも低価格であるときにはそれが経営上有利に働くとはいえない[7]。それでも「切磋琢磨」はありそうだ。どちらも低価格で競争をしている場合，さらに低価格化するか，それとも競争の軸をほかに移すか，いずれにせよ対応を迫られる。実際，自社も低価格，最強のライバルも低価格の場合に，より多様な経営対策が多くとられてきていた。新規事業への進出や革新的基礎技術の開発は競争市場をほかへ移そうとする試みであろう[8]。省力化機械への積極投資，製造方法・工程・部材の改善，海外生産・海外調達の強化はより低価格化を徹底しようとする試みであろう。営業経路の開拓など営業強化はチャネル開発や未開拓市場を求める動きである。また，ここでも着目できるのは，このように他社と「正面衝

---

7) フェイグの通俗書ではあるがわかりやすい書によると (Feig 1993)，低価格戦略をとるべきときは，競争相手より安いコストで作れるとき，自社の商品は安いと広く知られているとき，ブランドネームでではなく商品の普通名詞で売るとき，儲けがなく売っても，競争上で大きな利益があるとき，であると。実際の経営行動はしばしば経済合理的には行なわれないから，やみくもに低価格競争につっぱしるということはみみられる。

8) ハメルのエッセイ，「競争の作りかえ」によると (Hamel 1997)，他社に対する水準あわせ（ベンチマーキング）と新しい道の開拓 (path breaking) の間にはかなりの相違がある。長期に，何らかの新しい富を生産していくのは，新しい諸市場を作りだすことによろう。単に他者にキャッチアップすることだけでも，ゲームにとどまるには必要であるが，勝利者は，究極的には，根本的に新しいゲームを発明する能力をもっている企業であろう，云々。

突」状態にある企業のほうが，従業員の教育訓練の強化や小集団活動・提案制度・5Sなど，人的資源管理行動でもより積極的であることである。

　③品揃え競争：最強のライバルも多品種で自社も多品種だとする企業は，比較的多様な経営対策を多く打っている。新規事業へ進出してさらに多角化を進めるとともに，高精度製品生産＆検査機器導入を重視し，製造方法・工程・部材の改善を行ない，先の企業類型とは逆に他社からの下請けを重視し，OEM生産を開始している。また営業経路の開拓など営業強化，財務・経理部門の充実と人材を必要とするためか，従業員の教育訓練の強化や小集団活動・提案制度・5Sなどにより熱心である。

　ほかに比べて多様な現場対策を実施している。工程の連続化・流れ化・自動化を図り，作業時間内で工程・設備改善活動を行ない，作業員が機械設備日常保守点検を行ない，小トラブルへは作業員自らが対処するようにする。材料・部品見直しで，価格品使用を行ない，技術者・作業員の共同検討の場を設置するといった行動が他の類型より多くとられている。また，5割強の企業が全社的な品質改善活動を行なっている。

　④独創性競争：自社にも最強のライバルにも製品の独創性があるという企業では，ほかよりも多くの点で現場での対策が多くとられている。工程を連続化・流れ化し，職務のくくりを大きくし受け持ち範囲を拡大，作業員が機械設備日常保守点検を行ない，時間外の小集団活動を奨励し，技術者・作業員の共同検討の場を設置し，全社的な品質改善活動を行なっている[9]。また製品の独創性は価格の維持を保証しないようで，材料・部品の見直しで低価格品を使用したり製品の見直しなどで部品点数を削減する，さらに設備稼働時間を延長するなどコストダウンの努力も大きい。

　⑤ブランド力競争：自社にも最強のライバルにもブランド力があるとする企業は，基幹事業での新製品開発に力をいれ（7割強），意匠・設計部門の強化を行なっている。他方で，一部にいわば工場無きメーカー（デザインハ

9）社会学者のバーンズと心理学者のストーカーが組んだ著書で（Burns and Stalker 1994），イノベーションをはぐくむ組織はネットワーク，ビジョンと価値の共有，チームワークを特質とする「生体的」（organic）組織だとした。やや大げさな論議になるが，全社的品質管理と参画経営組織はそれに該当しよう。

ウスに近いメーカー）あるいはどうしても国内でしかできない高品質品などへ特化しようとする動きがあって，不採算事業所の廃止，海外生産・海外調達の強化もこのような企業に目立つ。しかし残された事業所では，小集団活動・提案制度・5Ｓなどもほかより熱心に行なわれている。参画経営的なところも他より目立ち，技術者・作業員の共同検討の場が設置され，全社的な品質改善活動が行なわれている。

⑥標準設定競争。最近，「ワールド・スタンダード」論が盛んで，国際標準となる製品・規格を作り出した企業が強いといわれる[10]。自社にせよ最強のライバル企業にせよ，標準設定型は例外である。というのも，自社が標準を設定するようになってしまえばライバルはいなくなるのであろう。

⑦納期競争：自社が短納期で最強のライバルも短納期である場合には，経営状況が厳しいとする企業の比率が高い。しかし，その，概して苦しい短納期企業同士の競争下にある企業も，他より経営対策や製造部門での対応を多くとる傾向がある。

⑧自動化機器への投資競争：意匠・設計部門の強化，他社の下請け・OEM 生産の開始が，自社も自動化先進企業，最強のライバルも自動化先進企業である場合に多くとられている。また，より多様な自動化対策が，主工程にとどまらず，搬送工程，包装工程などでとられ，「工程の連続化・流れ化」がより多くの企業で行なわれていく。かような設備投資には金がかかる。投資資金を回収する方法のひとつは，設備の稼働時間の延長である。稼働時間を延長したり稼働効率を高めるには，段取り時間や変更時間が少ないほうがよい。そのひとつの方策は製品種の集約であり，部品点数の削減である。かようなために，幹部社員による改善対策も，ほかより活発で，かつ，幹部や技術者や作業者がいっしょになって改善を検討する参画経営の姿もより明

---

10) しかしこの言い方は最近のものではない。1912 年，キャディラック自動車社が「世界の標準」（Standard of the World）というスローガンを叫んだ。広告屋のマクマナス・ジョン＆アダムズが考えたもので，コピーは，「あなたも本当だと知っている，自動車を論じるときにはキャディラックが規準だってことを。……あなたは知っている，キャディラックが世界の標準だって事実を。これ以上のことは言う必要がない」。1915 年には，キャディラックのロゴに「世界の標準」という言葉が入れられるようになった（Rees 1997: 218）。

確に存在する。全社的な品質改善活動を行なっているとする企業は6割弱に達し，他の類型より顕著に多くなっているのである。ゆえに，自動化を最強のライバルとともに進めている企業では，設備機器重視と人的資源管理行動の好循環がみられると推定できる。

⑨優れた生産技術者による競争：機械化を進め，改善を行なう人的資源として，生産技術者が重要であるということが容易に推測がつく。そこで，「生産技術者が優秀である」としたかどうかで回答を集計してみることにする。生産技術者について自社も優秀，最強のライバルも優秀というところで競争している企業のほうが，さまざまな経営対策をとっている傾向にある。設備改善を進めながら設備の稼働時間を延長している傾向がある。まさにこれが生産技術者の主たる業務であろう。小集団活動・提案制度なども，自社・最強のライバル企業ともに生産技術者が優秀なところに実施率が高いものの，他の競争類型に比べれば差は小さい。というのも，生産技術者が優秀であれば一般生産工程従事者も参加した改善活動の必要性は多少は減じると思われる[11]。

⑩優れた工程従事者による競争：「技能者や作業者」（以下，「工程従事者」という）[12]が優秀な企業同士で競争をしている場合のほうが，生産現場における対応を最近多様に行なっている。現場での「切磋琢磨」には熱心である可能性がある[13]。作業員が設備保全にまで手を出し，小トラブルに自ら対処し，技術者と検討会を持ち，全社的な品質改善活動を行なう可能性が高い。それにより，設備の稼働率を向上させている。

⑪優れた研究開発担当者による競争：自社も他社も研究開発担当者は優秀であるというところで競争している中堅・中小製造業ほど，最近5年間の経営対策は多様にとってきている。とくに基幹事業での新製品の開発は8割の

---

11) 大田区のある小規模プレス企業では長年，小集団活動による改善活動に取り組んできたが，見るべき成果を上げなかった。しかるに不況に入って近隣の中堅プレス屋が倒産し，その生産技術者が採用できた。生産技術者は数カ月のうちに生産工程の改善を成し遂げ，工程管理のソフトも開発し生産性は飛躍的に向上した。小集団活動は継続されてはいるが，「いままで努力してきたのは何だったんですかね。はじめから高給で技術者をスカウトしておけばよかった」というのが経営者の感慨であった。むろん一般化を急ぐつもりは筆者にはない。

第Ⅳ章　中小製造業の経営行動と生産現場の人的資源管理　93

企業が実施。革新的基礎技術の開発，製品デザイン部門の充実に研究開発陣の充実は重要で，また研究開発陣の充実は営業強化や人材新規採用とあいまっている。研究開発によい人材がいれば，かつその点でライバルと切磋琢磨すれば，競争力のある製品が開発され，それにともなって営業も可能になり，研究，営業両面での雇用機会の開発が進むという仮説をもつこともできそうだ。

　他方，研究者が優秀であれば小集団活動はさほど活発ではない。この点は，生産技術者の場合と同様である。しかし研究開発担当者が優秀であれば全社的な品質改善活動，時間内の工程・設備改善活動は活発になっている。現場の作業班主導の改善ではなくなるためであろう。また作業者が小トラブルの対処に参加するようになるので，手のあいた生産技術者が研究開発にまわれるということがあるかもしれない。そうだとすれば，小集団活動などは研究開発担当者が優秀であれば不要であるということではなく，小集団活動でつ

---

12) 技術者にせよ作業者にせよ，いくら研究者が厳密に定義をしたところで，実際の企業においては境界は曖昧に使われている。むろん標準職業分類にみられるような「一般工程従事者」という呼び方をしている企業には，私はお目にかかったことはない。「技能者」にしてもそうで，労働行政当局の定義する「技能労働者」のそれとはまったく無関係に，「技能工」とか「技能員」とか「技術員」とか呼んでいる企業はいくらでもある。著者はむしろ企業側の意識を尊重し，相手側が「生産技術者」「研究開発陣」と区別する「技能者や作業者」を「工程従事者」と扱うことにした。かような現象はむろん海外でも存在する。たとえばオペラティブと呼ばれる労働者は，軽作業から重労働作業で雑務に従事する者である場合も，高度の機械の操作員の場合もある。公的な資格づけがかなり厳格な国でもそうである。

13) 生産技術者についてもそうだが，ライバル企業の工程従事者が優秀であることがいかにしてわかるかという問題は，面白い議論に発展しうるものである。製品を見ればわかるとか，得意先とか出入り業者から評判を聞いてわかるとか，中小製造業者や工場長さらにいわゆる職人などは競争相手の技能度についてかなり知っている，と私は考える。なお競争相手ではないにしても，石川県松任にある石川鉄工センターのような協同組合では，設立当初より労働者諸層の座学型教育訓練をかなり大幅に共同化している。その歴史が長くなれば，他社の工場の従業員の能力についてもより正確に知りうることになろう。むろん，かような試みはこの組合だけのものではない。最近，学者によっては中小企業間にさまざまなネットワークがある，経済主体はモナドのごときものではないと驚いたように言う者があるが，よほどものを知らなかったのであろう。なお石川鉄工センターに関しては，私のインタビュー記録（川喜多 1997: 11-15）を参照されたい。

ちかった現場作業者のスキルの向上があってはじめて研究開発担当者が育ち，やがてその重要性を下げるということになっているのかもしれない[14]。

4 中堅・中小製造業の基幹人材像

4.1 生産現場に人材を求める企業像

前節で経営戦略とそれに関連する行動をとるなかで，企業は，それにある程度関連して人的資源管理行動をとっていることが推測できた。その企業にとって決定的に重要な人材に絞って，第1位から第3位までの序列をつけてあげてもらった結果も，ほぼこれを追認している（川喜多 2000 より連載：6）。

回答企業計では，先にみた新製品開発ができる研究職・開発職が第1位で，つづいて営業・販売の企画立案能力がある営業管理職，第3位に製造方法・生産システムの改善が担える生産技術職がくる。企業の盛衰を左右する人材とはみなされていない人々は，技術職のうち情報技術職，現場技能者，事務系の一般職および管理職である。これは技能工不要論，事務職不要論を追認するようにみえる。しかし，企業の類型や戦略選択で分類してみれば，そう簡単に結論は出せないことを前節で知った。大企業の外注化に応じて受注を伸ばしている有力企業の主力下請けで，ここでは生産技術職，生産管理職，メカトロ機器を操作できる技能工，そして以上を統括できる工場管理者層を重視している。つまり「設備－技能」重視型の企業群である。

企業の今後の経営対策（複数回答）と企業の盛衰を左右する基幹人材像（職種）にも，若干の関連がある。すなわち，①他社の下請けに入りつつ，

---

[14] 筆者の訪問した，大阪のある電機部品製造企業（社員約80人）では，1990年代に「ワンランクアップ運動」を始めていた。この企業では製品研究に専念できるような大学院卒人材が採用できないため，大卒生産技術者を研究開発技術者に養成する。大卒生産技術者の抜けた穴を埋めるに工業専門学校卒の設備保全技術者を養成する。設備保全のために工程作業員の教育を行なう。工程作業の主たるところに，従来は周辺軽作業についていたパートタイマーを育成するというのが，そのねらいであった。

自社の機械設備を充実させていこうとする企業では，生産技術職を重視する傾向がある。②製造方法の工夫を行なって製品・部品の集約を図り，内製化を促進しようという企業では，生産管理職を重視する傾向がある。

4.2 基幹人材の確保状況

そのような人材は，実際にそれらの企業にいるであろうか。それを聞いてみた結果，中小製造業の3割は，その企業の盛衰を左右する人材が確保できていないとしていた。基幹人材がすでにいるという企業の比率は，好調な企業のほうに高い。この経営状況による集計結果からみても，人材確保力の格差は経営の格差を広げるという循環があると思われる。

俗論は基幹人材の確保が中小企業には難しいという。しかし，とくに規模と相関するわけではない。企業内に重要な人材がいるとされる場合（「社長である」とされる場合を除く）[15]，その人物像（もっとも重要な職種に関して指摘してもらったもの）は，概していえば，男子で，45歳ぐらい。5割強が技術系の高校または大学卒業者である。6割までが中途採用者であるが，27～28歳ぐらいには現在の企業に入社しており，他社経験よりは現在の社での経験が長い。その長さは17年ぐらいに及び，その育成方法として，現在の企業の多様な職場を経験することが重要だったとされている。技能工・熟練工の重要な人材の平均年齢48.9歳，平均勤続23.9年。高卒が多いが中途採用が多い。とはいえ，他者経験よりは当該企業経験がはるかに長くなっている。

4.3 男性ベテラン技能工の姿

このような，いわば「ベテラン」の技能工は，中小製造業のものづくりに欠かせないであろうという経営者の判断を尊重し，さらにそうした中高年熟練技能工の姿について，都労研で筆者が参加して行なった調査を続いて紹介する（川喜多2000より連載：9）[16]。制約は，この調査がいままでにみてき

---

[15] 筆者は「中小企業には優秀な人材はいない」という俗論は眉唾物であると考えている。しかしこの議論は別の機会に譲る。

た調査の時期から5年前にさかのぼり，1992年のものであるということである。一方，議論に有利な条件は，いままでの議論で使った調査結果と地域が同じであり，規模がほぼ同じである[17]という点である。

　以下の論述にあたっては，生産工程従事者と呼ばず「技能工」と呼ぶことにした。むろん「技能工」については，正確には単純作業などへの従事者と区別して特別の技能熟練を要する者に限定して用いるべきだ，との見解もありうる。しかし，周知のように，技能熟練度を測定する基準の設定には難しいところがある。調査では，調査表のいくつかの項目を組み合わせるなどして，熟練労働者か否かを推測して区分し，比較することも行なっているが，とりあえず全員を「技能工」と称することにした[18]。勤続15年以上の者をとくに取り出して分析した場合については，「長期勤続技能工」と呼ぶことにした（以下，男性技能工のみを取り上げるが，それは女性技能工については別で扱うためである。世情，しばしば女性の職場進出が妨げられているという議論があるが，それは労働条件の恵まれた，たとえばホワイトカラー総合職への進出への期待に比してという意味であろう。現場はたくさんの女性が支えていることは言うまでもないことであるから）。

　ほとんどの者は正社員である。平均年齢は48.6歳で，企業調査でなくてはならない人材とされた技能工とほぼ同一だと推定できる。現在までの平均

---

16) 都労研（1994）。この調査は松尾邦之・立道信吾との共同作業として行なわれ，都内に従業員10人以上の事業所を置く製造業1,923事業所を無作意に抽出し，各事業所で勤続年数の長い順に女性生産工程従事者3名，男性生産工程従事者2名に調査票を配布してもらい，個人から直接郵送で回収した。今回集計したのは男性894人分の回答である。調査時期は1992年9月。以下，必ずしも原票どおりの表現を使わず，省略した言い方をしていることがある。誤解を避けるため，報告書巻末の調査表を適宜参照して頂ければ幸いである。
17) 集計対象は，30～99人規模が中心で，ほとんどが中小企業労働者である。
18) 熟練形成は，ある企業での長期勤続だけでなく，いくつかの企業を変わることがあっても長く働き続けている者においてもあることであろう。当該事業所で勤続が長い者の研究だけでは一半の者への照明にとどまる。しかし，短期勤続だが熟練者である人々を企業に同定してもらって調査票配布を依頼することは，選ばれなかった者の疑念など，さまざまな理由で難しいと考えられる。そこで，この研究では，ある事業所で長く勤めてきた人々を配票対象とすることにした。

就労年数は30.6年である。そのうち平均して22.9年を，現在の会社で働いてきている。中小企業の労働力は流動化が激しいと俗論でいわれるが，むろんかように転職を繰り返す者ばかりではない。

4.4 ベテラン技能職の誕生

中卒の者が4割であるが，中卒後，社内養成教育を受けたとする者が4人に1人いる。

概して若いほど学歴水準が上がるが，勤続が15年以上の者に限定してみると，熟練度が高いと思われる者ほど，社内で養成教育を受けたとする者の比率が高く，また工業高校卒の者の比率もやや高い。企業はより高い技術教育を受けた者が入ってきた場合に，これにとくに養成教育を行なって基幹的な職種につけていくのであろう。

高度成長期には，東京都内および近辺の工業化が著しかったために，製造業は地方出身者の雇用機会となった。とりわけ40〜54歳層では，就職のために地方より上京したとする者が4割近くいて，かなりの割合を占める。熟練あるいは高度熟練者とみなせる層には，就職のために上京したとする者が4割で，半熟練未熟練，中堅には3割であり，前者に多くみられる。地方からきた「労働者第1世代」に，熟練職人的な労働者が数多く生まれた。彼らはしばしば縁故によって現在の会社に入った。

しかしながら，「深く考えずに今の会社を選んだ」とする者の比率は40.4％ときわめて高く，とくに35〜39歳では6割になっている。とりわけ，半熟練・未熟練層，いわゆる"3K"（仕事がきつい，職場が汚い，危険がある）職場の者に多い傾向がある。

中小・中堅製造業の男性ベテラン技能工には，いわば「挫折経験」をもった人々が含まれる。とりわけ高齢者で，より未熟練の仕事についている者である。学校時代の理想の仕事についている者の比率は，全体としてわずかに12.0％にすぎない。とくに35〜39歳（高卒者とすると，オイルショック後の不況時に就職した者）には，わずかに5.8％にすぎない。40歳以上の者には，企業の不況や倒産で苦労したことがあるとする者の比率が2割程度みられる。また標準入社者には，企業の不況や倒産で苦労したことがある者が

6.3％しかいないが，中途採用者には 24.3％ いる。

対照的に，監督・指導・教育職についているベテラン技能工には，深く考えずに選社したとする者は 28.1％ だけである。この職種は，ほかよりも他社経験が少ない人々からなる。中小・中堅製造業の「第一線監督者層」は，ほかよりも慎重に会社を選び，そこでより深くキャリアを極めて昇進を果たしている[19]。

4.5 男子技能工の長期勤続要因と熟練形成

長くいまの会社に勤続してきた理由として，「仕事が向いていた」ことをあげる者が多い。年齢が高い層ほど，指摘が多くなる理由は，「知識や技能の発揮機会がある」というものである。さらに勤続 15 年以上の者だけを取り出してみると，現在の会社に長く勤続している理由に，本人の判定による熟練度別による差がみられる。すなわち，熟練度が高いと思われる者ほど，知識や技能の活用ができたから，昇進ができたから，自分がいないと会社が困るから，会社が自分を評価してくれたから，としているのである。

勤続 15 年以上の者だけについて熟練の深さで分析してみると，「より難しい仕事についてきた」とする者には，知識や技能の活用ができたからとか，会社が自分を評価してくれたから，と指摘する者の比率が高い。逆に「ずっと単純な職務を移動してきた」とする者には，なんとなく続いてきただけ，とする者の比率が高くなっている。

以上より，ごく当たり前のことを言う。「中小・中堅製造業には，入社後，より難しい仕事につくことによって熟練度を高め，それを評価されて昇進をし，会社によってその知識や技能を活用され，それを誇りに思い，自分こそ会社の『地の塩』だと自負するがごときベテラン熟練技能工がいる」と。

しかし，そこまで行き着くには，何度も転職の可能性を前にしたに違いな

---

[19] 大企業の第一線の監督職について，アセンブリー・ラインのフォアマンは，生産ユニット数，生産レート，作業量，職位所属を決定せず用具や生産プロセスのごく小さな変化に権威をもつだけである，という議論がある（Walker, Guest and Turner 1956）。しかし，第一に，これは多くの中小企業の生産現場にはあてはまらないのではないか，第二に，少なくとも日本の大企業にもあてはまらないのではないか。

い。最近の若者がすぐ転職をするといって歎く議論があるが，ベテラン技能工だって選択肢を前にした決断はしてきたであろう。いままでに就労をやめようと思った者は44歳以下に多い。45歳以上では年齢とともにその比率が低くなっている。それは，45歳ぐらいまでの者では，辞めようと思った者のうち実際に辞める者の比率が比較的高く，したがってその事業所の長期勤続者として残っていないためと考えられる。中小・中堅製造業の男性ベテラン技能工が会社を辞めようと思った理由は，29歳以下の若い層では，賃金への不満と適職探しに集中する傾向がある（この年齢層では平均23歳ごろ，平均勤続3.4年ぐらいで辞めようと考えている。俗論で言う「三年目の壁」である）。39歳までは，労働負荷や職場環境，また人間関係が，その上の層よりは重視されている。

　中小・中堅企業の男性技能工の職業的生涯につぎつぎとあらわれる可能性のある離職要因を，それを経験したとするときの年齢の平均でみると，自分にあった仕事をほかに探そうという気持ちが最初にあらわれ（28.4歳），賃金への不満で辞めようとする時期が32.2歳ごろ，同じころに自分の病気（33.4歳），労働時間・通勤時間が長くて辞めようとする時期（34.0歳：ライフサイクルからみて育児期か），職場環境の悪さ（35.2歳），会社での人間関係の悪さ（35.3歳）などが30歳前半の同じ時期に集中している。最後に，仕事がきつくなったことが離職動因となってくる（37.3歳）。

　そのときの平均勤続年数は，ほぼ年齢と相関している。ただ職場環境への不満については，離職要因として浮上する勤続年数は平均的には比較的短く，28歳前後で中途採用された者が7年後ぐらいにこれを不満に思うというのが平均像になっている。

　離職動因をもったからといって，実際に離職となるとは限らない。実際に離職につながることが多かったのは，適職探し，自分の病気，職場環境への不満である。

4.6　社内での熟練形成

　かようにして，退職要因を前にしながらそれを退職につながらせず，社内にとどまり続けることが，社内での熟練形成の第一の条件である。

さまざまな技能がどのように育ってくるかをみるために，まず年齢別にみる。若いうちはまず力仕事に自信をもっているだけだが，30歳代前半から後輩の教育に自信をもつようになり，30歳代後半以後は改善の提案が出せると考え，40歳代から上司の代理ができることを強調するようになる。
　しかし個人差は大きい。個人差の大きさは，勤続年数階層別にみるといっそうはっきりする。勤続年数が長くなるほど明瞭には，自分のできることをより多く指摘するというわけではないからである。
　つまり社内に長くいることは熟練形成の十分条件ではない。
　入社後，より難しい仕事に移ってきたとする者と，同じ仕事にずっとついているとする者にほぼ二分される。より難しい仕事に移ってきたとする者の比率が高い職種は，監督・指導・教育，工程・生産管理，設計・開発・技術である。著者がしばしば企業訪問によって見聞きするのは，中小・中堅製造業では，技術職と思われる工程・生産管理とか，さらに設計・開発・技術職にも，専門的な学校卒業後ただちに入った者ばかりでなく，現場の作業から「たたき上げて」昇ってきた人々がいることである。
　彼らはまた，現在の仕事では工夫が可能である，経験の活用が可能，つねに判断ができる，変化がある，力が向上するとしている。
　また，現在，段取りができる，後輩の教育ができる，機械の操作ができる，改善の提案ができる，上司の代理ができる，などとする者の比率も，他の者よりも高い。
　彼らには，会社負担で勉強してきたとする者の比率が35.8%と高い。自己の成長に対する社会的認証を求めたり，またいっそう高い技能を求めようとする傾向がある。たとえば，勤続15年以上の者だけでみると，より難しい仕事についてきたとする者には，社会的に通用する資格や技能がほしいとする者の比率が40.6%と高くなっている。

4.7　仕事の幅による個人差の拡大

　熟練度の代理指標を，つぎのようにして合成変数として作ってみることにした。a) 仕事の段取りができる，b) 後輩の教育ができる，c) 上司に代わって仕事を仕切れる，d) 仕事の改善提案がだせる，e) 経験のないものでも

できる，以上に「はい」とした数によって，4つまたは5つを指摘した者を「高度熟練」，3つを指摘した者を「熟練」，2つを指摘した者を「中堅」，ひとつだけを指摘した者を「半熟練」，まったく指摘をしていない者を「未熟練」と呼ぶことにした。

　30〜59歳までは，熟練度が高いと考えている男子ベテラン技能工は，各年齢層とも同様に多い。たしかに勤続年数が高くなると熟練度が高いと思われる者の比率がやや増えるものの，さほどの差はなく，各勤続年数階層それぞれに熟練度が高い者から低い者までさまざまに分かれている。

　差が見られるのはやはり職種間であって，保守点検・段取り，監督・指導・教育，工程・生産管理，機械操作などに，熟練度が高いと思われる者の比率が高くなっている。力によって配置に差をつける……あたり前のことであろう。しかし逆に配置によって仕事のできる幅を少しずつでも広げてやる，これは企業側の裁量の余地があるところである。むろんその裁量は，これまた相手の労働者の力量に依存する。鶏と卵の哲学論議をやろうというのではない。中小製造業の日々の努力の世界は，そういう応用問題だ，と言いたいだけである。中小企業では，俗論でいうように，同じ勤続年数でも個人の力量差が大きいのかもしれない。それはおそらく，昇進のあり方にも影響を及ぼすだろう。

5　経営参画と知的熟練——中小製造業の現場人材

5.1　監督者・管理者の形成

　規模が小さい企業の者ほど，昇進が早いといわれることがある。しかし組織が小さければポストが少ないから，かえって昇進が少ないかもしれない。われわれのアンケートの結果，「現場の者でも昇進できる」とする者の比率は，規模が大きい企業の技能工ほど高い。組織規模に応じて管理職務が必要であって人数規模も大きく，管理部門もあるからであろう。ただ，中小企業の男性ベテラン技能工においては，40〜54歳では，ほぼ4割が管理職についている。勤続年数による差異はこれほど大きくはない。このことは，つぎ

の2つの仮説を示唆する。

①中途採用であっても，40歳過ぎまで，いずれかの企業で修練を積んでいれば，差別なく管理職になりうる。実際，中途採用者と標準入社社で管理職比率には差がなく，中途採用者でも昇進できるという認識は，中途採用者において，標準入社者よりも高くなっている。

②同じ企業に勤続が長いほど昇進に有利である（「勤続年功制」）とは言い切れない。現場で修練を積んでいるかどうかが問題であって，熟練を深めれば，同じ生産職場でも特定の職務につくようになり，その職務が管理職という役割をとらせるように働くと考えられる。そこで職種別にみると[20]，はっきりとした傾向があるのであり，工程・生産管理につくか，検査監視，設計開発技術について，管理職となる者が多い。

現在，監督指導教育，工程・生産管理，検査監視，設計開発技術についている者にも，かつては機械操作，手作業，運搬物流運転などについていて職種転換，ないしそれに前後して昇進した者がいるであろう。選別が当然，予想されるからであろう。選別があっても昇進の機会があることは，中小製造業労働者のモラールを高めるであろう。中小企業では昇進の機会が少ない，また階梯が少ないがゆえに，その労働者のモラールは低いなどというのは誤解，または一面だけをみての議論であろう。

監督指導教育，工程生産管理では，さらに昇進が可能とする者の比率も，ほかより高い。すでに監督職クラスへの昇進をした者にも，さらに管理職昇進が可能であるとする者がいて，中小企業のベテラン技能工の中核的な労働力は，まずこの職種につけるかどうかがひとつの重大な基準となって選別されるようである。

5.2　知的熟練をもたらす仕事の幅と深さ

---

[20] 集計対象の職種構成は手作業（200人，22.4%），機械操作（268人，30.0%），点検段取（36人，4.0%），検査監視（21人，2.3%），包装箱詰（8人，0.9%），修理保全（3人，0.3%），工程生産管理（158人，17.7%），資材管理倉庫（15人，1.7%），設計開発技術（58人，6.5%）運搬物流運転（16人，1.8%），監督指導教育（64人，7.2%），その他（9人，1.0%），無回答（38人，4.3%）である。

年齢別に職種の分布をみると，30歳代にやや設計・開発・技術が多いこと以外には，年齢差はあまり大きくはない。年齢とともに（純朴な年功序列論が想定するように）自然と管理職に移るのではなく，選抜が行なわれていく。その選抜にはいろいろな根拠があろうが，ひとつはリーダーを発揮しうるような知的熟練であろう。ときに知的労働と身体労働とは分化しているように語られる。とりわけ，「労働疎外」論者は，現場技能工の世界からは，「テイラーリズム」「フォーディズム」によって知的労働が奪われていると，極論をする傾向がある。しかし，自分の仕事の性格を判定してもらったわれわれの調査の結果をみると，男性ベテラン技能工の多くは，自分の仕事には知的性格が強いと考えている。

　ただ自分の仕事の性格についての認識は，年齢階層によって差がある。若い層（29歳以下）では経験が不要だが工夫が可能だとか，力が向上するとしている。中高年層では，成果がわかるとか，経験の活用が可能だといっている。現場の仕事の経験が深まるにつれ，仕事の性格への評価が変わってくる。外部の者には厳しいのみのようにみえる中小製造業の現場労働の世界には，経験や知識を活用できる実感をもち，その活用による自己の労働の成果を感じ取る労働者群がちゃんといる。手作業の世界にも変化を感じ取る労働者がおり，単調監視労働などと時に決めつける研究者のいる監視労働の世界にも，つねに判断の必要性があることを知っている労働者がいる。

　技能工にも知的労働が必要であること[21]は，もちろん身体的負荷を排除しない。若い層では同じ姿勢を継続するとか，危険があるとか，手肌が荒れることを強調している。かくして29歳以下の者に，自分が"3K"職場[22]にいるという認識が強い。負荷は，それぞれの仕事の性格からして違ったものであることは当然であろう。だがその負荷のみを強調するので，また極端に走ってはいけない。作業現場に精通すれば，それらの負荷が，同時に労働

---

21) Kobert（1994: 133）の指摘では，「直接労働者」もつぎのような「間接労働」を行なっている。1）前工程から流れてきた仕事の検査，および自分の仕事の検査，2）作業改善の方法の考案，3）生産性向上策検討会議への参加，4）同僚への監督の一時代行，5）データ入力，6）仕事の進捗管理，進捗計画，7）職場内外との物の受け渡し（マテハン），8）公式，非公式の職場内訓練の享受。むろん程度，内容はさまざまであろう。

の内在的価値によって補償されることを知るのである。熟練度の高い者ほど,工夫が可能である,成果がわかる,つねに判断が必要,経験の活用が可能,力が向上する,とする反面,重量物を持つ,緊張し疲れる,体にきつい,危険がある,としているからである[23]。おそらく後者は前者で代償されていると考えるほうがいいだろう。

5.3 熟練とともに増す経営活動への発言・参画

生産工程労働者だから身体的労働者であるというのは偏見である。職場に長く勤務し,ベテランとなり,上記のように知的労働に従事し,管理職になるか,その可能性を強くもてば,彼らはより多く経営に参画していくようになる。

男子ベテラン技能工で,その「提案を聞かれる」とする者が61.1%に達する。ただし,中小製造業においては,公式の制度があるところは少ないと考えられる(フォーマライゼーションが進んでいないと「劣っている」と考えてはならないが)。QCや委員会ないし労働組合が参加と発言ルートになっているのは,従業員が300人を超えないとまずないようである。ただ,自分の提案を企業が「聞いてくれない」とする者はきわめて少ない(15.3%)。

「自分の提案が聞いてもらえる」とする者は,45〜54歳層に比較的多い。しかし,若い層にも,かなりの比率で,自分の提案が聞いてもらえるとする者がいる。提案は知的労働の一種とみなしてもいいであろう。若い層からその経験を積めば,知的熟練が深まるであろう。しかし,その経験は必ずしも勤続年数の函数ではない。

勤続年数でみると,25〜34年の者に,他の勤続年数の者よりは発言機会

---

22) 英語で言えば menial jobs ということになろう。下級の,つまらない,程度の低い,恥ずかしい,などを意味する menial であるが,14世紀には,menial は「家内の」(domesitic) という意味で,「召使いの」(servile) という意味はなかった。1338年にウイクリフが聖書の英訳をしたとき,その家の,という意味で meyneal と書いている。17世紀から,menial という形容詞が召使い・従者や,その仕事に使われるようになった。そこから派生して,今日に意味が発達してくる (Room 1997: 177)。

23) コックバーンは,工具たちがオフィスに座っている仕事より手を汚して働くことがすばらしいと証言する記録を残している (Cockburn 1983: 52, 198)。

がやや多いと考えられるが，短い層との差は大きくはない。勤続が長くなると自社への発言が増え，その提案が企業経営に重要になるがゆえに，その発言が受け入れられるという仮説は，必ずしも当てはまらない。結局，企業内で勤続を重ねることは選別の過程におかれるということである。仕事がよくできる者ほど発言力が増す。勤続年数15年以上の者を取り上げると，熟練度が高いと考えられる者ほど，自分の提案が聞いてもらえるとしているし，また，QC活動や各種委員会活動に参加しているとしている。また仕事がよくできる者ほど，訓練を受ける。会社負担で勉強の機会を与えられたとする者は30〜34歳にもっとも高く，より高齢層ほど比率が低くなっていたが，より高齢層でも熟練度が高いと思われる者ほど，会社負担で教育訓練を受けたとする者の比率が高くなっていたのであるから，中高年者のすべてに中小企業が訓練をほどこさないわけではない。選別が強化されるのであろう。

職種によって，やや差があり，自分の提案が聞いてもらえるとする者は，工程・生産管理，および検査監視に多く，また後者では，QC活動や委員会活動に参加しているとする者が比較的多い（監視労働ただちに単調労働ではないという，先にみたことのさらに追認がされた）。

5.4 中小製造業の生産・技術のリーダー層

都労研の，中小企業管理職調査（都労研1995）から，中小製造業の生産・技術を担当する部課長の学歴をみると，高卒が半数。中小製造業にも理系大卒技術者はいる。しかし，それよりも工業高校卒の比率が高い（年齢からみて，戦後，工業高校が普通高校に引けをとらぬ人材を集めた時期の出身者であると考えられる）[24]。他方で，中小・中堅製造業の生産・技術担当の部課長のかなりの者が，学校では理工系以外の勉強をして，実社会に入ってから技術を勉強したことにも注目しておかなければならない。そのなかには現場のエントリージョブからスタートをし，技能工として階段を上り，技術者に変身してきた者たちが半数以上いるようだ。

中小・中堅製造業の生産・技術担当の部課長の供給源として重要なもののひとつが大企業であるが，初職への勤続は比較的短い（平均して3.5年）から主たる熟練形成は中小企業のうちである。ほとんどの者が30歳から43歳

の間に管理職になったのであるが，それでも個人差はきわめて大きい。中小企業では早く管理職になるというが，一般的な傾向ではない。

　勉学意欲の高い層は，学校教育に依存せず技術の勉強を現場でやってきている。すでにみたように28歳ごろに現在の会社に入職しているとはいえ，彼らの平均像をみれば，その企業での長い経験はちゃんとある。あちこちの企業を渡り歩いてきたような生産・技術担当の部課長は例外である。

　現在の担当業務部門の経験しかないとする企業が，製造課長の場合は47.7％である。生産・技術担当の部課長のしている業務をすべて聞いた結果は，生産管理を主たる業務としている部課長は，資材・下請け管理は兼ねている者が半数近い。一部の生産・技術担当の部課長は採用・人事・教育を行なっているが，他の仕事はほとんど行なっていない。「一人が何役か」をやるという声であるにしても，「一人が全て」と拡張解釈すべきではないのである。どちらかといえば製造部門に特化して育ってきている。それは，技能の幅が狭いということを意味するのではないことはむろんである。

　部長あるいは課長のどちらか一方でも人数が足らないとしている中小製造業に不足している業務が，技術開発・生産技術，生産管理であった。人材の内部育成意欲は高いと言わねばならない。ただその「内部人材」とは，必ずしも新卒直入者ではないことはすでにみたとおりである。では「内部養成」とは何か，ということになる。公式化・制度化された産業訓練がないと人材育成がない，と考えるのはむろん間違いである。本人に「現在の仕事をするうえで，役にたっていること」を，用意した選択肢のなかから主なもの3つまで選んでもらった結果は，自分で独学したこと47.9％，上司のアドバイス32.9％，他の中小企業での経験30.1％，先輩のアドバイス24.7％などが比較的重要であった。

　中小企業では研修・訓練が体系的に整備されておらず，公式化・制度化・

---

24) 50～54歳では42.9％が工業高校卒であった。大卒技術者の比率は40歳台に高く，この時期には理工系大卒への切り替えが進んだのであろう。しかしその後は（おおむね1980年代以後は），技術教育を受けた者が採用できなくなっているのではないかと推定できた。技術教育を受けた者の製造業離れは，冒頭にみたような中小・中堅製造業の人材不足感をもたらしたのかもしれない。

文書化・体系化が遅れ，施設・予算・人員などが不足していると俗論でしばしばいわれる。それほど悪い状況であるならば，中小製造業であれほど優れた部品や完成品を世に送り出しているのは不思議であると私は思う。これらの遅れ，不足を指摘するだけでなく，中小・中堅製造業の生産・技術担当者たちの個人の努力やインフォーマルな後輩・部下指導の立派さに注目すべきではなかろうか，と筆者は考える。

中小企業の労働問題はときに外的条件を強調しすぎる観があり，本人たちの努力のほうを軽視する傾向がある。しかし外部からの観察者からみれば，悪い条件のもとでも志高く研鑽を重ねる人々がいる。男性ベテラン技能工たちの資格や技能修得への希望は，概して年齢に関係なく強い。社会的に役立つ資格技術を身につけたいとする者の比率が高い職種には，保守点検段取（46.2％），設計開発技術（36.2％），監督指導教育（35.9％）がある。

とりわけ，企業内での発言の重みを増す，熟練者には，さらにその熟練を深めたいという意識が強いと思われる。勤続15年以上の者だけを取り上げ，熟練度別にみると，社会的に通用する資格や技能がほしいとする者の比率が，熟練度が高いほど高くなっているからである。

6 むすび

冒頭でみたように，中小製造業には3Kといわれるなど労働条件の比較的悪いところが残っており，そこに滞留している労働者もいる。しかし他方で，的確な経営行動と本人の努力や職場集団（先輩，同僚，後輩）の切磋琢磨でみごとに世界に誇れるものづくりを指揮している労働者もいる。労働研究といえば，社会問題的視点に立つ前者の研究が多いようだが，後者もまた的にしなければならない。むろん，中小製造業も業種業態で差がある。冒頭でみたようなユニークな経営を指向するところで生き延びているところがあるとすれば，また個別企業によって技能工の姿や労務管理も違う。世にはいわゆるブルーカラーの世界の研究はもう済んだが，ホワイトカラーの研究は遅れているというものがあるが，なに，技能工の世界の研究もまだまだ尽くされ

てはいないのである。

参考文献

Belasco, James A. and Raiph C. Stayer (1993) *Flight of the Buffalo: Soaring to Excellence, Learning to Let Employees Lead,* New York: Warner Book.

Burns, Tom and G. M. Stalker (1994) *The Management of Innovation,* revised ed., Oxford: Oxford University Press (First edition 1961).

Cockburn, Clynthia (1983) *Brothers: Male Dominance and Technological Change,* London: Pluto.

Feig, Barry (1993) *The New Products Workshop: Hands on Tools For Developping Winners,* New York: McGraw-Hill.

Hamel, Gary (1997) "Reinventing Competition", in R. Gibson, ed., *Rethinking the Future: Rethinking Business, Principles, Competition, Control, Leadership, Markets and the World,* London: Nicholas Brealey Publishing Limited.

川喜多　喬（1997）「人材育成でモノづくり復権へ，中堅企業が福利厚生事業　協同組合石川鉄工センター」日本生命保険相互会社『企業福祉情報』第5号，11-15頁。

──────（2000）「中小・中堅企業の経営戦略と人的資源」『経営志林』（法政大学経営学会）37巻3号（10月）より連載。

Kobert, Norman (1994) *Cut the Fat, Not the Muscle: Cost-Improvement Strategies for Long-Term Profitability,* Englewood Cliffs, NJ.: Prentice Hall.

Rees, Nigel (1997) *Dictionary of Slogans,* Glasgow: Harper Collins Publishers.

Room, Adrian (1997) *Dunces, Gourmands & Petticoats,* Chicago: NTC Publishing Group.

東京都立労働研究所（都労研）(1994)『ベテラン技能者の定着条件に関する調査』東京都立労働研究所。

──────（1995）『不況下の中小企業管理職』東京都立労働研究所。

──────（1999）『「平成不況」下の都内製造業の経営・労働問題と人材戦略』東京都立労働研究所。

Walker, C. R., R. H. Guest, and A. N. Turner (1956) *The Foreman on the Assembly Line,* Cambridge, Mass.: Harvard University Press.

第V章 中小企業に働くベテラン女性
技能工と経理員を中心に

川喜多　喬

1 はじめに

　東京都立労働研究所（以下，「都労研」と略称）では多様な女性労働研究を行なってきた。しかし，それをすべて紹介することは，それぞれの女性労働者群にごく簡単に触れて終わることになる。いかに深く研究することで見えてくるものが多いか，また都労研はいかに深さを求め，とおりいっぺんの俗論（たとえば，すべての業種業態職種規模を合わせて男女だけで比較するといった単純な議論）で終わらせなかったということを示すためには，特定の層の研究を多く紹介して，他は原資料にあたってもらうほうがいいと考えたので，中高年の技能工と経理員を取り上げることにした。

2 女性ベテラン技能工

2.1 女性ベテラン技能工の重要性

　中小・中堅製造業の現場では多くの女性が働いている。近年，いわゆる高学歴化やホワイトカラー化で，女性労働については，大卒ホワイトカラー，とりわけ総合職女性が取り上げられて議論されることが多い。そして，その理由のひとつとして，生産労働者の境遇に関してはすでに調査研究が多いとされることが，しばしばある。しかし生産工程労働者，とりわけ中小製造業の現場に長く働いている女性労働者については，自明だといわれるほどの研究があるとは思えない。

概して女性の平均勤続年数は短いといわれるが，中小企業では勤続年数の長い女性技能工が重要な役割を現場で果たしている。彼女らの熟練や役割は，厳しい競争にさらされている中小・中堅企業の競争力維持にとって重要であると思われ，いわゆる「女性活用」の好例が見出されるであろう。

その要因はともあれ（以下で一部，推定する），賃金などが低くても長期勤続でベテランとして働いてくれる女性技能工の存在は，中小・中堅製造業の競争力要因のひとつであると考えられるであろう。逆に，競争によって敗退しつつある企業においては，もともと比較的低い労働条件で働いている彼女らの逆境（失業の可能性など）は社会問題とされていいのではないかとも思われる。今回の不況で消えゆく中小企業の女性ベテランのなかには，それを味わうことになった者が少なからずいると想定される。

2.2 女性ベテラン技能工のキャリアと低い労働条件との関係

調査対象とした女性技能工[1]の属する各事業所で，もっとも勤続年数の長い技能工を選んでもらった。有効回答者の平均年齢は，女性で48.4歳である。勤続15年以上の者を「長期勤続技能工」として取り上げてみると，平均年齢が52.6歳である。

女性技能工の学校卒業年齢は，平均して17.0歳のときで中卒労働力がほぼ半数を占める（とくに長期勤続女性技能工の場合）。平均して19.5歳で最初の仕事に就職しているが，学校後すぐは就職しなかった者は45歳以上の者にほぼ限られる。

他の会社を含めて平均22.2年働いてきている。学卒後の平均年数が31.4年であるから，学校を卒業後，ほぼ3分の2の年数を就労してきている。

男性と比べて就労歴がより多様である。いったん無職になった職歴中断型

---

1) 詳しい調査方法や報告書については，都労研（1994）を参照されたい。調査時期は1992年9月。事業所の業種は，金属・機械が45.1％と半数近くで，これに印刷・製本15.9％がつぎ，東京都の製造業の特性を代表している。配布にあたってベテラン技能工の調査との表題としたため，生産工程従事者と呼ばず「技能工」と呼ぶことにした。したがって一部，単純作業などへの従事者が含まれている。長く働いている女性という場合，就業年数の合計ではなく，現在の企業での勤続年数を基準とした。そのうち，勤続15年以上の者を「長期勤続女性技能工」と呼ぶことにした。

の者が41%割で，これについで複数の会社を，途中で無職になることなく続けた者が21%であり，一社でずっと勤続してきている者と，学卒後ただちには就職せず中途就職している者の比率が並んでいる（15〜16%）。

　日本の企業は一社忠誠，終身雇用できた，それが日本の経営文化だという俗論を信用してはいけない所以でもある。事業所でもっとも勤続の長い者でも，その会社に学卒後ずっと働いている者は稀である。このような職業歴は，女性技能者がその現場の仕事についた積極性と関連をもっている。学校卒業後ずっと働いてきた者，とくに今の会社でずっと働いてきた者には，現場の仕事につきたかったとする者が多い。しかし，学校卒業後は無職で，その後就労した者には比較的，他に適職がなかったからとする者が多く，途中でいったん無職となった者には，職種にとくにこだわらずについたとする者が多くなっている。

　このような事情は，中高年女性技能工の労働条件の低さを一部，説明する。「窮迫就業」というほど，強く言うほどのことはないとしても，経験・技能などの活用について比較的執着しない結果，その深化にともなう条件の向上を生まないこともあるだろう。また，そもそも高い労働条件を最初から諦めていた結果，その延長で，条件については諦め続けるということもあろう。

　現在の会社の社長や社員の縁故で就職したとする者が18.2%である。これは男性技能工の28.3%より少ない。これも女性技能工の労働条件を低める要因になるであろう。「あまり深く考えず今の会社を選択した」とする者が60.3%もいて，男性技能工の40.4%よりかなり多い。

　その事業所でもっとも勤続年数が長い女性技能工でも，非正社員の場合が3割ある。これは，男性の同等者の97.0%が正社員であるのと，大きな差をみせている。非正社員は多くの場合，労働条件が低いであろう。さらに正社員の30.7%が現場の仕事につきたかったからとしているだけだが，非正社員では別に何でもよかったからとしている者が44.5%となる。

　ただ，概して再就職者の多い非正社員でも，勤続年数は長いのである。勤続年数によって技能熟練が一義的に決まるとすれば（乱暴な仮定である）[2]，そして技能熟練に応じて企業から報酬が支払われるとすれば（これも乱暴な仮定である），非正社員だけであるだけでは労働条件に差がつけられるわけ

ではない（ゆえに仮定がおかしい）。

2.3 意欲的に仕事を担い，職場の中心人物となっている人々

そのように，比較的低賃金でありながら勤続が長い理由を，仕事自体の内在的価値（理想との一致，面白さや能力発揮機会など）に求められるだろうか。

女性ベテラン技能工のうちにも，「現場の仕事につきたかった」とする者はいる[3]。現場の仕事につきたかったとする者が多いのは[4]，業種では，繊維・衣服および医薬品・化学薬品に多く，職種では，設計・開発・技術・研究および監督・指導・教育である。

また，学校を出たあとも自分の負担で仕事に役立つ勉強をしてきたとする人では，その46.4%までが「現場の仕事につきたかった」としており，また「どこへいっても通用する資格や技能を身につけたかった」とする者の41.6%が「現場の仕事につきたかった」としている。このように女性ベテラン技能工のなかに，とくに技術職あるいは監督職に，知識・技能の向上意欲の強い人々の群がいる。

また，自らの職務の性格（ないしその認知）は，現場の仕事につきたかったとする者の比率と関連する。すなわち，「現場の仕事につきたかった」とする者の比率は，つぎのような職務であるとする者のうちに高いからである。

「学校時代に習ったことが活かせる」とする者で，その54.8%
「自分の力が向上する」とする者　　　　　　　　41.1%

2）自分をベテランと意識しているかどうか別に平均勤続年数を計算すると，自分はベテランだと意識している者（18.0年），ベテランに近づいていると意識している者（14.5年），ベテランになるにはまだまだ努力が必要だとしている者（13.3年）で，後二者には大きな差はみられなかったにしても，ベテランと意識している者のほうが勤続年数が長い。

3）ただし「現在の仕事は学生時代の理想の仕事」としている者は，わずかに6.6%だけである。われわれが主として研究対象としている勤続年数の長い女子技能工には，学校時代の理想の仕事についているとする者はほとんどいないのである。

4）「別に何でもよかった」とする女子技能工が多いのは，業種では，金属・機械や飲食料品，職種では包装や箱詰めである。「他に適当な仕事がなかった」とする女子技能工が多いのは，業種では飲食料品，職種では検査や監視である。

「やっただけ収入増につながる」とする者	40.0%
「自分の仕事の成果がわかる」とする者	37.2%
「これまでの経験がいかせる」とする者	38.6%
「変化があり単調ではない」とする者	34.0%

このことから，同じ現場（技能や生産）の仕事でも，ある種の仕事，とくに知識や経験が活かせ，それが伸ばせる仕事で，フィードバックがあり変化がある仕事には，その仕事を好んで選んだ女性が比較的多くついていると考えられる[5]。

最近5年間ぐらいで，「会社が社員の気持ちに気配りするようになった」とする者の36.0%，「賃金がよくなってきた」とする者の35.5%までが，「現場の仕事が好きだから」その仕事についたとしている。このような女性ベテラン技能工の存在は，中小・中堅製造業に働く中高年女性技能工の世界を，低労働条件にあえぐ不幸な人々とのみ見てはならないことを研究者に要求するものであろう。

2.4 女性ベテラン技能工の長期勤続の理由

日本社会のなかには，女性が長く働く条件がまったくない……などというような極論を言う者がある。しかし，ちゃんと長く働いてきた女性たちは，高学歴大企業オフィス労働についた女性と比べてかなり低い労働条件の場にいた。なぜ，彼女らは勤続を続けることができたのであろうか。

女性ベテラン技能工の長期勤続を支えた理由は何であるか。「家に近かったから」という回答が3人に1人ときわめて多い。女性の場合，労働市場（就業先となる地理的範囲）が概して狭いと考えられる。それは，他の点で良好な労働条件を諦めることにつながりかねないとしても，反面，就労継続には有利な条件となる可能性がある。

第二の理由は，「自分に向いた仕事だった」とするものであった。その指摘率自体は男女では差がない。しかし，女性長期勤続者の場合は，「知識や

---

[5] 実際についてみたらそういう仕事だったので，過去にさかのぼって自分のついた動機を合理化している可能性もある。

技能が生かせた」とする者が少ない。このことから，女性ベテラン技能工の場合，仕事が自分に「向く」とは，知識や技能の活用を意味するのでは必ずしもない。ここに男性との大きな差があると仮定できよう。

　第三の理由は，「何となく続いてきた」とするものである。43.0％で比率はかなり高い[6]。長く勤続してきた理由がこれといって特定の理由に帰し得ないというという指摘には，特段に留意しておく必要がある。われわれは，ともすれば，それを明確にしたいという研究者などの関心だけで，何かはっきりした，ひとつの，少なくともいくつかの理由があるはずだ，と考えがちだからである。

　第四の理由は，職場にいい人が多かったからというものである。各種の調査では，女性の離職理由や職場への不満理由に「人間関係への不満」があることが，しばしば指摘される。ただ，男性技能工長期勤続者の指摘率も女性とは相違がほとんどない。

　第五の理由は，「自分の力を認めてくれた」とするものであるが，全体の2割の指摘にとどまっている。

　「古典的な労働条件」と考えられるもの（賃金，労働時間，福利厚生）がよかったから長続きしたという者はほとんどいなかったことも，今回の調査からの発見である[7]。

2.5　長期勤続要因からみたベテラン技能工の類型

　どういう層が女性ベテラン技能工を構成しているかを推定するために，本人自身による長期勤続要因指摘（複数回答）を，理由ごとに指摘1，指摘無し0の量とみなして因子分析を行なってみた結果，つぎのことが言えると思われる。

　①職場リーダー層：自分の力を認めてくれたから長続きしたという者は，社長についても評価が高く，また，自分がいなければ会社が困るからと考えており，昇進ができたので長続きしたとしている傾向がある。彼女らは，な

---

6) この比率は男性の指摘率より多いとはいえ，男性でも第3位の理由となっている。
7) 「給料が高かった」は7.3％，「労働時間が短かった」も7.3％，「福利厚生が整っていた」は6.0％。

んとなく続いてきたとは考えていない。これらをすべて指摘する者は，女性技能工のうちでも，企業中核エリート層と考えることができよう。

②生活時間重視層：労働時間を長続きの主たる原因としている者がいる。休日休暇が多かった，残業時間が短かった，労働時間が短かったとする指摘は，あわせて行なわれる傾向がある。またこのように指摘する者は，辞めると損だと思ったから長く続いてきた場合が比較的多い。これらは，短時間勤務制度活用層を代表していると考えていいだろう。

③能力発揮層：知識や技能を生かせたことを強調する者は，給料が高かったことを強調しがちで，このような人々を能力発揮層と考えることにしよう。彼女らは，家に近かった，なんとなく続いてきたとする消極自足層と対照的なグループである。

④快適職場適応層：職場にいい人が多かった，作業環境がよかった，仕事が楽だった，自分に向いた仕事だった，残業代が稼げた，ということを強調する。

2.6　女性技能工のキャリア上のハードル

女性ベテラン技能工全体の半数強が何度も辞めようと思ったとしている。一度思ったとする者をあわせると，66.0％が退社希望をもったことがあったとしている。実際にそれで辞めた者もいるだろう。だから，勤続が長い者ほど辞めようと思ったとする者が減るという面と，勤続が長くなるほど辞めようと思う契機も増えるという面と，両面があることが考えられる。しかし，勤続15年以上の女性に限定しても，その62.4％が一度以上は退社を考えたとしており，その比率には全体とほとんど差がみられない。

仕事を辞めようと思った経験の有無は，現場の仕事を選んだ理由と関連する。すなわち，他の職種を希望したが希望がかなえられなかったとする者の実に9割近くが，辞めようと思ったことが何度もあったとしている。また，ほかに適職がなかったから現場の仕事についたとする者にも，辞めようと何度も思った者が多い。

逆に，職種にはこだわらなかった者には，辞めようと思った者が少なくなっている。

辞めようと思った理由は何であろうか。

辞めようと思ったという人で，「会社での人間関係が悪い」が第1位にくる。「会社の人間関係がよい」ことが勤続を伸ばす要因ではないにせよ，勤続を中断させはしないという，消極的な理由になる。これは，第2位の「賃金への不満があった」よりも，かなり多い。第3位が「仕事がきつくなった」，第4位が「職場環境が悪い」で，第5位の「他に自分にあった仕事を探すため」退社を考えた者の比率は，男に比べると女はかなり低い。第6位の「男女の待遇格差があった」は，およそ7人に1人ないし6人に1人が指摘している。しばしば若年女性の退職理由となる，結婚，出産，乳幼児の育児などを指摘する者は少なかった。これは，そういう理由で退職してしまった者が調査対象とはならない（たとえ再就職しても勤続が長い者に入っていない，あるいは，勤続が長い再就職者ではこれらの理由が発生するライフステージを過ぎている）ためであろう。

長い就労過程で，何度か，退社しようと思う，そのいわば「ハードル」を乗り越えていくのが一般的な事情と考えられる。そうした「ハードル」は，平均的には，ライフステージごとに，違ったものが，つぎつぎとあらわれると思われる。それをみるために，退職を考えた主たる理由ごとに，そのときの年齢を聞き，その平均年齢を算出した。

典型的な「ハードル」（あるいは退社するか，就労を継続するかという岐路）のあらわれ方を推測すると，女性の場合，26歳ごろに結婚，28歳ごろに出産，30歳ごろに乳幼児の育児と，若年女性の主たる退社理由とされるものが続く。これらを乗り越えたころに，31歳ごろに他に適職を探すため，34歳ごろ（最初の子どもが小学校にあがるころ）に労働時間・通勤事情，36歳ごろ（教育費，住宅取得費の計画がされるころか）に賃金への不満があらわれる。40歳ごろに（実際に教育費，住宅費が重くなるころか），男女の待遇格差が意識される。また体力的，気力的な曲がり角にもあるためか，41歳ごろに，職場場環境，自分の病気，会社での人間関係，43歳ごろに仕事のきつさが意識される。ファミリーステージにも変化があり，43歳ごろに老人や病人の介護，45歳ごろに子どもの教育が意識され，同時に自分がそろそろ辞めてもいい年齢に達したと感じられるのも45歳ぐらい。49歳ぐ

らいになると，家族が辞めるように勧めるようになる。

　男性の場合は，ほぼ30歳台までに辞めようとする理由はあらわれつくす感があったので，女性の「ハードル」のあらわれ方がかなり異なっている。

　いままでに収入のある仕事を辞めようと思ったことがあった者にのみ，その理由を複数回答で聞いているので，同じ人からどういう理由があわせて指摘されているかを因子分析でみることにした。この結果，わかったことはつぎのとおりである。

　まず第一に，家事都合要因があわせて指摘される傾向がある（乳幼児の育児，出産，結婚，子供の教育，老人や病人の介護）。

　第二は，労働時間・通勤事情要因であるが，労働時間が長かった，通勤時間が長かったとする者は，同時に男女の待遇格差があったともする傾向が強い。

　第三には，身体的要因があげられるであろう。自分の病気，職場環境が悪い，仕事がきつくなったなどである。また，これらの要因を指摘する者には，同時に故郷へ帰るため，とする者が多い。これらは加齢にともない，ある一定のライフステージで顕在化することが想定できるものであるが，実際に自分がある年齢に達したことで辞めようとする年齢要因は，これらの要因と対極にある傾向がある。

　第四は，生きがい・働きがい要因で，仕事以外の生きがいが見つかった，ほかに自分にあった仕事を探すためとする者が，同じ者である傾向が強い。これと対極的な要因が人間関係要因である。人間関係が悪くて辞めようとした者は，生きがい・働きがいを強調しない傾向が比較的強いのである。

2.7　女性技能工によるハードルの克服

　前項で検討したような，就労をやめようと思ったさまざまな理由にもかかわらず，長期勤続技能工の多くは，実際には就労をやめてはいない[8]。

　その理由は何であろうか。

　もちろん，就労をやめようと考えた理由別にそれは異なるであろう。だが，さしあたり合計の数字をみておく。

　第1位にあげられるのは「自分が耐えてがんばった」とする者で，これは

女性ベテラン技能工長期勤続者計の 54.4% に達しており, 男性の 44.1% より多い。

第2位, 3位, 4位は, ほぼ同じ比率で,「家計の事情でやめられなかった」「ここでやめたら損だと思った」「同僚からの励ましがあった」である。

このうち, 最後の「同僚からの励ましがあった」は, 男性ではかなり少なく, 女性の特徴と言えるだろう。女性では, 就労をやめようとする理由に職場内人間関係への不満があったが, 逆にその人間関係が不満解消の理由ともなるのである。

第5位が「社長や上司の励ましがあった」で, これも, とくに勤続年数が比較的短い女性では就労継続の理由として比重が高い。

また, ひとつ飛ばして第7位の「会社が働き続けやすく配慮してくれた」とするものも, 男性より女性の就労継続理由として比重が高いものである。

男性より女性の場合に, 会社（社長や上司を含む）の態度・姿勢・配慮が就労継続に重要であると推測できよう。

ただ,「問題が解決した・なくなった」から就労できたとする者は, きわめて少ない。就労を辞めようと思った問題自体は温存されたが, それを補償するものが大きかったということか。

会社を辞めようと思った理由ごとに, それを従属変数とし, 結局辞めなかった理由を独立変数として, もっとも重要な影響をもつと思われる変数をひとつ選ぶ方式で重回帰分析を行なった結果（5% の危険性で有意な変数が見つからなかった場合, 計算結果を示していない), ほぼつぎのことが言える。

①自分の病気が原因で辞めようとしたのをやめた理由では, 会社が配慮してくれたとするものがいちばん決定的である。会社が辞めさせてくれなかった, とする者は少ないので, 会社が積極的に改善策をとった場合が多いと考えられる。

---

8) これは, ある意味では当然で, 就労を辞めなかった者が長期勤続者として残っている可能性が高いからである。しかし, 女子については, 就労をやめいったん家庭に入ったあと, 再就職して長く勤める者も多いであろうから, そういう者では退職した経験をもつ者も多いはずで, 就労を辞めなかったとする者が多いのは当然とは言えず, 新規の発見と言えるかもしれない。

②結婚で辞めようとした者，老人介護が理由で辞めようとした者，子どもの独立が原因で辞めようと思った者，一定の貯金ができたこと，子どもの教育，住宅ローンの返済，配偶者との離死別の場合，辞めなかったことと事前にわれわれがあげた理由との関連ははっきりしない。

③出産が原因で辞めようと思った者，乳幼児の育児が原因で辞めようと思った者が就労を続けた理由では，公的サービスを利用したからとするものが決定的である。

2.8　ハードル克服体験と就労意欲

就労を辞めようと思ったことがあるが就労を続けることができた者について，いまから振り返って就労継続の評価を聞いたところ，半数が「働き続けてよかった」としていた。「辞めたほうがよかった」としている者は6.3%だけである。ことに，15年以上現在の企業に勤続してきた者については，6割近くが働き続けてよかったと考えている。

ただ，どちらとも言えないとする者も4割近くはいるものの，辞めなくてよかったとする者の比率は自分がベテランと意識している者ほど高く，ベテランとしている者の57.4%に達するのである。

女性ベテラン技能工の，複数回答による現在の就労理由のトップは「働き続けられる間は働くのが理想だ」とするものであり，男性技能工では第1位の「自分や家族の生活を支えるため」を上回っている。

しかし，「家計支持」の意識は，しばしば女性労働の主たる理由とされることがある「こづかい」あるいは「家計補助」の意識より強い。ただ，後二者の「老後心配のない自分のカネを持っていたい」「少しは家計を補ないたい」「自分だけで使えるカネを持っていたい」とする者の比率は，いずれも男性より高い。

また，「健康によい」「生きがいが得られる」「友人がいるなどで職場に行くのが楽しい」とする意見も，男性より強い。

逆に「知識や経験を活かしたい」「世の中の役にたちたい」という意見は少ない。

最大の理由に限定すると，女性技能工でも「自分や家族の生活を支えるた

め」が第1位となる。ただ，それでも37.9％で，他の理由を指摘する者もあり多様で，男性技能工の73.5％が家計支持を理由とするのとはかなり違っている。

現在の就労理由を複数選択で選んでもらっているので，どういう理由群があわせて選ばれるかどうかを因子分析によって分析した。

ここから，極端化して類型化して言えば，まず生きがい志向が浮かび上がる。

すなわち，生きがいが得られるからとする者は，同時に働き続けられる間は働くのが理想だとし，世の中の役にたちたいとし，また知識や経験を活かしたいとする傾向がある。彼女らはまた，友人がいるなどで職場に行くのが楽しいとし，健康によいとしているが，では金銭欲求がまったくないのかというとそうではない。ただし賃金は老後心配のない自分のカネを持っていたい，子や孫に楽をさせたいために使いたいとしているものである。

第二には，家計維持志向で，自分や家族の生活を支えるためとするものであり，これと対極的に家計補助志向があり，後者は少しは家計を補いたい，自分だけで使えるカネを持っていたい，とするものである。

第三は，消極的活動志向で，何もしないでいると肩身が狭いから，また，なんとなく働いているというものである。

以上にみたように，複数回答でみると，女性ベテラン技能工には「働き続けられる間は働くのが理想だ」とする「勤労道徳（労働倫理）」観があるように思われる。しかし，それは決して「ワーカホリック」ではなかろう。というのも，職場のことと職場外のことのどちらも大切としている者が多いからであり，また男性技能工と比べると，職場外のことが大切だとする者の比率がより高いからである。

平均勤続年数が，生活関心の中心が職場のことにある者では19.1年，両方大切だとする者では15.1年，職場外のことが大切だとする者では11.7歳である。平均すると，それぞれ34.8歳，33.6歳，32.1歳で今の職場に就職しており，平均像としては同じころに入職しているから，その後の勤続年数の長さと生活関心の中心を職場に向かわせるのに関連すると思われる。

むろん，生活関心の中心が職場にある者がより長く職場に残るということ

かもしれない。さらに，職場のことに生活関心中心がある者にほど，現場が好きだったからいまの仕事を選んだとする者が多い。生活関心の中心が職場にある者ほど，会社にとっての自分の価値に自負をもっている。自分がいないと会社が困るので長続きしたとする者の比率が，職場のことに生活関心の中心がある者の22.9%，両方大切とする者の9.7%，職場外のことに関心がある者の3.3%だからである。現在の会社での就労継続意欲も，年齢を考慮に入れれば，職場のことに生活中心価値のある者に強いと考えられるだろう。

　繰り返すが，このような「忠誠心」あふれる女性ベテラン技能工は，中小・中堅製造業の現場にたいへん貴重な人材であると考えていいだろう。

3　ベテラン経理員

3.1　女性ベテラン経理員の重要性

　中小企業の事務の世界の研究は乏しいといって過言ではない。まして中小企業の女性事務職の研究は稀である。都労研が研究を行なっていた時代の女性労働研究の主流といえば，大企業大卒ホワイトカラーの世界のものか，パートタイマーのものが多かった。中小企業女性事務職にもパートタイマーはいるが，われわれの予備調査の印象から言えば，正社員が多かった。また中小企業に赴けば，とりわけ経理をベテランの女性が行ない，なかには係長，課長職として，厳しい不況下の中小企業の資金繰りにまで力をふるっている例をしばしば眼にする。事務職一般に話を広げて調査研究するよりも，職種も絞って深く研究したほうが得られる知見は多かろう。そこで都労研では，不況下の職場を支える女性ベテラン経理職を研究することにした（都労研2001）[9]。

　研究対象となった経理職についている女性中高年社員は計81人であり，うちベテラン経理職（「ベテラン」の定義は上と同じである）は28人，一般

9）主査は川喜多喬，共同研究者は土屋直樹，上野隆幸。報告書の該当章の執筆担当者は上野であるが，私見を大幅に加えて執筆した。

の中高年経理職は53人となっている。

その平均年齢は，一般の中高年経理職の52.6歳に対して，ベテラン経理職は51.0歳であり，大きな差はみられなかった。年齢とともに自然とベテランになるのではなく，ベテランとして陶冶されていく仕組み，その他の理由があると思われる。

3.2 職場のなかでの女性ベテラン経理員の位置

所属企業の従業員規模をみると，同じ従業員ベテラン経理職でも10〜29人層89.3％であり，一般の中高年経理職の56.6％に比べてその比率が高い。規模が小さいということから，事務職につく者の数が少なく，一人のものが多数の業務をこなし，ベテランとして評価をされ，また自負をする可能性が高まるとも考えられる（ただ，他方で業務の多様性が低かったり質が低くて力がつかないという可能性もある）。

そこでまず，職場の従業員規模をみることにした。一般の女性中高年経理職の32.5人に対して，女性ベテラン経理職では11.6人となり，所属企業の規模から予想されたとおり，ベテラン経理職は他の中高年経理職よりも小さな職場で働いている。これにあわせて職場の中高年者の数も，他の中高年経理職の平均18.9人に対してベテラン経理職では9.3人と少ない。したがって職場全体および中高年に占める量的比重は，女性ベテラン経理職のほうが高い。ベテラン経理職が勤めている職場の中高年比率はより高いのであるから，そのことを考えればベテラン経理職のほうが，その職場では「より若い」位置にあるかもしれない。しかし実際には，年齢ピラミッド状の地位で自分が「いちばん年上」とするのは女性ベテラン経理職に多い。職場の年齢構成についての本人の意識をみると，他の中高年経理職では「（職場には）中高年の人が多い」とする者がもっとも多いのに対して，ベテラン経理職では「若い人が多い」がもっとも多くなっている。若い人が多いと意識しているのは，自分がベテランであるとの自負と相関があるだろう。

3.3 女性ベテラン経理職の仕事の多様性と仕事上の権限

女性ベテラン経理職が現在担当している仕事をみてみよう。まず，われわ

れが用意した仕事で,「できる」(複数回答)とした総回答数を総回答者数で除した値をみると,一般の中高年経理職の 2.0 に対して,ベテラン経理職では 2.5 となり,ベテラン経理職のほうが担当している仕事がより多岐にわたっていると推定できる。

具体的にはどのような仕事についているのだろうか。ベテラン経理職,その他の中高年経理職ともに「経理・財務」以外であれば「総務・人事」「一般事務・事務作業」が多い。とりわけベテラン経理職で強く,とくに「総務・人事」の仕事を兼任している者は 3 人に 2 人以上である。

実際,職場のより多くの仕事をこなせるということに女性ベテラン経理職は自信をもっている。「職場にある仕事をどの程度こなせるか」については,ベテラン経理職にもその他の中高年経理職にも「いくつかの仕事ができる」とする者がもっとも比率が高いものの,「どんな仕事もたいていできる」とする者は,他の中高年経理職の 3.8% に対してベテランは 24.1% とかなり多いのである。

つぎに仕事上の権限をみよう。ベテラン経理職にもその他の中高年経理職にも,ともに「仕事の進め方に関して上司とちゃんと議論できる」「部下をちゃんと指導したり管理したりできる」とする者が多い。ただ,他の中高年経理職と比べて女性ベテラン経理職のほうが指摘比率が高いものに,「会社の経営方針や事業の計画について提案できる」(31.0%＞19.2%),「店・工場・事業所・職場を任されても管理者として動かしていける」(31.3%＞7.8%)があり,女性ベテラン経理職のほうが権限と責任が重いと考えている。

さらに日々の仕事の遂行の場面でも,ベテラン経理職も他の中高年経理職ともに「日々の仕事の段取り・計画までも自分でうまく行うことができる」としているが,ほかの点では女性ベテラン経理職に自負が強くなっているのである(「仕事にトラブルがあったときに一人でうまく処理できる」(69.0%＞46.0%),「仕事の進め方や機械など,業務について自分の権限で改善できる」(44.5%＞9.9%),「担当業務については社内で誰にも負けない知識を持っている」(79.4%＞29.1%)。

とくに「担当業務については社内で誰にも負けない知識を持っている」については,一般の中高年経理職と約 50% 以上の差が,また「仕事の進め方

や機械など，業務について自分の権限で改善できる」については約35%の差があるなど，ベテラン経理職には自負が大きいといえよう。

3.4 女性ベテラン経理職のキャリア

このような女性ベテラン経理職が生まれるためには，年齢だけではないことは最初に指摘した。まず学歴，職歴と経験（いわゆるキャリア）が大きな影響を与えると考えられる。

そこでまず学歴を検討したが，ベテラン経理職と他の中高年経理職ともに高卒がもっとも多く，大きな差はみられない。

つぎに，同じ企業でずっと勤めたほうがよいか，それともいくつかの企業で修業を積んだほうがよいか，この問題意識で他の組織での就労経験をみた。その結果，女性ベテラン経理職も他の経理職いずれも「ある」が9割を超え，差はない。

しかし，転職経験がある場合に，その回数をみると，ベテラン経理職は平均3.4回であり，他の中高年経理職の平均2.6回よりも多くなっている。そうすると，転職を重ねると不利になるとは言い切れないことになる。

つぎに他の会社や組織に勤めた期間の合計をみると，他の中高年経理職の平均12.1年に対して，ベテラン経理職は平均17.3年と長い。いちばん長く勤めた会社は「今の会社・組織だ」がベテラン経理職・他の中高年経理職を問わず多いものの，ベテラン経理職で比率がやや低いのはこのためである。そうなると，他社で長く修業してきたことが活かされていると考えていいかもしれない（どこであれ長く勤めていればかなりの勉強をするという仮説である。もちろん個人差はある）。

つぎに，自社であれ他社であれ同じ職掌に長くついていれば熟練は深いという仮説を検証しよう。経理・財務職という職の経験年数をみてみよう。

まず，いまの会社だけでの経験年数をみると，他の中高年経理職の14.0年に対してベテラン経理職は10.1年と，4年ほど実は短いのである。しかし，他の会社や組織も含めた総経験年数をみると，他の中高年経理職の18.0年に対してベテラン経理職では22.6年と，反対に長くなっている。これは上記でみたように他の会社・組織での勤務期間が長かったから，そこでも経

理・財務職に長くついてきたと推測できる。このように，ベテラン経理職には経理・財務職の総経験年数が長く，とりわけ他社で長くついていて，その経験によって深められた知識・技能を，いまの職場でも活かしていると考えられる。

3.5 女性ベテラン経理職の自助努力

ベテラン経理職自身は，自分が自信をもてる能力をどのようにして身につけたと考えているのだろうか。

まず，ベテラン経理職と他の中高年経理職とを問わず比率が高いものが，「仕事をしながら時折先輩や上司に教わった」があるが，他の中高年経理職に比べてベテラン経理職で多いものに，「同じ仕事ばかり長くやってきた」（61.9％＞44.3％）がある。ホワイトカラーはジェネラリスト育成が主流で，日本の企業は専門家を育ててこなかったというような俗論があるが，こういうものを俗論として聞き流すべき所以がここにもある。

また，女性ベテラン経理職の3割もが「いくつもの企業を渡り歩いて修行してきた」（31.0％＞8.9％）としている。ある専門分野内で動いている場合，転職が多いと不利になるとばかりは言い切れない所以でもある。

「先輩の真似をしたり本を読んだりして工夫して勉強した」（31.0％＞17.1％）という意見も，女性ベテラン経理職に多い。中小企業では体系的なOff-JTがないから人材育成は遅れていると決めつける俗論に与してはいけない所以である。自己啓発につとめている優れた人材はちゃんと中小企業にもいる。

「他の会社にいる業界仲間に聞いたり学んだ」（21.0％＞6.7％）でも，ベテラン経理職は他の中高年経理職を上回っている。その一部は転職のたまものであろう。しかしまた，上の自己啓発による勉強は，そうした勉強仲間を社外にもつ女性ベテラン経理職を増やしている可能性がある。

つぎに，彼女らが，ここ5,6年の間職場で心がけてきたことをみてみよう。まず，ベテラン経理職と他の中高年経理職とを問わず比率が高いものに，「仕事を正確に丁寧に仕上げる」（約7割）や「上司にきちんと意見を言う」（約6割）がある。他の中高年経理職よりもベテラン経理職が多く心がけて

いるものには「上司の期待を早めの察知し，言われる前に実行する」があり（52.5％＞24.9％），また「普段から自発的に勉強しておく」があり（65.0％＞34.7％），いずれも他の中高年経理職の2倍近い比率となっている。

　労働問題の研究や環境条件や，とりわけ経営者側の行動に主因を求めるものが多いが，このような結果からもても，労働者自身の行動にもっと研究の焦点を当てるべきであろうと思われる。

3.6　女性ベテラン経理職の定着要因

　先に，現在の職場では女性ベテラン経理職は勤続年数が同輩の女性経理職よりも長くはないが，いままでの職場では長く経理職をやってきたことをみた。そうすると，やはり上のように自助努力を怠らない女性ベテラン経理職を長く勤務させることが，企業にとっては貴重な人材確保の重要な方法であるということになろう。

　では，定着を支えた要因は何か。

　まず，ベテラン経理職にいまの会社に勤め続けている理由を聞いた。「仕事を自由にやらせてもらえた」がもっとも高く，一般の中高年経理職のそれを上回っている（58.8％＞44.2％）。これに続くのが「与えられた仕事が自分に向いていた」だが，そこには他の中高年経理職との差はみられない。大きな差があるのは「実績に応じて賃金が出た」（26.0％＞9.7％），「知識や技能が生かせる会社だった」（36.6％＞10.7％），さらに「会社や職場を自分の力で動かすことができた」（26.0％＞6.5％）である。

　これからみれば，女性経理職の力を認め，それを活かしてやり，活用に見合った処遇をする，ということが基本的な定着対策になろう。

　逆にベテラン経理職で指摘が少なかったものには，「家に近かった」「社会保険制度が整っていた」があり，近隣で労働力を確保したり，時短を行なったり，社会保険をきちんとしたりしたからといって必ずしも優れた経理職を確保はできない，ということになる。

　そうはいっても，基本的な労働条件を含め企業側の態度行動も，かような女性ベテラン経理職の活躍には影響をするだろう。中高年者全般に対する会社の態度を，本人に評価させると，女性ベテラン経理職には「極めて暖か

い」とする者が，他の中高年経理職の 11.5% に対して 37.9% とかなり多い。また，「やや冷たい」と「冷たい」との評価の合計は，他の中高年経理職の 23.0% に対して 6.9% と少ない。その本人に対する会社側の態度を評価してもらうと，女性ベテラン経理職で「極めて暖かい」と評価する者が，他の中高年経理職の 9.8% に対して 34.5% とかなり多く，「どちらでもない」「やや冷たい」「冷たい」のいずれにおいてもベテラン経理職のほうに指摘が少ない。「長年会社に貢献した人が報われていない」とする者はより少ない (14.4% < 34.2%)。「力のない経営者の家族がいい地位に就いている」(9.9% < 23.1%) といった経営者に対する不満も，より少なくなっているのである。また彼女らの年間賃金の平均は，その他の中高年経理職を 100 として，131 の水準にある。

4 すぐれた事例から学ぶ必要性

　概して中小企業の労働条件は悪いといわれる。また人材の質が低いとすらいわれる。さらに，女性は，また中高年はより低い地位に置かれるともいわれる。しかしこのように重要な職掌，たとえば技能工と経理を選び，そこで優れた力を発揮していると思われる中高年女性を取り上げてみれば，自助努力の意欲は高く，仕事の幅は広く，権限も深く，また企業もそれに応じた処遇をしていると思われる。中小企業の研究を大企業との比較だけで平均像を描いて終わりとしてはいけない理由であるし，また男女の比較だけで終えてはいけない所以でもあり，また女性労働者をひとくくりにして議論してわかったつもりになってはいけない所以でもある。

参考文献
東京都立労働研究所（都労研）(1994)『ベテラン技能者の定着条件に関する調査』東京都立労働研究所。
　———— (2001)『不況下の職場を支えるベテランミドル』東京都立労働研究所。

第Ⅵ章　中小企業の外国人労働者
日本人労働者との人間関係

尾形　隆彰

1　はじめに

　外国人労働者問題は，単に労働問題であるばかりではなく，社会問題のひとつであるということに異を唱える人はいないだろう。しかしそれは，たとえばアメリカ合衆国やオーストラリアのような移民国家の場合には，主として「移民問題」として考えられ，独，英，仏など欧州の先進諸国やシンガポール，台湾，マレーシアのように正規就労者や難民を多く受け入れてきた国・地域では，まさに「外国人労働者問題」として捉えられている。それに比べてわが国のように正規就労を認められた外国人労働者が極端に少ない国では，これは「違法就労者問題」として捉えられることが多い。このように「問題」は，それぞれの国や地域のより異なって「問題化」されているのであり，「外国人労働者問題一般」というものはありえない。

　そもそもこれが社会問題である以上，最近興隆しつつある社会学や社会心理学における「構築主義」理論[1]の主張のように，そこには誰にとっても明らかな事実があるわけではなく，「それが問題だ」とする観察者の立場や視角によって，多様につくりあげられ（構築）された「事実」があるだけなのだという見方がある。われわれもこうした考え方に耳を傾けておくべきだろう。

　筆者は必ずしも構築主義社会学者ではなく，どちらかというとプリミティブな実証主義者なのだが，こと，この問題のわが国での取り上げられ方をみていると，こうした批判的な見方を無視するわけにはいかないからだ。その意味からも，まずはこれが「問題化」されたときから現在に至るまでの過程

を簡単に振り返っておくことにしたい。

2 外国人労働者に関する「言説」

わが国で「外国人労働者問題」がクローズアップされたのは，在日特別定住者の問題をおくとすれば，大きく分けて3つの時期があったと筆者は考えている。

その最初は，空前の好景気のもとで中小企業における人手不足が深刻化した1970年代末から，バブルが崩壊する80年代末までの時期だ。当時，査免措置のあったイラン，パキスタン，バングラデシュなどからの労働者が大量流入し，ビザ取得基準も甘かったこともあって，タイなど東南アジアから労働者が急増した。また就労許可の与えられた南米からのいわゆる日系人（定住ビザ）の労働者が来日し，さらには厳密には労働者とはいえないが，中小企業への研修生や就学生もいわば労働者と非労働者の狭間（尾形1992）にありながら，実質的に人手不足の解消に貢献していた。

この時期における論議は，大きく2つに分かれた。そのひとつは後述する（労働）経済学の論者や政府の公式見解に代表されるもので，外国人労働者の流入は受入れ国にとっても，送り出し国の経済，社会にとっても有害であり，両国の社会にさまざまな問題を引き起こす可能性があるので，極力慎重を期すべきだという慎重・消極論である。もうひとつは当時厳しかった人手不足の解消を求める企業から導入期待論と，それとはまったく別の文脈から出た途上国の貧しい人々への援助を強調する同情論，あるいはそれが日本の経済・社会の国際化に貢献するなどのといった観点からの積極導入論などであった。ここでその正否は問わないが，両者に共通しているのは，あまり実際のデータにもとづかない議論が多かったことにある。そのデータとは，わが国における現実の流入状況にもとづいた経済効果，実際に起こっている労

---

1) その由来はH. ベッカーなどの逸脱・犯罪研究にまで遡れるが，方法論的に体系化したのはJ. キツセやB. スペクターなどの社会学者である。さしあたっては，Kistse and Spector（1975）や平・中川（2000）を参照。

使関係や労働者意識，さらには日本人の態度といった最低限のデータである。実際には，こうした議論の際に取り上げられたのは，せいぜい先に述べたような歴史的背景や人口比のまったく異なるあれこれの外国事例で，それらを自説に都合のよい部分のみ援用して議論が展開されていた部分が大きい。要するにこの時期にあらわれた「外国人労働者問題」に関する言説は，「データを欠いた是非論」であり，かえってそれゆえ各論者の主観的立場がその「言説」によくあらわれていたといえよう。

　第二の時期は，バブル崩壊から1990年代の末までである。この時期でも先にあった2つの対立する主張の基本的構図に変わりはなかったが，経済学的論議についても貿易要因や送金の経済効果に関する学説も紹介され，さらには個別国家の歴史的・経済的・社会的状況によってその評価は単純なものではないこともしだいに明らかになっていく。また不況→即仕事の奪い合い→外国人への敵視といった短絡的な現象は起きてはいないことなども，われわれ研究所の調査をはじめとする実証的データが蓄積されはじめ，議論が冷却化・客観化しはじめた。また，わが国における外国人労働者の数や人口比が，非合法の「単純」労働者ばかりか合法の「専門的」労働者についても例外的に少ないということも明らかになり，皮相な経済理論や政治論議で将来を論じることに対する疑問も提起されるようになっていった。実際，少ないとはいえ当時すでに30万人弱の「違法就労者」働いており，合法就労者も20万人強あることがわかってくると，まずはこうした人々の就労実態がどうなっているのかを客観的に把握しておかねばならないという認識が広まったのである。各論者の立場は異なるものの，「言説」が冷却化されたともいうべき時期だろう。

　第三の時期は，上の議論などとはまったく別の文脈から発生した。それは一部外国の職業的な犯罪集団が，防犯の甘いわが国を目指して侵入することによって引き起こされた。こうした犯罪者は，深刻化する不況で求職難になった違法就労者や不法上陸者（6〜10万人が常識といわれる）を利用し，また日本の犯罪組織や犯罪者と結びついて凶悪犯罪をするようになった。そもそもこうした職業的な犯罪者は，外国人「労働者」の範疇で語られるべき存在ではないのだが，いまや「外国人労働者」＝犯罪者といった「言説」が研

究者や政策担当者の思いを越えて蔓延しつつある。外国人労働者の多さがそのまま犯罪の多さにつながるものではないことは，合衆国におけるヒスパニックと市民権を持つアメリカ人犯罪者の関係をみれば明らかだし，欧州や東南アジアの中進諸国，また労働力の6割が外国人というアラブ首長国など中東諸国の例をみてもそういえるのだ。しかしわが国では，この間そうした冷静な見方を超えて急速に「外国人労働者＝犯罪者」といった「言説」が一般化してしまった。

3つの時期区分を要約すると，「データを欠いた論争期」，「データ蓄積の冷却期」，「外国人労働者への犯罪視期」となろう。筆者は，構築主義者ではないので，こうした言説分析でこと足れりとするわけにはいかないが，この問題がひとつの社会「問題」である以上，こうした批判的な観点は重要だと思うのである。研究者であれ政策担当者であれ「専門家」として社会問題の対面するときには，往々にしてわれわれは自らに都合のよい観点から「事実」をあげつらい，問題を「構築」してしまうことは第一の時期をみれば明らかだし，それはまだ現在も依然として続いていると知るべきである。またこうした「専門家」の思いを超えて世論がひとり歩きしてしまうこともあり，それを放置することは知の怠慢のそしりをえないだろう。

当然ながら，われわれ研究所の研究員も，それぞれ異なった立場や見解を保有していたことは言うまでもない。しかし重要だったのはそうした相違を乗り越え，何が実際の労働現場で起こっており，それにかかわる人たちはどのような態度や意識状況にあったのかを知ることが重要だと考えたのである。それが「違法就労」かどうかの是非を問う前に，まずは何が起こっているのかを知ることが実証主義者の役割だと考えたからだ。構築主義者が，「人々は何が問題だといっているのか」という問いを発すとすれば，われわれは「確かに絶対的な『事実』などは存在しないのかもしれないが，何が起こっているのかを少しでも知りたい」と思ったからだ。

3 都労研調査の背景・対象・方法

3.1 研究の背景と課題

東京都立労働研究所（以下，「都労研」と略称）が，外国人労働者に対する調査を開始したのは1988年のことである。

当時はバブル末期の好況で産業界は深刻な人手不足のただなかにあり，そのために引き寄せられたさまざまな外国人労働者がすでに多量に働いており，ある意味では，わが国の労働市場の一部を構造的に構成しはじめていたといってもよいだろう。「都内でも外国人就労をめぐる労務問題も増加傾向にあり，都内労政事務所でも就労に関連した相談件数が急増」していた（都労研1991）。このころは外国人労働者像をめぐって，さまざまなステレオタイプ化されたイメージが持たれていた。それらは個人的経験やマスコミ報道によって断片的に構成された不確かなものだったり，ときには先入観による偏見や思い込みによる同情心だったりする傾向がなかったとはいえない。そこで研究所としては「労働界や産業界が外国人就労に関して適切な措置とサービスを打ち出そうとするならば……その対象に限りなく接近する試みをしなければならない」（同上）として，調査を実施したものである。実際，当時はすでに述べたように，外国人労働者導入の是非をめぐって議論をすることがひとつの流行のようになっており，各論者が選択的に言及する海外事例や，わが国での断片的な事実をもとに，延々と議論ばかりが展開されるという状態だった。

当時こうした事実確認の少なさに痺れをきたし，まずは自分たちの手でファクト・ファインディングを試みたのは東京都だけではなく，いくつかの自治体や経済団体も先駆的に取り組みはじめていたのである（手塚1991）。しかしわれわれの調査はその調査規模のみならず，方法のユニークさにおいても群を抜くものだったといえる。

その特徴を列挙すると，

①研究所の設立の趣旨からも，これまで研究蓄積の少なかった中小企業への研究を重視し，そこに働く労働者や経営者の経営環境に貢献することが調査研究の中心に据えられていた。当然，急増していた外国人の多くはこうした中小零細企業に働いており，そのなかのかなりの部分が資格外活動——いわゆる不法就労——の外国人労働者であると思われた。こうした分野の労使関

係と労働の実態を重視した。

②同時に他の自治体や半公的期間の行なった調査はほとんどその事業主に対するものだったが，研究所は外国人本人に対しても聞き取りおよびアンケート調査を行なった。

③さらに日本人従業員に対しても聞き取りやアンケート調査を実施したことで，これは国際的にも注目され，国際労働機構（ILO）によって英文に翻訳された。

④最初の調査時点は 1989 年であったが，その後のバブル崩壊による急速な経済悪化のもとで，外国人の雇用そのものや生活，そして日本人との関係がどうなったかを再度調査した。その意味では調査が時間をおいて繰り返されたことで，景気変動と雇用の関係に関する実証的なデータを提供したことも重要な点であった。

⑤ひとくちに「外国人」といっても，その属性や出身国によって事情は大きく異なるという認識から，後半の調査は，まずは性別に区分して複数の送り出し国を特定してより具体的で精密な調査を行なったことなどもユニークな点である。

今の時点でこう書くと，いかにも簡単なことのように思われるかもしれない。しかし当時，不法滞在を発見したら通報義務があるとされている公的機関が，不法就労者やそれを雇う雇用主を含んだ対象の調査をすること自体が問題視されかねない時代だった。もちろん数年後には，厚生労働省（元労働省）が，全国的規模の不法就労外国人の管理調査（労働省職業安定課 1993）を実施しはじめたのだから，何を躊躇していたのかと思われるかもしれない。しかし当時は，都のような公的機関の研究所がこうした調査の実施に踏み切ったこと自体が画期的で，ユニークなことでもあったのである。

3.2 調査の焦点と方法

この研究の全過程は，4つの調査によって構成されている。それぞれの問題意識と調査方法などを列挙しよう。

調査①（都労研 1991）

調査名称：（報告書の題名）「東京都における外国人労働者の就労実態」

問題意識：東京都の中小企業で働く外国人労働者の実態のファクト・ファインディング

　　　　　とくに外国人の雇用状況や条件，日本人との関係について相互に悪感情が発生しているのか，また日本人経営者や労働者は外国人に差別的で外国人は憤っているのか？

調査時点：1989～90年で，経済状況はバブル末期の好況時

調査方法：主としてアンケート調査だが，その補助として各対象にインタビューも実施

調査対象：東京都内の10人以上100人未満の全事業所からサンプリングしその事業主にアンケートを郵送配布，回収した。またその事業所の日本人従業員にもアンケート調査票を配布してもらい郵送回収した。またその企業に外国人労働者がいるときには，個別にインタビューさせてもらい，一部はアンケート調査にも答えてもらった。さらに別途日本語学校を訪れ，就学生たちにアンケート調査を依頼した。

　　　　a）事業主　　　　　　　　　　2,080人（有効回答率40.0％）
　　　　　　外国人雇用事業所　　　　　223箇所（人）
　　　　　　外国人非雇用事業所　　　　1,857箇所（人）
　　　　b）日本人労働者　　　　　　　794人（有効回答率36.2％）
　　　　　　外国人雇用職場の労働者　　276人
　　　　　　外国人非雇用職場の労働者　518人
　　　　c）外国人労働者
　　　　　　上の外国人雇用企業に働く労働者やそれ以外（就学生など）の労働経験保有者　　793人

調査②（都労研1995）

　調査名称：「外国人労働者のコミュニケーションと人間関係　PART-1」

　問題意識：好景気は去り深刻な不況に突入した。それによって外国人労働者の雇用状況や生活状況はどう変わったのか。また，彼らと接する日本人経営者屋従業員たちの態度はどう変わったのかを調査した。よくいわれているように，不景気のもとでは外国人が

優先的に雇用機会を失い，さらには狭まった雇用機会をめぐって日本人との間に軋轢が生じているというがそれは本当なのかなどについて，前回とほぼ同じ対象と調査方法という設定で調査を行なうことで，これらを検証することとした。ただ，外国人労働者本人へのアンケート調査だけはつぎの③の調査に回すことにした。

調査時点：1993年で，バブル景気は崩壊し不況が深刻になりはじめた。

調査方法：前回と同じ。

調査対象：前回と同じだが，外国人労働者については前回調査では就学生の比率が多かったので，分離して後年に回した。

  a）事業主　　　　　　　　　　1,731人（有効回答率34.8％）
   外国人雇用事業所　　　　286箇所（人）
   外国人非雇用事業所　　　1,445箇所（人）
  b）日本人労働者　　　　　　　908人（有効回答率36.2％）
   外国人雇用職場の労働者　254人
   外国人非雇用職場の労働者　654人

調査③（都労研1996）

調査名称：「外国人労働者のコミュニケーションと人間関係　PART-2」

問題意識：ひとくちに「外国人労働者」といっても，出身国，性別，出稼ぎ理由などさまざまな要因によってきわめて多様である。そこでこの年は男性労働者に限定したうえで，国籍も韓国，中国，タイ，インドネシア，バングラデシュの5カ国からの労働者にだけを対象とした。ますます悪化する景況のもとでの雇用・勤労状況，とくに同国人間での職業紹介や生活援助の状況，エスニック・ビジネスのサポート状況も詳しく調べた。ほかに外国人労働者にとって日本語の熟達がどの程度必須なものか，日本人との人間関係などにについて彼らがどう考えているのかなども調べた。また，彼らは長期にわたる日本滞在や定住を求めているのかなどについても意見を聞いている。

調査時点：1994年，景気はいっそう下降し，外国人と日本人の雇用環境

はともに悪化。
調査方法：アンケート票にもとづくインタビューが基本だが，一部は自計式のアンケートとして回答を求めた。
調査対象：男性。国籍も韓国，中国，タイ，インドネシア，バングラデシュの5カ国に限定。東京都およびその近県で働く人で，極力滞在期限の過ぎた「違法就労者」やそれに近い人々のデータを集めた。その結果，韓国25人，中国人24，タイ20人，インドネシア30人，バングラデシュ50人，合計149人のケース・データを得た。

調査④（都労研 1999）
調査名称：「外国人労働者のコミュニケーションと人間関係　PART-3」
問題意識：上の問題意識からこの回は女性を対象とした。出身国も韓国，中国，タイ，フィリピンの4カ国に定めた。
調査時点：1998年，景気はますます悪化した。98年の秋にはアジア経済不況の嵐も吹きはじめる。
調査方法：前回と同様に，アンケート票にもとづくインビューが基本だが，一部は自計式のアンケートとして回答を求めた。
調査対象：女性。国籍も韓国，中国，タイ，フィリピンの4カ国に限定。東京都およびその近県で働く人で，滞在期限の過ぎた「違法就労者」や極力それに近い人のデータを集めた。その結果，韓国人30，中国人30，タイ人32，フィリピン人25，合計117人のケース・データを得た。

4　発見された事実

都労研調査から浮かび上がってきた事実関係を列挙してみる。

4.1　好況時における外国人雇用と人間関係
1980年代末までの企業——とりわけ中小企業——における外国人雇用の

主たる目的（複数選択）は，ひとくちにいって「人手不足の解消策」であったことは図Ⅵ-1から明らかである。こうした需要に答えたのが，観光ビザなどで来日し，オーバー・ステイをしながら違法就労したアジア系の外国人労働者や，就労資格もある場合が多い南米系の日系人（都内の場合は意外と少ない）や就・留学生だったことは言うまでもない。

こうした外国人労働者の働きぶりに対する事業主の評価は，図Ⅵ-2にみるように非常に高い。「人手不足で仕方なく雇ってみたが，勤務態度の悪い日本人の若者よりよっぽどいい」などというインタビュー意見をよく聞いたが，こうした評価の高さにそのことがよくあらわれている。なお，先の図には，外国人を雇ったことのない企業の事業主の回答結果も参考までに記載されている。雇用経験もない人に意見を求めること自体が不適切だといってしまえばそれまでだが，それはそれとして結果はきわめて明瞭である。すなわち雇用経験のない事業主は，経験者と比べてかなり強く否定的な評価をしている，否，想像して評価していることがわかる。

繁雑になるのでここでは日本人労働者の回答結果は示さないが，彼・彼女らの評価は経営者のそれほどではないが，やはり非常に良好である。それに対して，外国人と一緒に働いたことのない日本人労働者の（想像による）評価は，経営者よりもいっそう否定的になっている。つまり評価の高い順に並

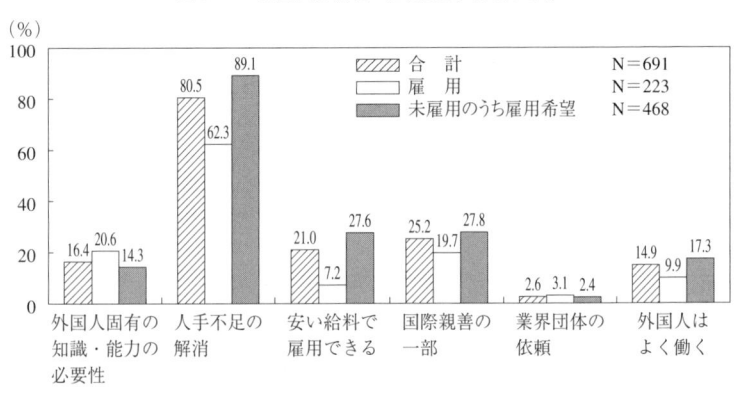

図Ⅵ-1　外国人労働者の雇用動機（複数回答）

	合計	雇用	未雇用のうち雇用希望
	N=691	N=223	N=468
外国人固有の知識・能力の必要性	16.4	20.6	14.3
人手不足の解消	80.5	62.3	89.1
安い給料で雇用できる	21.0	7.2	27.6
国際親善の一部	25.2	19.7	27.8
業界団体の依頼	2.6	3.1	2.4
外国人はよく働く	14.9	9.9	17.3

出所：都労研（1991: 14）より。

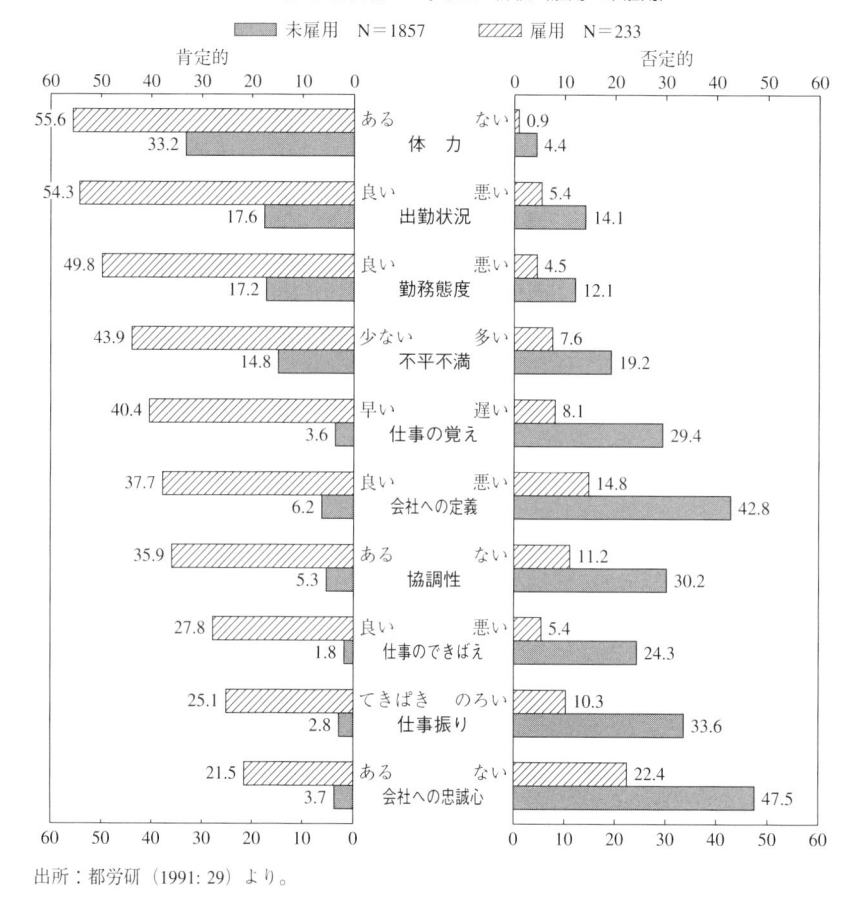

図Ⅵ-2 外国人労働者への事業主の評価（雇用・未雇用）

未雇用 N=1857　雇用 N=233

項目	肯定的（雇用）	肯定的（未雇用）	否定的（雇用）	否定的（未雇用）
体力（ある／ない）	55.6	33.2	0.9	4.4
出勤状況（良い／悪い）	54.3	17.6	5.4	14.1
勤務態度（良い／悪い）	49.8	17.2	4.5	12.1
不平不満（少ない／多い）	43.9	14.8	7.6	19.2
仕事の覚え（早い／遅い）	40.4	3.6	8.1	29.4
会社への定義（良い／悪い）	37.7	6.2	14.8	42.8
協調性（ある／ない）	35.9	5.3	11.2	30.2
仕事のできばえ（良い／悪い）	27.8	1.8	5.4	24.3
仕事振り（てきぱき／のろい）	25.1	2.8	10.3	33.6
会社への忠誠心（ある／ない）	21.5	3.7	22.4	47.5

出所：都労研（1991: 29）より。

べると，「雇用企業の事業主」→「雇用企業の日本人従業員」……かなり大きな差があって→「非雇用企業の事業主」→「雇用企業の日本人従業員」という順になる。こうした傾向は，調査でこれ以外に行なわれた質問，たとえば「職場での仕事を巡る人間関係」や「つきあいの状況」，「外国人雇用を今後増やすべきか」などといった外国人に直接かかわる問題に関する意見でも同様の順序・結果となっている。当然といえば当然なのかもしれないが，外国人と実際に一緒に働いているかどうかが，評価の分かれ目なのである。

つぎに外国人自身の意見だが，調査手法の限界によりサンプルに就学生が

多くなりすぎている点に難があるのだが,図Ⅵ-3 にみるように仕事自体にはある程度満足しており,職場の人間関係もかなり良好な状態であることがうかがえる。実際,「仕事の上で協力し合う」日本人がいるとした人は5割を超え,「困った時に相談する」日本人がいるとした人は 42.7%,日本人と「仕事の後に食事をしたり飲みにいく」という人も 34.7% いるなど,相互の関係はほぼ良好なようである。なおこのときには,賃金などに対する不満などに関して具体的な調査を行なってはいないが,筆者が同時期に行なった神奈川県の就学生に対するアンケート調査(尾形 1992)によると,日本人との間に賃金差があり「日本人の方が高い」と感じる人は 43.9% あり,「日本人と同じ」という人は 23.1%,「日本人より高い」(3.4%),「無回答」(23.3

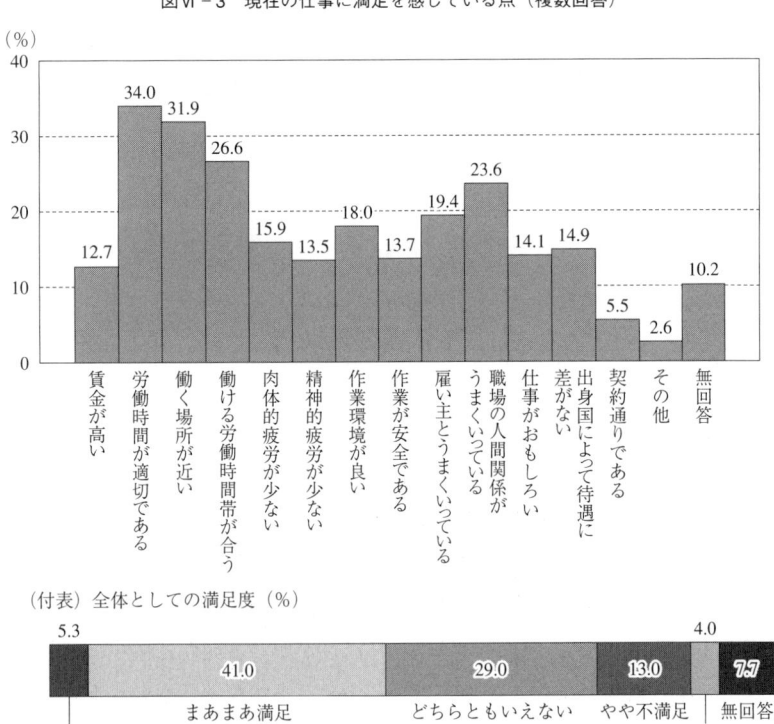

図Ⅵ-3 現在の仕事に満足を感じている点（複数回答）

項目	%
賃金が高い	12.7
労働時間が適切である	34.0
働く場所が近い	31.9
働ける労働時間帯が合う	26.6
肉体的疲労が少ない	15.9
精神的疲労が少ない	13.5
作業環境が良い	18.0
作業が安全である	13.7
雇い主とうまくいっている	19.4
職場の人間関係がうまくいっている	23.6
仕事がおもしろい	14.1
出身国によって待遇に差がない	14.9
契約通りである	5.5
その他	2.6
無回答	10.2

(付表) 全体としての満足度 (%)

とても満足	まあまあ満足	どちらともいえない	やや不満足	とても不満足	無回答
5.3	41.0	29.0	13.0	4.0	7.7

出所:都労研 (1991: 171, 170) より。

%）という結果になっている。やはり賃金に対する不満は，それなりにあるというべきだろう。

4.2 不況下での日本人の外国人労働者観の変化

前述の結果は，経済の好調期での話なのだから，外国人労働者の評価や日本人との関係が良好だったのはけだし当然なのかもしれない。では，一転して不況となった後の1993年に行なわれた調査結果ではどうなったのだろうか。ただ注意すべきなのは，93年という時期は，景気が悪化したとはいっても，90年代後半からのような「どん底」というほどの状態ではなかったことだ。とはいっても，有効求人倍率は，1990年8月には2.32だったものが，93年同月には1.18にまで落ち込んでおり，環境は外国人のみならず日本人労働者にとっても猶予ならざる事態になってきたのである。こうした事態に，外国人を雇用する中小企業の経営者はどう対応したのだろうか。

まずこのような不景気にもかかわらず，同じサンプリングで実施された調査に「外国人を雇用している」と回答した企業は，10.7％から16.5％へと増加している。この点は労働省が実施を始めた調査（労働省1993）でも同じような結果があらわれており，不況にもかかわらず外国人の入職率が転職率を上回っている。不況にもかかわらず――あるいは不況だからこそという側面も見逃せないが――外国人の雇用は拡大していたのである。

さらに不況を理由に，外国人労働者を優先的に解雇したことがあるかどうか知ろうと，外国人の退職者の有無を確かめた。その結果「過去3-4年でやめた外国人がいた」事業所は66.1％に達しており，離職者は少なかったわけではない。しかしその退職理由（複数回答）を答えてもらったところ，表Ⅵ-1にみるように，不況を直接の理由に解雇したと推測される例は少ないようだ。たしかに，なかには「人手が不必要になって」とか「日本人と合わず」など，問題の存在を示唆する結果もあり，図の表則によるクロスをみると，それは企業業績の如何と関係しているようだ。しかしそれらは少数事例であり，全体としてみれば不況を外国人の解雇で切り抜けようとする経営者などは，むしろ少なかったというべきだろう。もちろんアンケート調査票ではあまり露骨な質問もできないので，「今後不況で人員削減が必要になった

表Ⅵ-1 業種別退職理由（複数回答）

(単位：%)

	退職者のいる企業数	人手が必要なくなった	日本人が採用できた	日本人と合わず	期待に応えてくれず	トラブルを起こした	本人の求める処遇に応じられない	本人の個人的事情	契約などの期間が満了	外国人雇用の規制が強まった	その他
全　体	189社	6.3	0.5	10.1	15.3	6.3	9.5	66.7	20.6	4.2	6.3
上向き	40	5.0	―	2.5	15.0	7.5	5.0	67.5	25.0	5.0	7.5
横ばい	57	3.5	―	7.0	14.0	3.5	8.8	66.7	14.0	5.3	7.0
やや下向き	56	5.4	―	12.5	19.6	5.4	8.9	66.1	26.8	1.8	5.4
かなり下向き	33	15.2	3.0	21.2	12.1	12.1	15.2	69.7	12.1	6.1	6.1
不明・無回答	3	―	―	―	―	―	33.3	33.3	66.7	―	―

出所：都労研（1995: 59）より。

時に日本人と外国人のどちらを先に削減するか」という，仮定のうえでの質問を行なった。その結果「外国人を先に解雇する」と答えた事業主も12.9%はいたが，「区別しない」とする企業が71.7%に達し（「日本人を先に解雇する」は1.4%），経営者が外国人を雇用のバッファーにしようと考えているとは思いがたい。

　以上のような外国への対応は，むしろ外国人労働者の仕事ぶりに対する経営者や日本人労働者からの評価に如実にあらわれている。図Ⅵ-4はすでに紹介した外国人労働者に対する評価を，前回-今回別，外国人雇用事業所-非雇用事業所別，その事業主-日本人労働者別に一括して示したものである。かなり見にくい図になってはいるが，たとえば「勤務態度」を例にとると，外国人雇用企業の事業主の「良い」という評価は，前回の49.8%から60.1%に高まっている。外国人のいる職場の日本人労働者の評価も，33.7%から40.9%とより高まっている。それに対して外国人非雇用の企業では，事業主は17.2%から11.3%とますます（推測）評価が下がっており，労働者のほうも20.1%から11.5%へと低下している。項目によって多少の違いはあるが，要するに外国人雇用企業の日本人は，不況にもかかわらず外国人への評価を高めており，非雇用企業の日本人はますます想像上の評価を下げているという結果なのである。要するに，外国人を雇っている企業の日本人経営者，従業員は不況になってもますます彼らへの評価を高めており，逆に雇ったこ

第Ⅵ章 中小企業の外国人労働者　143

図Ⅵ-4　外国人雇用・非雇用別外国人労働者への評価（好況期と不況期）

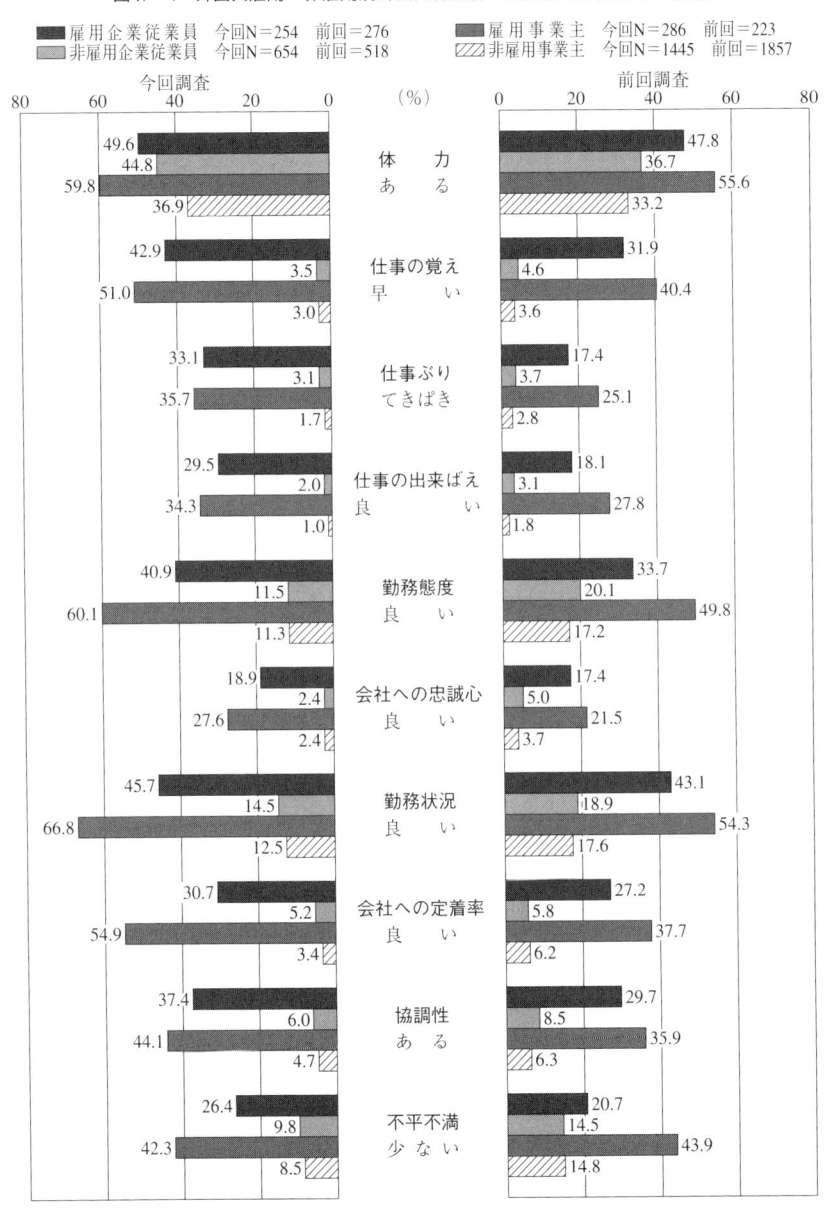

凡例：
- ■ 雇用企業従業員　今回N=254　前回=276
- ▨ 非雇用企業従業員　今回N=654　前回=518
- ■ 雇用事業主　今回N=286　前回=223
- ▨ 非雇用事業主　今回N=1445　前回=1857

評価項目	今回調査 雇用企業従業員	今回調査 非雇用企業従業員	今回調査 雇用事業主	今回調査 非雇用事業主	前回調査 雇用企業従業員	前回調査 非雇用企業従業員	前回調査 雇用事業主	前回調査 非雇用事業主
体力ある	49.6	44.8	59.8	36.9	47.8	36.7	55.6	33.2
仕事の覚え早い	42.9	3.5	51.0	3.0	31.9	4.6	40.4	3.6
仕事ぶりてきぱき	33.1	3.1	35.7	1.7	17.4	3.7	25.1	2.8
仕事の出来ばえ良い	29.5	2.0	34.3	1.0	18.1	3.1	27.8	1.8
勤務態度良い	40.9	11.5	60.1	11.3	33.7	20.1	49.8	17.2
会社への忠誠心良い	18.9	2.4	27.6	2.4	17.4	5.0	21.5	3.7
勤務状況良い	45.7	14.5	66.8	12.5	43.1	18.9	54.3	17.6
会社への定着率良い	30.7	5.2	54.9	3.4	27.2	5.8	37.7	6.2
協調性ある	37.4	6.0	44.1	4.7	29.7	8.5	35.9	6.3
不平不満少ない	26.4	9.8	42.3	8.5	20.7	14.5	43.9	14.8

出所：都労研（1995: 46）より。

とのない企業の経営者は，彼らと交流した経験がないので当然かもしれないが，低い評価がますます低くなっているのである。

以上をまとめて図示すると，図Ⅵ-5のようになる。

こうした傾向は，仕事をめぐる職場での諸問題や相互の人間関係などについてもほぼ同様である。ただ前回と多少異なっているのは，違法就労者を中心とする外国人労働者の過度な流入や，それと関連する社会問題などへの不安といった，いわば社会的な問題に関する意見については，全体に懸念や冷静な意見を表明する人が若干多くなってきている点である。おそらくこれは，労働市場の悪化や自らの職場で起こっている具体的経験から出てきたというよりは，マスコミなどによるさまざまな「事件」報道などによる影響が効いているのではないかというのが，非雇用の日本人経営者や労働者に直接インタビューした経験から筆者が感じた印象である。

ちなみに，外国人労働者と地域住民との関係を実証的に記述した調査（田嶋1998）によると，アジア系などの外国人労働者と日本人地域住民との接触機会は，職場での密接な接触機会に比べてきわめて限定されており，そのため両者の関係が親密になりにくいという。しかし新宿や池袋といった混住

図Ⅵ-5　外国人労働者への日本人（経営者，労働者）の評価
（好況期と不況期にかけて）

（不等号は開いたほうが評価が高いことを示す）

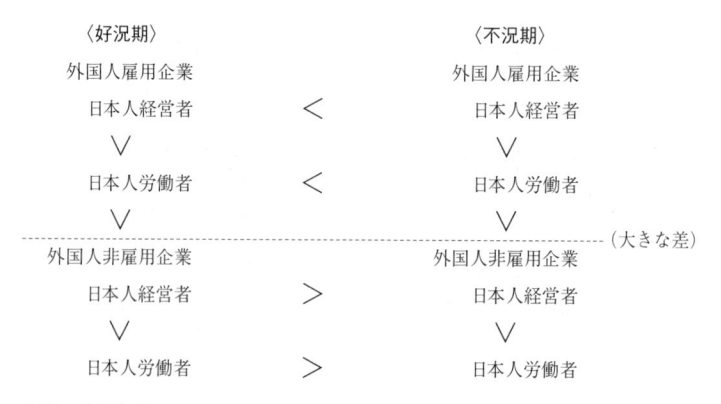

〈好況期〉		〈不況期〉
外国人雇用企業		外国人雇用企業
日本人経営者	<	日本人経営者
∨		∨
日本人労働者	<	日本人労働者
∨		∨
		（大きな差）
外国人非雇用企業		外国人非雇用企業
日本人経営者	>	日本人経営者
∨		∨
日本人労働者	>	日本人労働者

出所：筆者作成。

地域でも両者の間の対立関係が顕在化するというのは例外で，コミュニケーションの機会が増えれば両者の関係はかなり良好になりうるという可能性も論じられている。

　同じことは，筆者も加わり実施された群馬県や長野県など外国人多住地域における日本人住民との関係調査（日本労働研究機構1997）でもいえる。外国人労働者の居住者密度が高い地域ほど，外国人労働者への不安や否定的態度も強くなるといった傾向もみられるのだが，かといってそれは拒絶反応のようなものではなく，「街で良く見かけるがほとんどコミュニケーションをとったことがないので不気味だ」といった程度の反応に近いと思われる。実際，ゴミの捨て方などをめぐって外国人に注意したことのある町内会関係者は，「話してみれば同じ人間でむしろ日本人より礼儀正しく暖かい」などという人が多かった。問題は「密度」ではなくて，直接的なコミュニケーションの頻度なのではないだろうか。またこうした町では，外国人の存在が地域の活性化に役立つという意見の人も少なくない。

　いずれにしても両者の関係は，狭義の経済的関係だけからは説明できず，たとえば相互のコミュニケーションの質や頻度，行政の施策，全体社会の風潮や状況などといった総合的な社会関係によって，はじめて説明されるというべき問題なのである。

4.3　不況下における外国人労働者の状況

　不況が厳しさを増すなかで，外国人労働者自身の労働や生活，さらには日本人との関係はどうなったのだろうか。まず男性労働者（韓国，中国，タイ，インドネシア，バングラデシュ）を対象とした1994年実施の調査では，「不況のために職を失った経験がある」と答えた人は149人中45人（30.2％）あった。たしかに不況の影響は少なからずあったのである。ただ，そうした失業経験のある人でも，3カ月以内に再就職を果たしている人が半数に達しており，調査時に依然として失業していた人は11人（7.4％）だけだった。不況がいっそう厳しさを増した97年に行なわれた女性労働者（韓国，中国，タイ，フィリピン）を対象とした調査では，失業経験者は117人中わずかに19人（16.2％）と意外なほど少なかった。また，そうした失業経験者でも3

カ月以内に8割が再就職先を果たしている。こうしてみていくと，不況の影響がないわけではないが，意外と外国人の雇用状態は「安定的」だったのである。

こうした結果となった理由としては，以下のような事情もあったと思われる。

①先に述べた雇用企業の外国人に対する高い評価が関係していることは間違いあるまい。不景気になったからといって，いちど仕事に慣れ他の職場の従業員との関係もうまくいっている人を，外国人だからといって優先的に解雇するというほど日本の経営者は「排外主義者」でもないし，また暇でもないのである。

②ほかの理由としては，外国人労働者の間に同国人同士による職業紹介ネットワークのようなものができあがっており，来日時の就職紹介だけでなく失業期間中の生活諸援助を含めたバックアップ体制ができていた点も大きい。こうした事情は男性でも女性でも同じであることが，2つの調査に克明に描かれている。

③さらには日本人との労働条件の格差（図Ⅵ-6）があろう。もっとも2つの調査では，外国人労働者の賃金が日本人と比べて著しく低いという意見を述べる人はそれほど多くはなかった。事業主に対して行なった調査では，外国人だからといって賃金を低くしていると答えた経営者は1割しか存在しなかった。経営者の意見なので多少割り引いてみるべきだが，かといってあ

図Ⅵ-6　日本人と比べた賃金（％）

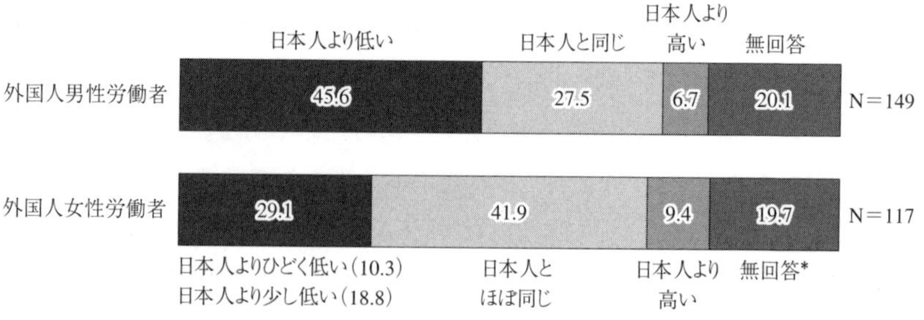

	日本人より低い	日本人と同じ	日本人より高い	無回答	
外国人男性労働者	45.6	27.5	6.7	20.1	N=149
外国人女性労働者	29.1	41.9	9.4	19.7	N=117
	日本人よりひどく低い(10.3) 日本人より少し低い(18.8)	日本人とほぼ同じ	日本人より高い	無回答*	

＊女性の無回答は，水商売関係者が「賃金」という形では回答できないという事情もある。

出所：都労研（1995, 1999）より作成。

からさまな差別をする経営が多いというわけでもないというのが，筆者の知りえた限りでの結論である。ではなぜ（図Ⅵ-6）のような結果になるのだろうか。インタビュー時に「日本人の方が高い」と答えた人の意見をよく聞いてみると，「低い」と感じる比較の相手は日本人「正社員」という場合が多かった。同じ日本人でもパートや臨時・アルバイトなどの「非正社員」の賃金が低く設定されている日本的な二重構造などは，外国人には理解を越えるのだろう。そうした賃金を与えられる自分たちが差別されていると感じるのも無理があるまい。「格差」がないわけではないのである。もちろんそれは日本人の間でも同じなので，必ずしも「外国人差別」だとはいい切れまい。

　④ほかに外国人雇用が減らない理由として，外国人相手のエスニック・ビジネスが開花し，ここで働く外国人も増えていることも大きい。移民が移民を呼ぶというこういった現象を「チェーン・マイグレーション」「移民の商業主義」（Abella 1992）ということもあり，わが国にもそうしたインフォーマルなインフラが築かれつつある。

　⑤ほかにも，不況でも日本人が就業を望まなかったり，高齢者ではとてもこなしきれない職種があり，それら職種のなかには外国人とバッティングしないという事情もあると思われる。もちろんそうはいっても，これ以上不況が長引けば，「外国人さえいなければ」という思いが一般者の間に強まってくるのかもしれない。しかし，繰り返しになるが，実際には外国人とともに働いた経験のある人々にそうした考えが一般化するとはあまり考えにくい。また，こうした職種部分をこの間外国人が担ってこなかったら，不況はより早く到来しその程度もより深刻化していたかもしれないのである。

4.4　日本人労働者と外国人労働者の人間関係

　日本人との人関係全般がどうなっているのかをみよう（図Ⅵ-7）。外国人男性では149人中58人（38.9％）が「非常に親しい友人がいる」と答え，「付き合いのある日本人がいる」とした人も59.7％にのぼった。逆に「いない」という人はわずかに6.7％（10人）だけだ。それどころか，その友人が「恋人」だという人が25人もいる。日本人との関係もなかなか良好なのである。事例調査でのインタビュー経験でも，「アパートが借りにくい」とか，

図Ⅵ-7　日本人の友人の有無（複数回答，%）

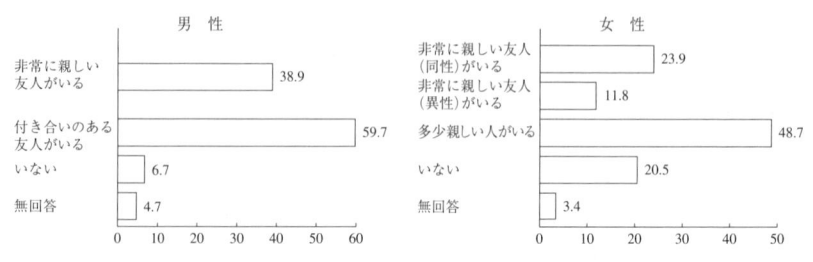

男性
- 非常に親しい友人がいる　38.9
- 付き合いのある友人がいる　59.7
- いない　6.7
- 無回答　4.7

女性
- 非常に親しい友人（同性）がいる　23.9
- 非常に親しい友人（異性）がいる　11.8
- 多少親しい人がいる　48.7
- いない　20.5
- 無回答　3.4

出所：都労研（1995,1999）より作成。

「職場にとくに嫌な日本人がいる」といった苦情を寄せる人がいなかったわけではないが，全体としてみれば，全般に日本人との関係は決して悪いとはいえなそうだった。女性労働者の場合も，若干質問が違ってはいるが，「非常に親しい友人（同性）がいる」人は117人中28人（23.9%）おり，「非常に親しい友人（異性）がいる」人も15人（11.8%）いる。「多少親しい人がいる」ならば57人（48.7%）もあり，いない人は24名（20.5%）だった。男性ほどかわりをもたない人が多いが，逆に交流機会がまったくない人は少数派なのである。ただケースを詳しくみていくと，水商売関係では日本人経営者との間に問題が起きているケースがかなりみられる。とくに，タイ人女性のケースには，明らかな人権侵害を日本人が犯していると思わざるをえないケースが少なくなかったし，ひどく深刻な事例もあった。ただしかし，そうした問題は少なくとも不況や労働市場とはフェーズの違った問題である。

　事例報告の個々のケースをすべて紹介できないのが残念だが，以上のように外国人労働者と日本人労働者の関係は，個々深刻な例を除けば，外国人自身の評価からでも全体としては決して悪いものではなかった。とくに日本人の経営者に対する評価は，多くの場合きわめて良好である。これは実際に真面目な経営者が多いことにもよるのだろうが，インタビューのときに「私の国の社長と比べたら比較にならないほどよい」という意見を多く聞いたのだから，相対評価の結果なのかもしれない。しかし彼らの評価は評価なのである。これを「客観的状態」を根拠に「良いはずはない」などと第三者的に評し，「不況になれば日本人が外国人を差別するに違いない」などと決めつける人がいるとすれば，その人は中小企業の経営者や日本人の労働者に対して，

「彼らは元来差別的なのだから差別しているはずだ」という憶測を述べていることになり，その人自身の日本人に対する差別意識を表明しているにすぎないのではないだろうか。

さて参考までに，女性労働者に「日本での生活の諸側面がどの程度辛いか」を聞いた結果（図Ⅵ-8）を掲げておこう。まず，全体に「辛い」と答えた人の比率がそれほど高くはないこと自体が興味深い発見である。とはいっても「住宅」の悩みをあげる人は4割強おり，この問題の困難さを物語っている。つぎが「仕事のきつさ・辛さ」で，水商売で働く人や，製造工場で働く人などにそう答える人が多かった。そのつぎが「働き口の確保」だが，不況にもかかわらずそれを辛いと答えた人は2割しかいない点がむしろ注目される。「職場の人間関係」にいたってはほとんどの人が気にならないと答えており，この結果をみても日本人との関係が悪いなどというのは強弁にすぎるだろう。このほかにも日本人一般に対するイメージなども質問しているが，回答は概して日本人に好意的で，いわれるほど日本人は嫌われているわけではなさそうである。

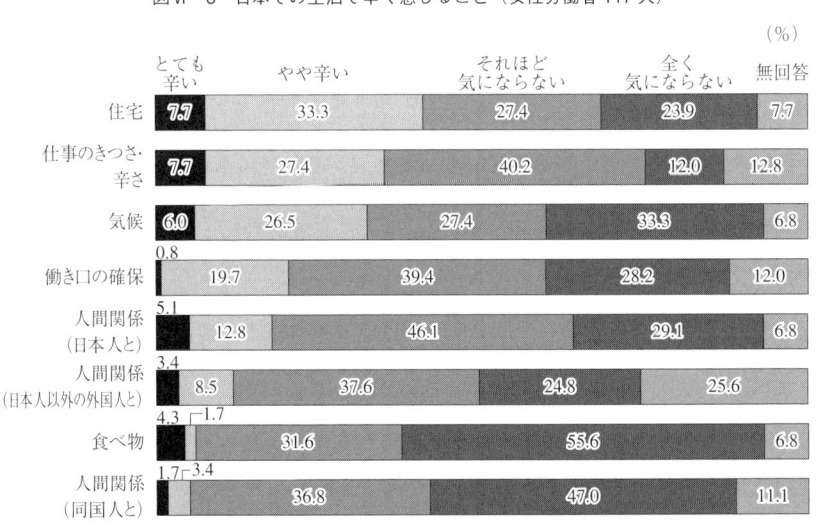

図Ⅵ-8 日本での生活で辛く感じること（女性労働者117人）

(%)

項目	とても辛い	やや辛い	それほど気にならない	全く気にならない	無回答
住宅	7.7	33.3	27.4	23.9	7.7
仕事のきつさ・辛さ	7.7	27.4	40.2	12.0	12.8
気候	6.0	26.5	27.4	33.3	6.8
働き口の確保	0.8	19.7	39.4	28.2	12.0
人間関係（日本人と）	5.1	12.8	46.1	29.1	6.8
人間関係（日本人以外の外国人と）	3.4	8.5	37.6	24.8	25.6
食べ物	4.3	1.7	31.6	55.6	6.8
人間関係（同国人と）	1.7	3.4	36.8	47.0	11.1

出所：都労研（1995: 148-150）より作成。

4.5 生活環境の「快適さ」とエスニック・ビジネス

ところで,こうした日本での生活のいわば「快適さ」には思わぬ落とし穴があることに,外国人労働者自身が気づきはじめている。というのは,各地にエスニック・ビジネスが花開き,食事や飲酒関連の遊興施設も整ってくるし[2],ビデオや新聞・雑誌による自国情報に接することも容易になる。また貯金も溜まってくると,彼・彼女たちも日本的に洒落た消費生活もしてみたくなりだすのも無理はない。しかし,物価の高いわが国でそういう暮らしをすればせっかく稼いだ金をあっという間に使い果たしてしまい,出稼ぎの目的が達成できなくなる。エスニック・ビジネスを中心とする外国人労働者の生活空間の「快適」は,定住志向者には便利でよいのだが,早期帰国を前提とする出稼ぎ志向の人には諸刃の剣になりかねない。

実際,筆者が日本とほぼ同じ調査票で台湾で働くタイ人の男性労働者に行なった調査(尾形1997)では,当地にはそうした環境が未整備なため,「生活しがたく辛い」という訴えが多かったが,反面無駄使いができないため貯金や送金は順調であるという皮肉な結果を得た。「快適さ」は,ときとして外国人労働者にとって必ずしも好条件となるとは限らないのである。

---

[2] 筆者がタイ人に向けたエスニック・レストランを試みに調べたところ,当時東京都では新宿地区に30軒強,錦糸町に10軒,蒲田に8軒があり,神奈川県では横浜中心部には15軒,座間などの工業地域に13軒,千葉県では蘇我,五井などの工業地域に12軒,茨城県との県境に8軒,茨城の筑波学園都市周辺や鹿島近くの工業地区に8軒などが観測された。また長野県では上田市,小諸市などに計8軒,軽井沢西や佐久市に3軒ずつ確認された。数え漏らしもあると思われるが,この倍数はありえないものと思われる。こうした店が経営を続けていくには,常時ではないにせよ1軒あたり100人から200人の客がないと存続しえないと思われる。そこから逆算すると,その地区のタイ人就労者が概算できることになる。新宿6,000人,錦糸町1,000人,上田市300人などというのが警察関係者からの聞き取りで得た数字だが,ほぼ上の算定による推測と一致している。当然ながら,こうした店にもタイ人の労働者が働いており,さまざまな情報交換の場となっていることは言うまでもない。もっとも,フィリピン人のようにあまり自国料理にこだわらない外国人もあるし,自宅で料理をすることを心情とするイスラム系の人々にはこうした推計はあたらない。なお上のタイ人向けのレストランは,現状では3分の1以下に急減し,とくに東京都での減少が著しい。これはタイ人労働者の減少もあるが,最近の取り締まりの効果が浸透したためだと思われれる。

5 「外国人労働者」像の見直し

　前節までで，一連の調査より明らかにされた主要な発見を紹介してきた。しかし一連の調査からは，ほかにも非常に興味深い発見が行なわれている。紙枚の関係から，そのすべてについて資料をあげて紹介することはできない。そこで以下では，そのなかから重要だと思われる点のいくつかについて，問題の所在と，調査から明らかにされた事項について簡潔に紹介しておこう。

5.1　日本へ出稼ぎに来る人々は「貧しくかわいそうな」人たちなのか？

　日本で働く違法就労を中心とする外国人労働者は，日本人の生活水準や彼・彼女たちの日本での状況からするとそういうことになるかもしれない。しかし来日した外国人の大半は，たとえばその学歴水準や自国での経済状態を考えれば，むしろかなり高い階層の出身者であることが多い。実際，海外渡航をするためには，たとえ借入金で来るとしても，それが可能な階層でなければならない。また与えられた仕事への習熟状況や語学習得などをみていても，かなり高い潜在的能力を持つ人々だと考えたほうが納得がゆく。

　また，なかには韓国からの労働者のように，自国がすでに経済成長を達成し，何も日本に来なくても，というような人々も多かった。ところが最近では，その韓国こそがオーバーステイ者数での第1位になっている。これは，自国での競争で遅れをとった人々のなかで，まだ野心のある人が「起死回生」を求めて来日しているとみるべきだろう。これは何も韓国のような国に当てはまることではなく，日本も含めた経済的先進国のほとんどの国の人々にも当てはまることなのではないだろうか。日本の若者でも，欧米豪への留学生（一説には「遊学生」ともいう）やミュージシャンや芸術家志向の違法就労者の多さを思うべきだろう。だとすれば，彼・彼女らを「貧しくてかわいそうな人々」と決めつけるのはいかにも失礼な話だろう。

5.2　外国人労働者は日本に住み着きたいと願っているのか？

　結論的には，当初の目的を達したら早く自国に帰りたいと考える人が圧倒的に多い。日本は住みにくい国だと思っているとか，嫌っているとは考えたくないが，少なくとも来日者が日本定住を虎視眈々と伺っているなどと考えるのは日本人の思い上がりだろう。ちなみにフィリピン人や中国人のなかには，「日本で稼いでアメリカやカナダに住みたい」という人が少なからずみられたこともつけ加えておこう。

　付言すれば，定住移民した外国人労働者は，必ず社会の下層に滞留してしまうと考えている向きが多いようだが，合衆国での最近の実証調査（Farley and Alba 2002）によると，中南米やアフリカなどからの移民はそうした事実も多いが，アジア系の 2 世や 3 世は，ヨーロッパからの移民どころか，一般のアメリカ白人の職業的地位や収入を上回る上昇異動を実現しているという。これをみるとこうした積極的なアジア系労働者が多いわが国が，いつまでも閉鎖的な姿勢をとっているのでは，この国の体質を強めるチャンスを自らつぶしているといわざるをえまい。

5.3　言葉の壁に悩んでいるのか？

　たしかに言葉の壁は小さくはないようだ。しかし人々に質問した結果によると，「仕事や日常生活に困るというほどではない」というのが平均的な回答である。留学生ならいざ知らず，職場や居住に必要な日本語は 3 カ月もすれば覚えてしまうというのが，彼・彼女たちの能力なのである。それを超える難しい意思疎通になれば，先輩や知り合いの留学生，日本人の友人を介してコミュニケートをしているというのが実態である。皮肉なことに，英語の得意な外国人ほど日本語の習得に遅れをとり，日本人に疎まれてしまうという事実も多くみられた。語学の下手なのは日本人のほうなのだ。

5.4　犯罪の温床になっているのか？

　研究所の調査ではこの問題を直接取り扱ってはいない。当時はこうした「問題」がクローズアップするとは思ってもみなかったからだ。そこでこの問いについては的確な発見はないのだが，インタビューのなかから感じたの

は，外国人同士での仲たがいや傷害事件があったという話は少なくはなく，そのほとんどが金の借り貸しのまつわるものだった。ただ日本人との間でのいざこざは，水商売・風俗関係の女性から以外にはあまり聞にしなかった。調査者には答えにくい質問だったのかもしれないが，「何かあれば捕まって帰国になってしまうから」というのが彼・彼女たちの解釈・意見だった。

　ちなみに，筆者が他の機会に行なった聞き取り調査によると，日本でも外国人労働者がもっとも多い地域のひとつといわれる群馬県の大田，大泉町や長野県の上田市では，病院の診療費踏み倒しやストアにおける万引きなどは，外国人よりは日本人が起こすほうが圧倒的に多いという。問題が多いのは風俗関係の女性だが，むろんその元凶は日本人のほうなのである。

5.5　送金は無駄になっているのではないか？

　まず送金ができているかどうかを聞いたところ，順調とはいえないまでもそれなりの送金は実現しているようだ。もちろん先に述べたようなエスニック・ビジネスの環境のよさによってしまい送金できなくなってしまう者もいて，人それぞれである。問題なのは理不尽な借金を課せられて働く女性労働者で，これは人身売買という犯罪問題の領域となっている。もっとも，彼女らのもっとも恐れているのは当局による摘発で，必ずしも救済機関からの救助ではないことも知っておくべきだろう。

　彼・彼女たちのなかには摘発を免れて大金を持ち帰ったにもかかわらず，博打に手を出し使い果たしてしまう例もあるようだが，これは個人の問題だ。

　なお，そもそも送金は送り出し国の経済に役立たないとする論者もいるが，送金を庭に植えておいたり，政府高官が収奪してスイス銀行に私腹を肥やしたりするのでない限り，何に使おうと国民経済は潤う。ただ，もっぱらそれがメイド・イン・ジャパンの消費に回わると（その可能性もかなり高いのだが），結局はこちらの利益になる。そうでなければ，そこで回収された資本が国内発展のための投資に回るか回らないかは，外国人労働者当人たちの問題ではなく，その国の政治体制の問題である。これを外国人労働者の「送金が役に立たない」という論拠にするのでは，失笑を買うだけである。

　ところで長期間外国に出ていると，送り出した家族に家庭崩壊が起こると

研究者たちに心配されることが多い。しかし，そうした事態に陥った国人労働者は少なかった。筆者が別の機会にタイの出稼ぎ県であるウドンタニ県・市を訪れて，関係者（県知事および市長，市民）にインタビューしたところでは，「出稼ぎ世帯は3,000軒にのぼるが，浮気問題などで問題化したのは3％もない。もっとも，そうした人は出稼ぎがなくてもそうなる人だ。どうして外国人研究者は，夫婦がいつも一緒にいないと家庭崩壊すると決めつけるのかわからない」と答えていたことを思い出す。これも証拠なしの邪推の典型例だろう。

6　わが国における「外国人労働者問題」

　最後に，この調査にかかわったひとりとして，「外国人労働者問題」についてひとこと述べたいと考える。これは決して調査に加わった研究員の平均的意見でもないし，いわんや東京都の公式見解でもない。事実発見を重視される方は次節に飛んでいただいても結構である。

6.1　例外国家としての日本
　こと外国人・外国人労働者に関する限り，先進国のなかでわが国はきわめて例外的な国であることは，ある意味ですべての論議の前提にするべきである。表Ⅵ-2（労働省外国人雇用課作成）をみれば，それは一目瞭然である。イタリアやスペインのような出稼ぎ国やフィンランドのような農業国を別とすれば，ドイツやフランス，オーストリアなど高度に産業化された欧州諸国は，自国労働力や人口に占める外国人の比率は，5～10％に達している。なかにはイギリスやオランダのように外国人の流入が大きいにもかかわらず，数字が小さい国もあるが，それは容易に帰化を認めてしまうためであろう。それを考慮すれば先進欧州諸国には，10％かそれをはるかに超える外国人労働者や，それに近い立場の人々が合法的に働いているものと思われる。
　他方，移民を容易に認めてしまう合衆国など表下段の3カ国では，センサスで出生国を調べているので，そのデータが掲載されている。なかでも推定

第Ⅵ章　中小企業の外国人労働者　155

表Ⅵ-2　OECD加盟国における外国人，移民及び労働力の人口

	外国人の人口と労働力							
	外国人人口[a]				外国人労働力[b]			
	（千人）		総人口に占める シェア（％）		（千人）		総労働力人口に 占めるシェア（％）	
	1986[c]	1996[d]	1986	1996	1986[e]	1996[f]	1986	1996
オーストリア	315	728	4.1	9.0	155	328	5.3	10.0
ベルギー	853	912	8.6	9.0	270	341	6.8	8.1
デンマーク	128	238	2.5	4.7	60	84	2.1	3.0
フィンランド	17	74	0.4	1.4	‥	19	‥	0.8
フランス	3,714	3,597	6.8	6.3	1,556	1,605	6.5	6.3
ドイツ	4,513	7,314	7.4	8.9	1,834	2.559	6.8	9.1
アイルランド	77	118	2.2	3.2	33	52	2.5	3.5
イタリア	450	1,096	0.8	2.0	285	332	1.3	1.7
日本	867	1,415	0.7	1.1	‥	630[g]	‥	0.9
ルクセンブルグ	97	143	26.3	34.1	59[h]	118[h]	35.6	53.8
オランダ	568	680	3.9	4.4	169	221	3.2	3.1
ノルウェー	109	158	2.6	3.6	49[i]	55[i]	2.3	2.6
ポルトガル	95	173	1.0	1.7	46	87	1.0	1.8
スペイン	293	539	0.8	1.3	58	162	0.4	1.0
スウェーデン	391	527	4.7	6.0	215	218	4.9	5.1
スイス	956	1,338	14.7	19.0	567[j]	709[j]	16.4	17.9
イギリス	1,820	1,972	3.2	3.4	815	878	3.4	3.4
	外国生まれの人口と労働力							
	外国生まれの人口[k]				外国生まれの労働力[k]			
	（千人）		総人口に占める シェア（％）		（千人）		総労働力人口に 占めるシェア（％）	
	1986[l]	1996	1986	1996	1986[l]	1996[m]	1986	1996
オーストラリア	3,247	3,908	20.8	21.1	1,901	2,239	25.4	24.6
カナダ	3,903	4,971	15.4	17.4	2,359	2,681	18.5	18.5
アメリカ	14,080	24,600	6.2	9.3	7,077	14,300	6.7	10.8

（備考）
1. OECD, *Trends in International Migration Annual Report 1998 Edition* より作成。原資料は各国資料による。
2. 表中のaからmまでは次のとおり。
   a　人口登録に基づく。ただし、フランスは国勢調査に、アイルランドとイギリスは労働力調査に、日本とスイスは外国人登録に、イタリア、ポルトガルとスペインは滞在許可に基づく。
   b　イタリア、ルクセンブルグ、オランダ、ノルウェー及びイギリスを除き、データには失業者を含む。オーストリア、ドイツ、ルクセンブルグは社会保障登録からのデータ、デンマーク、ノルウェイはそれぞれ人口登録、従業者登録からのデータ。イタリア、ポルトガル、スペイン、スイスは滞在及び就労許可からのデータ。日本、オランダの数字は各国統計局の推計値。その他の国は労働力調査からのデータ。
   c　フランスは1982年データ、ポルトガルは1988年データ。
   d　フランスは1990年データ。
   e　ノルウェー、ポルトガル、スペインは1988年データ、イタリアは1991年データ。
   f　デンマークは1995年データ。
   g　推計値で日系人、留学生、不法就労者を含む。
   h　越境労働者を含む。
   i　自営業者を除く。
   j　1年間の滞在許可又は定住許可を与えられた有益な活動に従事する外国人数。出稼ぎ労働者及び越境労働者は除く。
   k　国勢調査のデータに基づく。ただし、アメリカの1996年データは人口統計に基づく。
   l　アメリカは1980年データ。
   m　カナダは1991年データ。
出所：労働省外国人雇用安定課作成。

600万人もの違法越境者がいるといわれる合衆国では，この数字自体が意味をもたないともいえるが，把握できない人を除いても，少なくとも人口比10％近い外国人・外国人労働者が存在していることは間違いない。それに対しわが国の数字は，在日の特別永住者を含めても1～2％前後にしかならない。これらの統計にはいわゆるオーバー・ステイ者や違法越境（上陸）者は含まれていない。前者の概数は，日本では入出国記録がコンピュータで計算されているので，20万人強と同定できるが，欧州や合衆国ではそうしたデータをとっていないので，確たることは言えない。しかしドイツでは最低100万人おり，その他の国でも日本の人口比の数字の10倍近くが存在していることが常識だといわれる。

　同じことは違法越境者についてもいえる。日本には推定5万～10万人の違法上陸者が存在しているといわれるが，メキシコからだけでも500万人の違法越境者がいる合衆国（1980年代にアムネスティを条件に周到を申し出たら200万人を超える者が応じた）や，陸続きの国境なので流入を食い止ることが難しい欧州諸国には，やはり10倍以上の越境者がいることは間違いがないだろう。1993年にマドリッドで開催されたOECDの外国人労働者問題に対する国際会議で，「合法労働者の制限を開始したら違法越境者が急増した。この問題を解決する『魔法の杖』は存在しない」という議長演説があったことは，耳目に新しいところだ。アジアの中心諸国でも，たとえばシンガポールやマレーシア，台湾にはやはり労働力人口の10％を超える合法労働者が働いており，越境者も相当数存在している。ほかにも，アラブ首長国連邦には6割を超える外国人合法労働者が働いている。

　こうした数字をみるにつけても，日本という国がいかに例外的な国なのかがわかるだろう。この反論として，「わが国はいわゆる『単純労働者』を制限しているから少ないのだ」という声もあろうが，実は就労を許可された「専門的労働者」来訪者数も極端に少なく，一切を合算してもせいぜい20万人弱しか存在しない。これに留学生や，これだけはなぜか規制が緩い南米系の日系人「定住者」を含め，一切合を合算した数が，60万人プラスαであるという推計（表Ⅵ-3）（労働省外国人雇用課作成）もある。在日の人々を除くと，1％に満たないというのが，わが国の実情なのだ。

表Ⅵ-3 外国人労働者数等の推移と内訳

(推計:単位 万人)

		平成2年	平成4年	平成5年	平成6年	平成7年	平成8年	平成9年
外国人労働者(A)		26	58	61	62	61	63	65
	不法労働者	10.6	29.2	29.7	28.8	28.5	28.3	27.7
労働力人口(B)		6,384	6,578	6,615	6,645	6,666	6,711	6,787
	雇用者(C)	4,835	5,119	5,202	5,236	5,263	5,322	5,391
外国人労働者比率 (A)／(B)		0.4%	0.9%	0.9%	0.9%	0.9%	0.9%	1.1%
	(A)／(C)	0.5%	1.1%	1.2%	1.2%	1.2%	1.2%	1.2%

出所:外国人労働者数は法務省入国管理局資料に基づき、元労働省が推計。

平成9年の内訳

在留資格		外国人数
就労目的外国人	教授	5,086
	芸術	276
	宗教	5,061
	報道	420
	投資・経営	5,055
	法律・会計業務	58
	医療	131
	研究	2,462
	教育	7,769
	技術	12,874
	人文知識・国際業務	29,941
	企業内転勤	6,372
	興業	22,185
	技能	9,608
	小計	107,298
特定活動[1]		12,144
アルバイト(資格外活動)[2]		32,486
日系人[3]		234,126
不法就労	不法残留者数	276,810
	資格外就労,不法入国等	相当数
合計		約66万人+α

注:1) 特定活動は、ワーキングホリデー、技能実習等。
2) アルバイトは、「留学」等の残留資格で在留する外国人がアルバイトをするために資格外活動の許可を受けた件数。
3) 日系人等の労働者とは、「定住者」、「日本人の配偶者等」及び「永住者の配偶者等」の在留資格で日本に在留する外国人のうち、日本で就労していると推定される外国人を指す。

出所:法務省入国管理局の資料に基づき労働省が推計
(資格外活動者は平成9年一年間の許可件数。不法残留者数は同10年1月現在の数、その他は同9年末現在の数)。

ほかにも，難民認定が欧米とは桁違い（いや2桁，3桁違い）に厳しいことや，帰化認定もはなはだしく厳しいことなども手伝って，日本はいわば移民政策でも「鎖国」状態ともいうべき特殊な国なのである。ただ，日本からの海外旅行者数が1,500万人にも達するのに，入国者は600万人弱しかいないことからして，もしかするとわが国は外国人に対して国を閉じて鎖国状態にあるのではなく，外国人から敬遠され嫌われているのかもしれない。いずれにしても日本は，こと外国人労働者に関していえば，きわめて例外的で特殊な国であることは間違いないだろう。したがって日本は，外国人流入に関してその経済的・社会的影響を論じるには，実はあまりにその規模が小さすぎ，ある意味では誤差の範囲におさまってしまい，何も論証できない国なのである。

6.2 労働力の需給関係をめぐる論議の妥当性——シナリオは事実なのか

「外国人労働者問題」を論じるときに，よく語られるシナリオがある。いわく，外国人労働力の導入は，その分受入れ側である日本人労働者の雇用機会を狭め，賃金水準を低下させることは必須だから，労働市場や労働条件にマイナス面が多いというものである。その根拠として引き合いに出されるのが，A. ルイスのいわゆる「労働力無限供給仮説」を外国間に拡大した議論で，一国の農村部の過剰労働力が産業化する都市部に流れ込むとたしかに産業的には発展するが，供給過剰となった場合は都市部の雇用労働条件を悪化させるというものだ。これを先進国と途上国の2カ国間に敷衍適応すると，上に述べたような結論に達するのである。

この議論に加えて，途上国の経済開発には出稼ぎの労働力に頼るより，自国での産業発展に重点をおくべきで，先進国は技術や資本の移転によって貢献すべきであるとする，新国際分業論や技術移転論といわれる議論もある。非常にわかりやすい議論で，わが国政府の国是ともいうべき立場の根拠となっている。

さらにこの議論に加えて，受入れ国の経済が好況なときにはまだいいが，不況になるととくに深刻な影響力を発揮する。その結果，日本人労働者と外国人労働者の間で職の奪い合いが生じ，両者の相互関係や相互感情が悪化す

る。とくに、いわゆる「違法就労者」が占めているような「単純」労働職種についている人々の場合には、それが顕著になる。他方、職を失った外国人労働者の一部が、生活苦のために犯罪などに走るため、社会不安が増し、その結果外国人労働者への一般国民の目は厳しいものとなり、ついには外国人排外運動のような動きが頻発するようになる、というシナリオがある。これは政府見解そのものでもあり、また多くの経済学者（たとえば、後藤1990, 1993; 大塚2001）などの論拠でもある。

この問題は諸外国では主として移民（Migrant）問題の文脈で論じられているのだが、先進諸国でときおり起こるあれこれの事件報道や議論を聞かされていると、先のようなシナリオはかなり説得力があり、そうした結果が起こるのは自明のことのように思われるだろう。わが国でも不況後に起こったあれこれの「事件」や、近年急増する外国人による犯罪の報道を聞いているうちに、こうしたシナリオの正当性について、多くの人が当然のことだと思うようになっているのではないか。

しかし事実はどうかというと、合衆国では1970年代後半から80年代前半までの実証的データの示すところ（Aowd and Freeman 1991）、この時期がそれほど経済的に好調な時期ではなかったにもかかわらず、アメリカ人労働者の賃金は上昇し、その職業的地位は全般的に上昇した、という意外な結果が報告されている。

こうした事実について式部（1992）は、単純な労働力需給仮説にもとづく悪影響論は、短期的・ミクロ的には妥当するようにも思われるが、外国人労働力が導入されなかった場合の経済の停滞といったマイナス要因と、導入による経済拡大といったプラス効果を、中長期的に比較してみないとアプリオリに悪影響のほうが強いとはいえないという。そして場合によっては経済の拡大効果や外国人労働者の消費行動（出稼先の国の製品の購買など）から、思わぬ雇用拡大効果が生まれる場合も考えられるので、論議は慎重に行なうべきだとしている。

森田（1994）も、1970年代に欧米で実際に起こったのは、受入れ国側の雇用機会にマイナスとなったというより、経済の下支えや拡大によってプラスに働いた面も大きく、労働市場の需給関係は各国の労働市場の階層性や社

会的諸条件によって大きく左右された。こうした具体的な条件や動きを踏まえたうえでなければ両者の功罪を単純に論じることはできない，と論じている。

そもそも，S. サッセン（Sassen 1989）が論じるように，外国人労働者は特定の先進国——多くは植民地時代からの支配関係——からの資本や商品，そして「文化資本」などの圧倒的な影響を受けた途上国から，それを与えた国に向かって人々が移動する（中南米と合衆国，西アフリカ諸国とフランス，南アジアや東アフリカとイギリスなどの関係）とみるべきで，その証拠に途上国が貧しいだけの状態のときより，成長を始めると移動が激しくなるという。つまり外国人労働者の原因は，途上国の貧困ではなく先進国の「繁栄」だということになる，という見方も成立するわけだ。もちろんこうした側面を強調しすぎると，外国人労働力の導入で経済の効率化をもくろむ経営者の立場に与することになり，結果として職業階層における国籍やエスニシティによる階層化を容認することになってしまうことにもなりかねない。

ただ実際に生起する過程は，当自国の経済状況や労働市場の構造，流入した外国人労働者の数や労働力の性格，そしてその国の文化・社会状況全体などによってさまざまだ，というのが事の本質なのではないか。だとすれば，筆者にとってもっとも強い関心とは，どの立場に与するのかではなく，実際にわが国で起こったことや起こっていることは何なのかということを知ることにある。なぜなら，現実に起こった事実の検証もなしに，わが国の労働者や経営者そして外国人労働者が擁護されたり断罪されたりされるのは，実証的社会学者としては納得がいかないからである。

また，先のシナリオの後半部分の「社会不安説」には，とくに強い疑問をもたざるをえない。たしかに外国からの報道をみていると，外国人労働者の排斥を目的とする悲惨な事件がないわけではない。こうした報道を聞くと，この問題をめぐり現場には対立に満ち満ちているのだと思いがちだ。ところが，実際に当地を訪れてみると意外と平静なことが多く，外国人労働者と当地の労働者は結構仲良く働いている。たしかにあれこれの対立はあるものの，それが大問題となることは案外少ない，というのが筆者の欧州での体験である。外国人による犯罪や治安の悪化についても同じである。犯人が外国人

「労働者」なのか，外国人なのか，あるいは自国人なのか精査もせずに，労働者を犯人と決めつけてしまうことが多すぎないだろうか。実際，就業人口の3割を外国人が占めるシンガポールや人口の8割を外国人が占めるアラブ首長国連邦（UAE）の経済や治安が悪化しているという話は聞かない。こういうと何か筆者がこの問題の「問題性」を軽視しているように思われるかもしれないが，決してそうではない。

　筆者が言いたいのは，労働力の需給関係がそのまま外国人労働者と日本人労働者の人間的関係に反映されるというのは，いささか短絡的だということだ。外国人労働者の問題が社会問題化するのは，より複雑な背景や事情や政治的状況によるのであって，原因を当の「労働者」のせいにするのはあまりに強引で短絡的だと思うのである。さらには，少なくとも先のようにわが国経験的事実を冷静にみた限りでは，そうした評価を下すのはあまりに曲解にすぎるし，何よりもわが国にはそうした影響を与えるほど外国人が多く存在しているわけではない，ということを忘れるべきではないだろう。10倍もの外国人が存在しているあれこれの国々の経済指標や，政治的に展開されている極端な事件を根拠にしたりして日本の現在将来をシミュレートするのは，あまりに性急だというのが筆者の考えなのである。したがって，研究者としてはデータの慎重な分析を，政策担当者としては先達の失敗に学びながらも，外国人導入の可能性を探るというのがいま求められていることなのではないだろうか。

7　むすび

　以上のように，わが国では長く続いた不況にもかかわらず，外国人の雇用状況が直接日本人とバッティングを起こし，対立状況になったという証拠は提示しにくい。もちろんトータルな雇用状況は悪化しており，もし外国人労働者がいなかったら，その分日本人の雇用機会が増えたという見方もできないではないが，逆に彼らがいなかったら経済の下支えができなかったという見方もできる。いずれにしても，こうした議論ができるほどわが国における

外国人労働者の数は多くはなかったのである。

　他方、その全体社会に対する影響力は小さいかもしれないが、外国人労働者がこれまで日本社会の底辺で行動し生活してきた「現象学的」事実は、異文化適応や異文化交流を研究対象とする社会学や人類学にとって、豊富で重要な問いかけを提供してくれている。それは、不況期にもかかわらず、日本の中小企業の経営者や労働者は、外国人労働者を高く評価しており、ともに働く職場の一員として認知・評価していたという事実であり、外国人労働者のほうも、職場で一緒に働いた日本人に対して概して好感をもっていた、という事実である。

　もちろんこうした評価は、人類学や社会心理学のいわゆる「異文化適応論」の文脈で厳密に観察、測定、分析されなければならない問題であることは、筆者も知っているつもりだ。実際、外国人の異文化適応や主観的評価は、滞在時間に応じて「UカーブやWカーブ」を描き、滞在期間が短いと悪感情は生じにくいという理論（久米1987）がある。また移民（移動）初期には自国文化やアイデンティティを保持しようとする心理が働くので、かえってストレスによるノイローゼや自殺、犯罪などは少ない。問題化するのは2世以降だ、という実証的な研究（Portes 1990）もある。だとすれば、われわれが対象とした人たちは好感をもつ時期の人々だったのかもしれない。ただ、かりにそれが事実だとしても、少なくとも実証的な事実の示すところは、外国人の意識は単純な労働市場の需給関係からの推論からくるものとはまったく別物だった。同時にまた日本人の方の態度や行動もけっして差別的・攻撃的なものだったわけはなかった、ということも明らかになった。われわれはこのことを、歴史的な事実として、そして日本人経営者や労働者、そして外国人労働者たちの名誉にかけても記録しておかねばならないと考えるのである。

　最後にもうひとこと。この「社会問題」に対する構築主義的見方について、筆者はその意義を高く評価するものである。にもかかわらず、やはりわれわれの研究に関してもこの論者たちから「発見された『事実』は、所詮一定の視点から構築された『事実』に過ぎない」という批判が行なわれることも承知している。それでもあえてこれらを「事実」に近い発見として提示するの

は，構築主義者のような「言説」分析だけではあまりに何かもの足りないと感じるからであり，さらには立場や視点を超えた共通の「事実」が存在しているのではないかと考えるからにほかならない。他方，同じ実証主義者のサイドからも，量的調査としてはあまりに不十分なサンプリングしか行なわれていないので，「科学的ではない」という批判（浅見 2003）がなされるだろう。そうした批判に対しては，「ぜひ自分でやっていただきたい」と答えるほかないが，「理想的サンプリングが可能でないなら何も語るな」といわれれば，そうした「科学的」批判は無視させてもらうしかあるまい。他方，質的調査の専門家からは，「インタビューの形式や深さにおいて問題あり」との指摘がなされるだろう。これに対してもわれわれは「なるほどもっともだ」と反省はするのだが，それでも「深さ」だけでは語ることのできない「平均像」に可能な限り近づこうとしたことの意義をわかって欲しい，というのが筆者の立場なのである。

「外国人労働問題」は，世界的にも日本にとってもやはり重要で興味ある社会現象であり，そしてそれはどう考えても「社会問題」だと思われるからである。

参考文献

Abella, M.（1992）"Contemporary Labor Migration from Asia", in N. Kritz et al. ed., *International Migration System*, Oxford & New York: Oxford University Press.

Aowd, J. and R. Freeman（1991）*Immigration, Trade and the Labor Market*, Chicago: The University of Chicago Press.

浅見靖仁（2003）「国際労働力移動とタイ」『大原社会問題研究所雑誌』No. 530。

Farley, R. and R. Alba（2002）"The Second Generation in the United States", *International Migration Review*, Vol. 36, Fall.

後藤純一（1990）『外国人労働の経済学』東洋経済新報社。

―――（1993）『外国人労働者と日本経済』有斐閣。

Kistse, J. and M. Spector（1975）"Social Ploblem and Devience", *Social Ploblem*（村上直之ほか訳『社会問題の構築――ラベリング理論を越えて』東京マルジュ社，1990年に収録).

久米昭元（1987）「カルチャーショックと適応過程」古田暁監修『異文化コミュニケーション』有斐閣。

森田桐郎（1994）「日本における外国人労働市場問題」『社会政策学会年報』38 集。

日本労働研究機構（1997）「外国人労働者が就業する地域における住民の意識と実態」

『調査研究報告書』No. 96, 日本労働研究機構。
尾形隆彰（1992）「もうひとつの外国人『労働者』問題——はざまに生きる中小企業研修生——就学生」『労働研究所報』No. 13, 東京都立労働研究所。
——— (1992)「就学生・留学生およびその帰国者に関する実態調査」手塚和彰編『外国人労働者の就労実態』明石書店。
——— (1998)「台湾花蓮市における対人男性労働者」『労働研究所報』No. 19, 東京都立労働研究所。
大塚友美（1993）『国際労働移動の政治経済学』税務経理協会。
Portes, A. and G. Rubin (1990) *Immigration in America*, Berkeley: University of California Press.
労働省職業安定課外国人雇用課（1993）『外国人雇用状況状況調査』労働省。
Sassen, S. (1998) *The Mobility of Labor and Capital,* Cambridge: Cambridge University Press（森田桐郎訳『労働と資本の国際移動』岩波書店, 1992年).
式部　信（1992）「『外国人労働者問題』と労働市場理論」梶田孝道編『外国人労働者論』弘文堂。
平英美・中川伸俊（2000）『構築主義の社会学』世界思想社。
田嶋淳子（1998）『世界都市・東京のアジア系移住者』学文社。
手塚和彰（1991）『続　外国人労働者』日本経済新聞社。
東京都立労働研究所（都労研）（1991）『東京都における外国人労働者の実態』東京都立労働研究所。
——— (1995)『外国人労働者のコミュニケーションと人間関係　Part-2』東京都立労働研究所。
——— (1999)『外国人労働者のコミュニケーションと人間関係　Part-3』東京都立労働研究所。

第Ⅶ章　離職者と失業生活

石川　晃弘

1　はじめに

　日本経済が戦後復興を成し遂げ新たな発展の局面に入った1950年代中葉から，完全失業率はつぎのような波動を描いて推移してきた。

　1955年時点の完全失業率は2.5％であった。それが漸次低下し，1960年には1％台になり，1960年代から70年代初頭にかけての高度成長下で低水準を維持し，1961年から74年までは1.5％を下回っていた。ところが，その後オイルショックによる衝撃で増勢に転じ，1975年には1.9％となり，76年には2.0％に達し，さらに83年から86年までは円高不況の影響もあって2.5％を上回った。しかし1988年からまた低下傾向があらわれ，バブル経済下で89年から92年までは2.1〜2.3％の水準となった。だがバブル崩壊後の1993年からはまた増勢に転じ，95年には3％を上回り，98年には4％台にのぼり，2001年からは5％台を記録するにいたった。

　完全失業率のこのような推移からみると，戦後日本の雇用情勢はつぎのような局面を経てきたといえる。

　① 1955年以前の「戦後」期。
　② 1950年代後半の高度成長への離陸期と60年代から70年代初めにかけての飛躍期。
　③ 1970年代中葉から末にかけての短期低迷期。
　④ 1980年代の円高不況を含む構造調整期。
　⑤ 1980年代末から90年代初めにかけてのバブル好況期。
　⑥ その崩壊後今日に続く長期不況期。

このうち日本の経済社会が雇用危機を経験したのは，①と③と⑥の時期である。④の1980年代中葉にも2.5%を超える失業率が記録されたが，この時期には一方で製造業などにおいて雇用減が進んだとはいえ，他方ではサービス経済化が雇用吸収効果を生み，失業率は比較的高くあらわれても，雇用危機には結びつかなかった。したがって戦後日本で雇用が危機的様相を呈したのは3度である。第1期は戦後一時期の経済混乱期，第2期は1970年代中葉のオイル危機下の不況期，第3期はバブル経済崩壊から今日に引き継がれている不況期である。

　戦後一時期の失業問題に関しては，当時の社会科学的研究はつぎのように特徴づけていた。

　すなわち，当時の労働者は日本資本主義の「後進性」に制約されて自立した階級を形づくっておらず，農家家計とのつながりを保ち続け，失業しても農村に潜伏して生計を維持していた。他方，都市に滞留した零細雑業層も，失業者の生計維持の場であった。彼らも何らかの形で出身農家への依存関係をもっていた。当時の失業は潜在的過剰人口または停滞的過剰人口の存在形態として理解され，失業問題は伝統的家制度と地縁的共同関係による相互扶助のなかに隠蔽されていた。当時の失業問題の本質はこのように認識されていた（江口1952; 大河内・隅谷編1955; 松尾1959）。

　ところが第2期の経済社会は，もはや失業問題のこのような認識を成り立たせなくなっていた。この時期には日本資本主義はすでに「先進性」を獲得しており，失業に関してもその「後進性」からの立論はもはや非現実的になっていた。農業の経済的地位は低下し，農家家計は失業者を包摂するだけの余裕をもたなくなり，また農村生活は都市化してそこでの伝統的な相互扶助機能は退化してしまった。他方，零細雑業層を滞留させていた都市社会では共同的諸関係が薄れ，さらに都市再開発や住民の地域移動がそれに拍車をかけ，失業世帯の生活を底支えしてきた地域社会関係は崩れてしまった。もはや失業者は，農村に潜在することも都市に滞留することもできにくくなった。それゆえ失業問題の研究には新しいパラダイムが必要とされるにいたった。

　このような問題意識と方法意識に促されて，東京都立労働研究所（以下，「都労研」と略称）労働市場部門は「離職者」調査を企画した。この調査は

オイルショックに発する経済の低迷と雇用情勢の悪化を背景に,「中小企業の倒産,事業所閉鎖等に伴う離職者調査」を研究課題として 1978 年度に実施され,その成果は「東京における離職者の生活実態——中小企業の倒産・事業所閉鎖等に伴う離職者面接調査結果」と題して 1980 年に刊行された(以下,「1978 年調査」と略称)。その執筆に携わったのは,氏原正治郎,佐藤進,石川晃弘,尾形隆彰,上林千恵子,塩田咲子である。

その後日本経済は活力を回復し,一時的に円高不況を経ながらも成長を続け,雇用情勢も改善されて,むしろ「労働力不足」が問題とされるようになった。この状況は 1980 年代末から 90 年代初頭のバブル経済期に頂点に達した。この時期に出された経済予測では,経済成長率年間 3% を続けていけば,日本経済は労働力不足のために 21 世紀の早い時期に破局を迎えるとさえいわれた。ところが 1991 年後半にバブルが崩壊しはじめ,その後日本経済は不況局面に入り,戦後 3 度目の雇用危機を迎えることとなった。この時期はちょうど戦後ベビーブーム世代が中高年層になる時期と重なり,その雇用問題,離職と再就職の問題が不況のなかで一挙に噴き出すこととなった。このような事態のなかで都労研労働市場部門は再度「離職者」調査にとりかかった。これが実施されたのは 1994 年度～95 年度(以下,「1994・95 年調査」と略称)と 1999 年度(以下,「1999 年調査」と略称)であり,その成果は「東京の中高年離職者たち——長期不況下の企業の行動・労働者の意識」(1996 年),「平成不況下の中高年離職者たち——離職・失業・再就職の諸類型とその要因」(1996 年),「失業中の生活と再就職の実態」(2000 年)として刊行された。1994・95 年調査は川喜多喬,下山昭夫,安田三江子,1999 年調査は下田健人,上野隆幸,金子和夫が,企画・実施・執筆にあたった。

都労研では,このように雇用問題と失業実態に関して「離職者」調査を 3 度実施し,4 冊の報告書を刊行した。以下ではそれぞれの報告書に関して,中心課題と方法,調査結果と得られた知見を紹介していきたい。

2 時代的背景

　調査が行われた3つの時点は不況期という点で共通しているが，労働市場と就業構造の変化という点からみると異なった特徴がみられる。

　一般に不況期には労働力需要が停滞し，不況業種で雇用が減少するが，その反面，雇用が増大する業種もある。調査が実施された1970年代不況期と90年代不況期においても，雇用減が進み深刻な雇用問題が現出した一方で，雇用が伸びた分野もあり，そこに少なからぬ労働力が吸収されていった。

　1978年調査の時代には第二次産業の雇用が顕著に減り，その一方で第三次産業の雇用が増え，それが産業構造の転換にともなう雇用の受け皿として期待されるところとなった。しかし当時はその分野の雇用実態について立ち入った研究が乏しく，また第三次産業内部の構成がきわめて多様で，その就業実態に関して具体的な情報はあまり蓄積されていなかった。労働問題の研究者たちの目は，主として第二次産業の雇用と労働に向けられていたからである。こうした状況を背景に，都労研労働市場部門は上記の「離職者」調査に引き継いで1980年度から数年間，第三次産業およびサービス職種における雇用と就業実態をテーマとした一連の調査研究を展開することとなった。

　その最初の作業として，事業所調査から1972年（オイルショック以前）と1978年の都内事業所（従業者5人以上）における就業者数を産業小分類で集計し，その2時点間での増減を調べたところ，顕著な増加をみせた上位10業種は「食堂・レストラン」「情報サービス」「病院」「建物サービス」「酒場・ビヤホール」「地方公務員」「銀行」「各種食料品小売業」「百貨店」「児童福祉事業」であった。この発見をふまえて1980年度には，これらの中から「食堂・レストラン」「情報サービス」「建物サービス」「各種食料品小売」の4業種を取り上げ，インテンシブな調査を実施した。その結果は「第三次産業における雇用及び就業構造」と題して1981年に刊行されている（石川晃弘・仁田道夫・尾形隆彰・上林千恵子が担当）。ちなみに従業者が減少した上位10業種は，「通信機械器具・同関連機械器具製造業」「建設用・

建築用金属製品製造業」「電子機器用・通信機器用部品製造業」「一般産業用機械装置製造業」「発電用・送信用・配電用・産業用電気機械器具製造業」「金属打板・被覆・彫刻業・熱処理業」「プラスチック部品製造業」「光学機械器具・レンズ製造業」「金属加工機械製造業」「各種商品卸売業」で，このほかにも製造業はほぼ軒並みに従業者減となっている。

　ところが，1994・95年調査や1999年調査が行なわれた時点では状況が異なってくる。上の集計方法を基本的に踏襲して筆者が独自に1994年と2000年の事業所調査結果から試算して，この2時点の民間事業所従業者数を比較してみると，製造業はやはり軒並みに従業者減となっているが，第三次産業でも業種によってはその減少がかなり顕著であることがわかった。つまり第三次産業内部での就業構造が大きく変わったのである。この点が1970年代不況期と異なる点である。この間に従業者を2万人以上減らした業種（小分類）を減少数の多い順にあげると，「証券業」「生命保険業」「バー・キャバレー・ナイトクラブ」「銀行」「百貨店」「印刷業」「衣服・身の回り品卸売業」「電子機器用・通信機器用部品製造業」である。1970年代には従業者を顕著に増やしていた「百貨店」や「銀行」は，90年代にはその逆の傾向をみせ，「食堂・レストラン」「建物サービス業」「各種食料品小売業」は90年代にも増加傾向を示しているが，その勢いはかつてほどではない。1990年代不況下では，第二次産業とともに第三次産業の中の金融・保険・不動産業，一部の卸・小売業，奢侈的対人サービス業で従業者が大きく減った。これに対して，それが増えたのは別な分野の商業・サービス業である。その増加が1万2,000人を上回ったのは「（労働者派遣等を含む）他に分類されない事業サービス」「（料理品小売等を含む）その他の飲食料品小売業」「機械機器卸売業」「酒場・ビヤホール」「情報処理・提供サービス」であり，飲食生活様式の変化，雇用管理の変化，情報サービスの拡大に沿った分野で就業者が増加した。

　それゆえ，1990年代不況は就業構造における脱工業化をいっそう推し進めたとはいえ，第三次産業内部の構成をも大きく変えたことにも着目しなくてはならない。

3 研究の課題と調査の方法

1978年調査,1994・95年調査,1999年調査のいずれも,不況期に発生した離職者の,①離職過程,②失業中の生活実態,③再就職過程,に研究課題を設定しているが,主要な関心のおきどころに若干の差がある。

3.1 1978年調査
3.1.1 研究の課題:その1
1978年調査が設定した主な課題は2点に集約される。

第一は生活構造の類型把握と階層分析である。失業期間中の生活がどのようにして成り立っているか,という点をまず追究し,それによって,雇用保険等の社会政策がその生活維持のうえで果たしている機能を探ろうとしている。すなわち,失業期間中の生活といっても,それは失業者が過去に蓄積しておいた経済資源と社会的ネットワークの違いに媒介されて多様な構造をとり,それにともなって失業期間中のニーズの質と内容も多様となるはずであり,したがって社会政策の施策も失業者の違いによって異なる意味をもつことになろう,という仮説的前提に立って,失業生活の構造と階層分化を類型的に把握することを目指した。そして,その類型を規定する要因としてつぎの点を想定した。

①離職前の生活構造:失業はフローとしての収入の激減または途絶をもたらすが,失業者は失業以前に築き慣れ親しんだ生活様式を保とうとする。つまり,環境が変わっても生活構造は一定の「履歴効果」を引きずって変化を好まない。それゆえ,収入の激減ないし途絶という客観的事実と,従来の生活様式を維持し続けようという主体的努力ないし願望との間に,矛盾が生まれる。その矛盾の処理のしかたが失業生活の構造化において多様性を生み出すだろう。

②離職前職業の階層性:離職前にどんな職業階層に所属していたかという事実が,失業期間中の生活基盤に大きく響く。大企業に長期勤続して管理職

に就いていた者，中小企業で働きながら社会的に通用する職業技能を身につけた者，これといった技能も習得せずに職場を転々としてきた者，等々によって，離職前の蓄積にすでに大きな差が形成されているだろう。ここで蓄積という場合，(1) 貯蓄，資産（住宅を含む），退職金等，「経済的蓄積」，(2) 技能や経験など「専門的蓄積」，(3) 過去の職業活動のなかで築いてきた職場内外の人的つながりなど「関係的蓄積」という，3つのレベルを含む。

③失業期間中の経済基盤：離職前の経済的蓄積に加えて，本人の臨時就業（内職・アルバイトなど）や家族の就業による収入，利子・配当金，家賃収入などの有無，さらに血縁関係などを土台とした相互扶助関係の機能，そして公的措置とくに雇用保険金によるサポートがここで追究されることになる。

④失業者の世帯構成：生活の基本単位としての世帯が，失業期間の時点でライフサイクルのどの局面に位置し，どんな構成をとっているかは，その世帯の家計支出構造を制約する。また同時に，失業者本人以外に家計収入の担い手がいるかどうかも重要である。

⑤失業期間の長さ：失業期間が長引けばそれだけ経済的蓄積は減っていくだろう。また，雇用保険の受給期間にも一定の枠がある。それゆえ失業期間の長さは生活構造に変容をもたらすことになろう。

⑥失業の心理的意味づけ：失業は収入の激減ないし途絶だけでなく，社会的役割からの疎外，個性発揮の場の喪失をもたらす。そこから生ずるであろう失業者の内面的心理的諸過程は失業生活の過し方を内側から規定し，さらには再就職活動にも何らかの影響を与えることになろう。

以上のような要因の組み合わせのなかで失業生活は多様な類型を呈することになる，という方法的見通しが立てられた。一方には収入の激減ないし途絶や，準拠集団としての組織や職場仲間や仕事そのものからの疎外という，職を失うことによって否応なしに突きつけられてくる客観的現実がある，そして他方には，にもかかわらず維持し充足していかなければならない世帯生活のニーズや，自分の個性と能力を発揮し社会的役割を担いたいという欲求がある。こうした矛盾した契機を内在させて，失業生活は多様な形態をとってあらわれてこよう。この矛盾的契機の編成様式がまさに失業者の生活構造をなし，その生活構造から生活主体としての失業者の生活ニーズが派生して

くる。そしてその生活構造は単に並列的な類型をなすのではなく，困窮度ないし生活の切迫度の程度によって垂直的に位置づけられ，失業者内部の階層分化を表現する。したがって離職前の状態から失業状態への移行のなかで生ずる生活構造の変動は，必然的に階層移動を随伴する。またさらに，再就職後における生活構造の再編成と新たな階層移動をも視野に入れた失業実態の分析が要請されてくる。このような方法的前提に立って第一の研究課題が設定された。

3.1.2 研究の課題：その2

第二の研究課題は，再就職の促進・阻害要因の分析と，それを契機とした階層移動の把握である。すなわち，職業活動に復帰しようとするとき，なにが促進要因として働き，なにが阻害条件となるのか，という点の追究である。これの解明は雇用行政にとって意義ある知見をもたらすだろう。このような観点から調査ではつぎの4点に着目した。

①失業者自身の職能：つまり本人の技能資格，能力，経験，教育水準である。不況下でも職種や技能によって労働力不足の分野もある。したがって，本人がどんな職能の持ち主であるかによって，再就職の難易が左右されてこよう。

②生活ニーズの切迫度：労働市場で有利な職能をもっていたとしても，生活が切迫していれば条件のいい再就職口が見つかるのを待つ余裕に欠けるだろう。それゆえ，失業期間が短くて再就職を早くしたからといって，問題の解決が成功裏に行ったとは必ずしもいえない。耐えきれずに一段低い労働市場で再就職せざるをえない場合もありうる。この場合には，再就職後に離職以前の生活構造を復元できず，階層的に下降移動することになろう。

③再就職の経路：再就職経路には，職安のような公的経路，求人広告などによる非公的な社会的経路，縁故などの私的経路があり，このうち公的および社会的経路は誰にでも開かれているが，私的経路の可能性は個人差が大きい。この個人差は，多かれ少なかれ，離職前の職縁的な人間関係の蓄積や，血縁的・地縁的・学縁的諸関係の厚みから派生する。再就職におけるこれらの諸関係の機能を捉える必要がある。

④再就職にともなう階層移動：再就職に成功したのち，新しい収入基盤の

上で生活構造の再編成がなされるだろう。その生活構造が離職以前のそれの再現なのか，階層的に一段低い水準で編成しなおされ，新たな質のニーズを生み出しているものなのか，という点を追究するなかで，失業発生のもたらすマクロレベルでの階層変動に視野を広げることができる。

3.1.3 調査の対象

以上のような研究課題を掲げて調査対象を選定した。調査対象はつぎのように限定した。

①会社都合で離職を余儀なくされた人。名目的には「自己都合」離職であっても事実上は離職理由が会社にある場合も，これに含めた。

②年齢30歳以上60歳未満の人。この年齢層の人たちはライフサイクルのうえで世帯生活の負担を抱えている者が多く，しかもそれより若い者に比べて再就職が楽でない。また60歳以上の高齢者の場合は定年退職による離職が多くなるため，研究課題の対象として望ましくない。これらの理由から上のような年齢層に対象を限定している。

③男女双方。当時の「労働力調査」(1978年)によると離職失業者の男女比は3対1であった。日本では男性と女性とで職業的運命に大きな差があるため，失業の意味も両者で有意に異なるだろうという想定のもとに，男女双方を対象にして性別比較を試みている。

④再就職過程を追究するため，失業中の者以外に再就職した者も対象に含めた。

このように対象を設定したうえで調査サンプルを集めた。サンプル選定にあたっては，都内6カ所の職業安定所の協力を得て，①そこに雇用保険を受け取りにきた人，②一般求職の手続きにきた人，③職安を通して再就職した人のなかから，職安職員に一定の基準にもとづいて選んでもらい，①と②については本人の承諾を得て職安内の部屋で面接聴取を行ない，③については再就職者に郵便で協力依頼をして，承諾した者を訪問して面接聴取した。面接聴取の対象となったのは合計225人(失業者174人，再就職者51人)である。

3.2　1994・95年調査と1999年調査

バブル経済崩壊後に実施された1994・95年調査と1999年調査が前提としたマクロ状況は，1978年調査とつぎの点で異なる。

①今回の不況は，その影響がすべての産業に広く及んでいるという点で，製造業を中心としたオイルショック期の不況とはかなり様相を異にしている。

②オイルショック期の不況はコンビナート，大規模工業開発拠点，地場産業などに打撃を与えたが，今回の不況は大都市経済，とくにそのサービス部門への影響が大きい。

③従来の不況が主として製造業現業部門の労働者の削減につながったのに対して，今回の不況はホワイトカラー層の雇用にも深刻な影響をもたらしている。とくに中高年層の雇用継続へのマイナス効果が大きい。

このような状況把握から，まず1994・95年調査では対象を45歳以上，とりわけ50歳以上の中高年層に限定している。

この調査は1978年調査と同様に，離職過程，失業中の生活実態，再就職過程，の3つの問題群にまたがっているが，そのうち主な関心はどちらかというと離職過程と再就職過程，つまり労働市場論にかかわる分野におかれている。それゆえ調査は離職者個人だけでなく，企業をも対象としてアンケート方式で実施され，そのうち個人調査の対象には職安を来訪する失業者だけでなく，再就職を目指している都立職業技術専門校の受講者も含めている。そして個人調査の回答者のなかで面接聴取に応じることに同意した者には，訪問面接による個別聴取を行なっている。

①まず1994年に，「景気低迷下の中堅企業の経営・労働事情に関する緊急調査」と題して雇用調整に関する企業アンケート調査が実施された。この調査では，都内諸産業のなかから，1993年1月から94年9月までの決算で売上の最新第1期が前期に達しない企業を3,000社，うち従業員10人以上20人未満の企業1,000社と20人以上の企業2,000社が無作為抽出され，郵送法で985社から有効回答が得られた。

②ついで1995年初めに，「景気変動が勤労者に与える影響に関する調査」と題して45歳以上の職安求職来訪者を対象とした離職者個人アンケート調査が行なわれ，配票法により1,500人のうち585人から有効回答が得られた。

③ほぼ同時点で50歳以上の職業技術専門校男性受講生を対象とした「能力開発と転職希望に関する調査」が実施され，配票した905人のうちの656人から有効回答が寄せられた。

④そして②と③の個人アンケート調査回答者のなかから面接聴取に応じてもよいという59人を訪問し，聴取調査を行なった。

1999年調査は前提的な状況認識において先行の1994・95年調査を引き継ぎながら，調査は個人レベルに限定して，1994・95年調査と同様にアンケート法と面接聴取法を併用している。この調査では，離職中の者と最近再就職した者とを対象とすることによって「失業継続者と再就職者を違えている要因は何か」を探ろうとしており，対象を選ぶにあたっては職安窓口で再就職者まで捉えるのは困難だとして，労働組合の労働相談窓口を通している。アンケート調査では東京およびその近県の対象者1,035人に調査票が配られ，279人から有効回答が得られた。そしてこのなかから面接聴取に応じるのを承諾した40人に関して，のちに訪問面接による個別聴取が行なわれた。この調査ではサンプル抽出の際に年齢的制限を設けていないが，アンケート調査回答者の平均年齢が50.6歳であるから，結果的に中高年層が観察対象となっている。

1999年調査の特徴のひとつは，失業生活の深刻さを分析すると同時に，失業者の再就職を妨げている客観的および主体的な要因の解明を通して，職業生活再構築のために失業者個人が心得るべきこと，企業や行政が対応すべきことを指し示そうとしている点にある。その意味でこの調査は実践的指向が濃くあらわれている。

4　発見された事実

4.1　一般的傾向

3つの時点で実施した都労研の離職者調査は，先にふれたようにそれぞれサンプルの年齢のとりかたで若干の差があるが，いずれも中高年層を対象としている点では共通している。そして調査時点とその時代背景に違いがある

にもかかわらず，これらの調査結果から中高年失業に関してかなり共通した特徴がみてとれる。アンケート調査の結果からそれを列挙してみる。

①経済不況を背景として，離職理由の多数は会社倒産や解雇など「会社都合」によるものである。1978年調査では男性離職者の79％，女性離職者の70％がそれだった。1994・95年調査ではサンプルに定年退職者等「期限満了型」離職者が含まれているので，それを除いて比率を求めると，男女あわせて平均71％が倒産，解雇，希望退職応募など「不況離職型」であった。1999年調査ではこれが80％になっている。なお調査回答原票に遡って調べてみると，「自己都合」といってもその多くは何らかの会社の事情が介在しており，これを含めると離職理由の圧倒的多数は会社がらみのものである。ちなみに1994・95年調査からの指摘によると，規模が小さい企業からの離職者ほど「不況型」の離職者が多く，逆に規模が大きい企業からの離職者ほど「期限満了型」の離職者が多い。不況のあおりで余儀なくされる離職は小企業ほど顕著である。

②離職の際に退職金を受け取れなかった者がかなりいる。1978年調査では男性の41％，女性の55％，つまり失業者の約半数は退職金なしの離職を余儀なくされている。1994・95年調査は定年退職者等をサンプルに含んでおり，それを入れて「退職金なし」の比率を出すと19％となるが，60歳未満の離職者だけで計算するとそれは50％近くになる。1999年調査では定年退職者等を含めた計算で「退職金なし」が37％となり，1994・95年調査の19％を2倍近く上回る数値を示しており，しかも「退職金なし」の離職者の32％は「家計の担い手」の人たちである。「退職金なし」の離職は小企業ほど顕著である。

③失業期間中の生計維持の手段として重要でなければならないのは雇用保険給付金であるが，その額が離職前の給与水準によって異なる。1978年調査によると，その金額で家計をまかなえるかという質問に対して「まあやっていける」という回答は約2割であり，「つめてやっと」という回答と合わせてもその比率は5割に満たない。「まかなえない」という回答は1978年調査では男性57％，女性44％であった。1994・95年調査と1999年調査ではサンプルに非受給者が含まれているため，この類の数値は得られない。

④失業中の生計維持のために退職金と雇用保険給付金以外に何に頼るかというと，まずは預貯金の切り崩しであるが，実際にこれに頼ったものは半数ほどである。預貯金切り崩しを行なったというものは，1978年調査では男性の55%，女性の49%，1994・95年調査では男女平均で46%，1999年調査では失業状態の男女平均で39%となるが，1999年調査のサンプルには年金受給者が含まれているため，その分預貯金切り崩しの割合が小さくなっていると思われる。親類や知人からの借金に依存したものは1978年調査では男女とも14%で，その比率は小さい。家計を補うために配偶者や子どもが働きに出るというケースも少ない。これはどの時点の調査でもあらわれている。

⑤失業中に親兄弟や親戚から励ましや援助があったという者はどの時点の調査でも半数に満たず，1978年調査では男性で42%，女性で38%であった。1994・95年調査でも1999年調査でも，同様な結果が出ている。配偶者以外の血縁関係者からの経済的および精神的サポートはあまりなされていない。友人・知人からの経済的または精神的サポートがあったという者も少なく，1978年調査では男子だけでも34%しかなく，1994・95年調査では男女平均20%に満たず，1999年調査では25%以下にすぎない。離職前の職場の関係者からそのようなサポートを受けるケースも少なく，そうしたサポートがあったという者は1978年調査では男女とも約20%，1994・95年調査や1999年調査でも同様である。

⑥再就職にあたって何を求めたかというと，1978年調査では男性の場合は「技能・能力の発揮」が25%，「希望する収入」が20%で，両者をあわせても50%に満たない。女性の場合にはその割合がさらに低く，25%にとどまる。多くの離職者が再就職にあたって希望水準を多かれ少なかれ下げざるをえない現実を，ここにみてとれる。他方，再就職を妨げている大きな要因は「年齢の制約」である。とくにこれは女性において顕著である。

⑦再就職過程における問題点にとくに注目しているのは，1999年調査である。事例面接聴取もふまえて，この調査は，失業状態から再就職へと移行する際のハードルに関して4つの要因を析出した。それは，1）経済環境と雇用情勢，2）再就職希望先企業の諸条件，3）再就職しようという本人個人

の意志，4) ハードルを跳び越える本人個人の能力，であり，人が失業状態にとどまるのか，それとも再就職にいたるのかは，これら4つの要因の組み合わせでみていく必要があるという。たとえば，1) 雇用情勢がいいか悪いか，2) どの程度の賃金や労働条件を求めるか，3) 本人がどれだけ切実に再就職を望んでいるか，4) どの程度の職業技能と経験をもっているか，ということの，組み合わせである。そしてその組み合わせから再就職行動の類型をあげて，それぞれの類型に対応した政策のあり方を示唆している。これは，失業→再訓練→再就職，という経路で離職者を労働市場の新環境に誘導し，それによって就業構造を高度化させようといういわゆる「能動的雇用政策」に対して，失業者個人の再就職動機からのアプローチをふまえた，よりきめ細かな方針を提示している。

4.2 分化と移動

ところで，ひとくちに失業者といってもその内実は多様で分化しており，たんにその分布や平均像の統計観察だけでなく，その多様性に立ち入った分析をしないと，失業の現実は把握しがたい。たとえば，一方には安定した大企業の職場に長年勤め，管理職にまで昇進し，その後で早期希望退職の呼びかけに乗って正規退職の場合の3倍にのぼる退職金を受け取り，離職前の高賃金のおかげで好条件の雇用保険金を受給し，すでに持家を獲得してあり，子どもも成長して育児負担もなくなっている人がいる。その他方に，経営基盤が脆弱な小企業を転々とし，企業倒産で賃金未払いのまま退職金も受け取れずに離職を余儀なくされ，これといった職業技能や職業経験も蓄積しておらず，資産らしい資産も蓄えておらず，まだ小さな扶養家族を抱えている人もいる。この両者では，失業生活の意味が大きく異なる。したがって失業者の平均像を描き出しても，それは失業の現実を反映したものとはいいがたく，失業者本人にとっての失業生活の意味の違いも理解しがたいだろう。

失業生活の意識について，1994・95年調査が主成分分析によってつぎの7つのタイプを析出している。そのうち主な4つのタイプは，つぎの人々からなる。

①不満と自信喪失感をもっている人々。これは解雇された者，不況で経営

悪化を知って自ら辞めた者，会社の倒産・廃業で離職した者に多い。
　②職業能力の低下，交際圏の縮小，精神的ゆとりの喪失に悩んでいる人々。これは定年等契約期間満了で離職した者と，会社の倒産・廃業で離職した者に多い。
　③かえって解放感をもっている人々。これは会社の倒産・廃業で離職した者には少ない。
　④家族や家計に関心が深くなった人々。これは定年後再雇用などの期間が満了した者に多い。
　このうち①と②は失業が心理的ダメージをもたらしているタイプだが，③と④はむしろ職場の拘束からの解放感をともなっているタイプである。このうち後者を代表するのは定年退職者，早期退職者または自己都合退職者であり，一定額の退職金を手にし，住宅ローンを完済またはまもなく完済予定で，不動産などの資産を持ってそこからの収入も期待でき，子どもはすでに自立しており，再就職をあせらず，ゆとりある労働，生きがいや張り合いのある仕事を求めている。1994・95年調査報告は個別面接で聴取した失業者本人の述懐を要約して，離職がもたらした心理的プラスとして家族・家庭生活の再認識と精神的ゆとりの獲得をあげ，離職者が「職業生活からの責任や圧力から解放された状態になっている」と指摘し，「長く職業人生を送ってきた中高年齢者にとって，離職は，仕事以外の別の世界を垣間見ることのできるチャンスであり，これからの人生をゆっくりと考え直す機会でもある」（都労研 1996: 114）と述べている。
　しかしその半面で，離職の心理的マイナス効果も指摘されている。すなわち，1)「やる気が萎える」「プライドが傷つく」「落ちぶれた気分になる」「精神的に落ち込む」などの心理状態に陥る，2) 家の中に閉じこもりがちな生活になり社会的つながりから隔絶し孤立する，3) 生活のリズムが崩れ生活規範が弛緩する，といった点があげられており，中高年期での離職は，長年培った労働規範を崩しかねないと同時に，精神的ダメージを離職者に与え，それはとくに前掲の①と②のタイプで顕著にあらわれる。そしてそのマイナス効果が離職後の生活難と結びつくとき，失業生活は深刻な状況に陥る。
　この点にかんして，1999年調査で面接聴取した事例のなかから，典型的

とみられるものを例示してみる。

①男性〔47歳〕：さまざまな業界で営業畑を歩いてきたが，最後のマンション販売会社の経営破綻で失職。妻がパートに出るようになったが家計維持がたいへんで，子どもの学資貯金を解約したり貯金を切り崩したりしているが，マンションの家賃の未納が続き，税金も未払いである。どんな職種でもいいから35万円ほどの月給で再就職したいが，見通しは暗い。

②女性〔49歳〕：英語の能力を活かした秘書の仕事で外資系メーカー，弁護士事務所，ODA関連社団法人，外資系銀行などを転々としてきたが，最後の職場で希望退職に応じた。独身だが老後の備えなどを考慮すると，正社員で最低25万円の月給を望みたいが，能力にふさわしい再就職口を探すのは年齢的にむずかしい。頼りにしているのは前職の人脈である。

これらの事例では，希望する給料が確保されるような再就職口が見つかるかどうかは定かでない。それが困難となれば，そして失業期間中の生活維持が限界にきたとなれば，過去に培った職業経験や技能を無視して，給与水準が一段低い労働市場で再就職口を見つけなければならなくなる。それにともなって家計構造を一段低いレベルで均衡化し，生活構造を再構築しなければならなくなる。そして，その過程で本人や家族の病気など何らかの事故が発生すれば，生活保護給付で生活することになりかねない。ちなみに，1999年調査から離職直前と再就職後の年収の比較をみると，減った者と増えた者との割合はほぼ半々であるが，年齢と性別で差があり，再就職後に収入が低下したのは年齢では50歳以上，性別では女性である。離職→失業→再就職，の過程で社会的下降移動をたどったのは，とくに50歳以上の者，そして女性において顕著である。

5 むすび

以上の観察結果から，つぎのような傾向を看取できる。

第一に指摘できるのは，失業中の経済基盤が離職前の職業的地位にかなり条件づけられているという点である。失業中の生活基盤は，たいてい，雇用

保険給付金と退職金と預貯金に負っている。このうち給付金は離職前の給与の高さで差が出る。退職金は離職前の給与の高さと勤続の長さが関係する。それに加えて，離職前の企業の事情が絡んできて，その経営状態が悪いと退職金が少額しか払われず，まったく払われない場合も珍しくない。預貯金の大きさも，離職前の所得の高さと生活の余裕度によって規定される。それゆえ離職前の職業階層による生活の分化が，さらに拡大された形で失業生活に持ち越されるといえる。ここでいう職業階層のなかには勤務先企業の規模と安定性が含まれ，3時点のどの調査も前職の企業規模が失業中の生活条件にかなり響いていることを指摘している。

　第二に，家族員の就労と収入，親族や友人・知人による相互扶助関係の有無など，失業者本人を取り巻く人的関係が失業生活の基盤を条件づけると考えられるが，実際には，家族の誰かが失業したからといって，他の家族員が家計補充のために働きに出るというケースは少ない。金銭的援助はめったに期待できず，精神的な励ましを受けた者も半数にはるか満たない。失業者の多くはこの点で孤独な状況に置かれている。頼りになるのは，多くの場合，配偶者の励ましだけである。都市化した社会における孤立的な失業状態の特徴が，ここにあらわれている。

　第三に，再就職を妨げるミクロレベルでの大きな要因は，雇う側が設ける年齢制限である。これが改善されれば労働市場への中高年労働力の供給が活発化するとみられる。これは少子高齢化社会における労働力活用に大きく寄与することとなろう。

　たしかに離職者のなかには，失業期間中もゆとりある生活を送りえている者もいる。典型的には大企業正社員を希望退職で辞めて，雇用保険給付金のほかに多額の退職金と離職以前の蓄積に頼って，従来の生活構造を崩さず階層的地位を維持し続けているような人たちである。しかし失業はたんに生計維持に対してだけでなく，本人の社会参加と個性実現の機会にも影響を与える。筆者が1978年調査のデータを再分析したところ，失業は生計維持に関しては中小企業離職者にかなりネガティブな影響をもたらすが，社会参加と個性実現の機会喪失という点では，むしろ大企業離職者の間で深刻に受け止められている（石川 1984）。職業が生計の維持，社会的役割への参加，個性

と能力発揮の機会という3つの契機から成り立つものだとするならば（尾高1941），失業はこれらすべてを同時に失うことであるが，その3つそれぞれの深刻さの違いとその組み合わせの型の違いで，失業者の生活世界は多様に分化するといえよう。

引用文献

江口英一（1952）「失業の現状分析」大河内一男編『失業』（経済学新体系Ⅳ）河出書房。

石川晃弘（1984）「都市化のなかの失業者」吉村励・前川嘉一・西村豁通編『「構造変動」と労働者・労働行政』（社会政策叢書Ⅶ）啓文社。

松尾 均（1959）「失業政策における創出と救済」社会政策学会編『日本の失業』有斐閣。

尾高邦雄（1941）『職業社会学』岩波書店。

大河内一男・隅谷三喜男編（1955）『日本の労働者階級』東洋経済新報社。

東京都立労働研究所（都労研）（1980）『東京における離職者の生活実態』東京都立労働研究所。

―――（1981）『第三次産業における雇用及び就業構造』東京都立労働研究所。

―――（1996a）『東京の中高年離職者たち』東京都立労働研究所。

―――（1996b）『平成不況下の中高年離職者たち』東京都立労働研究所。

―――（2000）『失業中の生活と再就職の実態』東京都立労働研究所。

第Ⅷ章　労働生活と健康問題

石川　晃弘
堀畑まなみ

1　はじめに

　東京都立労働研究所（以下,「都労研」と略称）はその設立にあたって労働衛生部門を設け，以来研究所閉鎖にいたるまでに21冊の調査結果を刊行してきた。労働衛生に関する従来の調査研究はおもに医学や心理学など自然科学系の研究者の手によってなされていたが，都労研ではこの部門に社会科学系の研究者を配して，特色ある実証的研究を展開した。ちなみに，都労研がその活動を開始した1978年は，東京都における労働災害による死傷者数（休業4日以上）がピークに達した年であった。労働災害や職業病，より一般的にいって労働衛生に関連する問題は，企業の労働条件と福利厚生のありかたに密接に関連しており，すぐれて労務管理と労使関係の文脈で捉える必要がある。その意味で都労研における労働衛生調査は労働問題研究の一環として位置づけられた。

　都労研は主として中小零細企業で営まれる労働生活に焦点をおき，東京都に特有な地域的特性を踏まえてその実態を調査分析し，問題点を解明することを目的として設立された。労災・職業病は規模が小さい企業の職場では健康面からみて作業環境にとかく問題がありがちであること，零細企業では定期健康診断の実施率が低く，労働衛生対策が遅れていることから，中小零細企業が大多数という東京の地域特性からみて，都労研にとって労働衛生部門を置くことには必然性があったのである。

　本書の巻末に当研究所が実施した調査研究の一覧表が掲載されているが，そのなかで労働衛生部門が担当した調査研究のテーマをみると，その出発点

が労災・職業病にあったため，印刷業など特定の業種の小規模企業を対象に設定した調査が約半数を占めていたことがわかる。また，業種や企業規模という枠を超えて，壮年男子の肉体的・精神的ストレスと職場や家庭の関係を追究した調査や，就労女性の職業生活と健康の関係，中高年の引退過程をテーマとした調査も，少なからず実施されている。

そして1980年代中葉からは「ストレス」が調査課題に含まれるようになり，肉体的な疲労だけでなく，精神的な疲労の把握にも視点が注がれるようになった。このころの時代の変化に対応している調査として代表的なものは，(1) 職場における技術革新とOA化が労働者の心身に与える影響をストレスや精神疲労との関連で追究した調査，(2) 過労死の問題化を受けて労働生活・余暇・生活習慣と疲労・ストレスの関係を分析した調査，(3) サービス産業の24時間営業を背景として深夜労働と健康との関係を問う調査，などがある。

さらに1990年代に入ると，健康状態とフレックスタイム制との関係を究明する調査や，年齢層や性別で対象を限定して健康管理の視点から就労と健康との関係を追究する調査が行なわれている。

これらの調査のなかから，本章では3つの研究を選択的に取り上げる。

第一は，健康状態と社会階層との関連に関する調査研究である。結論を先に述べると，健康状態は社会階層の違いによってかなり異なる。「肉体的負担」からくる不健康はブルーカラー層で顕著である。他方，「精神神経負担」からくる不健康は管理的ホワイトカラー層で顕著である。このことは，日本の産業構造が脱工業化し，就業構造がホワイトカラー化してくると，健康問題の位相が推移してくることを示唆する。

この第一に取り上げる調査研究は都民全体のなかの壮年男性を母集団としているが，第二と第三で取り上げる研究は，職場と職種を限定した労働環境と健康管理に関する調査研究である。そのうちのひとつは中小企業で働くブルーカラー職種の従事者を対象とし，もうひとつはサービス職種のなかから福祉労働を取り上げてその従事者を対象としている。

なお以下の執筆において，第2節を石川が，第3・4節を堀畑が，そして第5節を両者が共同で担当した。

2 社会階層と健康状態

2.1 問題の所在

一般的にいえば，国民の健康状態は過去半世紀の間に改善され向上してきたようにみえる。平均寿命は顕著にのび，いまでは日本人の平均寿命の長さは世界のトップに位置するにいたっている。医療保険制度や集団検診などの普及は，国民の健康状態の底上げに寄与し，職業階層や所得の格差から生ずる医療と保健の面での不平等を縮小する働きをしてきたことは否定できない。

それにもかかわらず，社会階層との関連で健康状態に注目してみると，無視できない諸事実が浮かび上がってくる。さまざまな職業病の存在，長時間の高密度労働にともなう疲労の増大等々。そのなかで，ここではとくにつぎの2つの研究が触れている点に関心をおきたい。

第一は，山崎喜比古（1983）が東京都の4つの保健所管区を取り上げて，壮年期男子死亡率の地域差を明らかにしたものである。これによると，山の手の2つの管区と下町の2つの管区との間に，壮年期男子死亡率の明瞭な差が見出される。つまり，下町のそれのほうが統計的にみて有意に高い。ところで，ここで観察された山の手の2管区と下町の2管区とでは，職業構成や所得水準の点でやはり明瞭な違いがみられる。壮年期男子死亡率の高い下町の2管区では，山の手の2管区に比べて肉体労働者が多く，所得水準は相対的に低い。このことから，社会階層的にみて，肉体労働者，低所得層が健康上の問題層をなしていることが予想されてくる。

第二は，嵯峨一郎（1984）が管理者層を中心にホワイトカラー層に関して精神病理の状態を分析したものである。嵯峨は管理者層の調査データから，「ほぼ5人に1人の割合でうつ状態がみられるということは，うつ病がかなり広く存在するということをはっきり物語っている」（嵯峨 1984: 202）と指摘している。このことは，肉体労働者，低所得層とはまた別な問題層が存在していることを示唆している。

本章の課題は，このような問題状況を背景として，「中流化」が進んだと

いわれる現在の日本社会において，健康状態に関してどのような階層差が存在しているかを検討し，社会階層との関連で健康状態の諸側面を分析していくことにある。

2.2 分析の方法と素材

本論には入るまえに，ここで用いる分析方法について述べておく必要がある。

まず問題となるのは社会階層の捉え方と区分のしかたについてである。

社会階層の捉え方についてはいくつかの方法がある（石川 1972）。そのなかでとくによく用いられているのは，職業による階層区分と所得による階層区分であるが，わが国の場合，所得水準や職業的人生がその人の勤務する企業の規模とその企業のなかでの従業上の地位によって大きく左右されることが指摘されており，この点に着目した階層区分も意味をもつと思われる。それゆえ，本章では社会階層を「職業」と「所得」と「企業規模および従業上の地位」という3つの次元でとらえ，そのそれぞれを「職業階層」，「所得階層」，「規模階層」と呼ぶことにする。そして職業階層に関しては「専門・技術職」，「管理職」，「ホワイトカラー的業主・役員」，「一般ホワイトカラー」，「肉体労働的業主・役員」，「肉体労働従事者」に分け，所得階層に関しては年収の高さによって「低所得層」（200万円未満），「中所得層」（200～400万円），「準高所得層」（400～700万円），「高所得層」（700万円以上）に区分し，規模階層については「自営業主」，「小企業主」，「企業主」，「臨時・日雇」，「小企業従事者」，「中企業社員」，「大企業社員」，「大中企業役員」，「官公勤務者」の9層を設ける。それぞれの階層区分の方法については，石川（1984）を参照されたい。

つぎの方法上の問題は，健康状態をどのように捉えるかについてである。これに関しては，①不健康状態の程度と，②不健康要因の，2点から捉える。

①不健康状態の程度については，（イ）「最近の体調」と（ロ）「不健康状態の訴え」からみる。

（イ）「最近の体調」に関しては「健康だ」という回答に＋2点，「まあ健康だ」に＋1点，「あまりおもわしくない」に－1点，「おもわしくない」に

−2点を与え，各選択肢に回答した被調査者の数にこれらの点を乗じて，階層ごとに平均値を出し，そのあと，各階層の平均値と全体の平均値の差を求める。ここで得られる差の数値から，「最近の体調」の階層差をみていく。

（ロ）「不健康状態の訴え」に関しては，ⓐ腰が痛い，ⓑ目が疲れる，ⓒよく肩がこる，ⓓ胃腸の調子が悪い，ⓔ風邪をひきやすい，ⓕ疲れやすい，ⓖこのごろ全身がだるい，ⓗしばしば目眩がする，ⓘこのところ頭が重い，ⓙ根気がつづかない，ⓚ自分の好きなことでもやる気がしない，ⓛ頭がさえない，ⓜ生活にはりあいを感じない，ⓝイライラすることが多い，ⓞささいなことが気になる，ⓟ心配ごとが多い，ⓠ気が散ることが多い，という項目をあげて，被調査者に「はい」「いいえ」「どちらでもない」の選択肢のどれかに回答してもらい，その結果を因子分析にかけ，「局所的な疲労」（ⓐ～ⓒ），「身体の弱化・不調」（ⓓ～ⓘ），「気分・意欲の低下」（ⓙ～ⓜ），「精神的不安定」（ⓝ～ⓠ）の4つの項目群にまとめた。そして「はい」を−1点，「どちらでもない」を0点，「いいえ」を＋1点として各項目群ごとに階層別に平均値を出し，その値と全体の平均値の差から階層的特徴をみていく。

②不健康要因は，（イ）職業上の要因と，（ロ）生活上の要因からみていく。

（イ）職業上の要因については，ⓐ仕事の量が多い，ⓑ休憩がとりにくい，ⓒ仕事にしばられる時間が長い，ⓓ休暇がとりにくい，ⓔ休暇が少ない，ⓕ頭をかなり使う，ⓖ神経がかなり疲れる，ⓗ仕事の責任が重い，ⓘ職場の対人関係に気を使う，ⓙ騒音・ほこり・温寒・照明など環境が悪い，ⓚ危険が多い，ⓛ力仕事である，ⓜ体の一部を集中的に使う，ⓝ仕事が単調である，ⓞ今の仕事に興味がもてない，ⓟ今の仕事に自分の能力が生かせない，ⓠ今の仕事は自分に向いてない，という項目を用意し，選択肢としては「はい」「いいえ」「どちらでもない」を設け，被調査者の回答を因子分析にかけたところ，「繁忙・過密性」（ⓐ～ⓔ），「精神神経負担」（ⓕ～ⓘ），「肉体的負担」（ⓙ～ⓜ），「自己疎外性」（ⓝ～ⓠ），という4つの項目群が浮かびあがってきた。

（ロ）生活上の要因については，ⓐ睡眠時間が不足しがちである，ⓑ生活が不規則である，ⓒ余暇時間が少ない，ⓓ十分休養がとれない，ⓔ栄養が不足しがち・偏りがち，ⓕ朝食ぬきのことがよくある，ⓖ外食が多い，ⓗ酒を

飲みすぎる，ⓘタバコの量が多い，ⓙ住居が狭い，ⓚ住環境が悪い，という項目について，同様に因子分析を行ない，「休養不足」(ⓐ～ⓓ)，「欠陥のある食生活」(ⓔ～ⓖ)，「過度の飲酒・喫煙」(ⓗ～ⓘ)，「不良な住居条件」(ⓙ～ⓚ) という項目群を得た。

このようにして得た不健康要因群のそれぞれについて，先に触れた「不健康状態の訴え」の場合と同じ手順で各階層の平均値と全体の平均値を求め，両者間の差をみてそれぞれの階層の特徴をみていく。

ここで用いる素材は「壮年期男子の職業生活と健康に関する調査」(飯島伸子・山崎喜比古・石川晃弘担当，1981年度実施) から得られたものである (都労研1983)。調査対象として取り上げられたのは江東区の2保健所管区と杉並区の2保健所管区に住む35歳以上60歳未満の男子で，サンプルは3,100人，調査方法は質問紙を用いた配票調査で，回収された調査票のうち有効票数は2,286であった。

2.3 職業階層別にみた健康状態

まず，「最近の体調」，「不健康症状の訴え」，「職業上の不健康要因」，「生活上の不健康要因」のそれぞれについて，職業階層別に回答分布を平均値の形で求めた (石川1984)。

このうち，まず「最近の体調」と「不健康症状」について，各階層の平均値と全体の平均値との差を求め，その差が+0.05以上のものを○印，-0.05以下を×印で示すと，表Ⅷ-1のようになる。

この表をみると，概して専門・技術職と肉体労働従事者の健康状態が，管

表Ⅷ-1 不健康状態の職業階層差

	最近の体調	身体不調・弱化	気力・意欲低下	精神的不安定	局所的疲労
専門・技術職	×	×		×	
管理職		○	○		○
ホワイトカラー的業主・役員	○				○
一般ホワイトカラー					○
肉体労働的業主・役員					×
肉体労働従事者	×	×			×

出所：石川 (1984) より作成。

理職やその他のホワイトカラー的職業従事者に比べて問題を含んでいることがうかがわれる。専門・技術職と肉体労働従事者には、「最近の体調」がすぐれないという者、「身体の不調・弱化」を訴える者が、他の職業階層に比べて多い。そしてその不健康状態は、専門・技術職の場合には「精神的な不安定」、肉体労働従事者の場合には身体の「局所的な疲労」と結びつきをもっている。

つぎに、職業上および生活上の「不健康要因」に関して、同様に各階層の平均値と全体の平均値の差を求めて、その差が0.05〜0.14を○、0.15〜0.29を○○、0.30以上を○○○、-0.05〜-0.14を×、-0.15〜-0.29を××、-0.30以下を×××として表示すると、表Ⅷ-2のようになる。

この表から、先に問題となった専門・技術職と肉体労働従事者における不健康要因をみてみると、専門・技術職については、職業上、「肉体的負担」や「自己疎外性」の面で他の階層より恵まれた地位にいるが、「精神神経負担」や「繁忙・過密性」は他の階層より重く、生活上では住居条件が比較的よく飲酒・喫煙の点でも自重しているが、「休養不足」におちいっている傾向がある。これに対して肉体労働者の場合には、「精神神経負担」は他の階層に比べて小さいが「肉体的負担」が大きく、「自己疎外性」も大きい。生活面では住居条件はよくないが休養は比較的とっている。このように、専門・技術職と肉体労働従事者とでは、他の階層に比べて体調の悪さを訴える者が同様に多いといっても、それをもたらしていると思われる職業上および

表Ⅷ-2　不健康要因の職業階層差

	職業生活上の要因				日常生活上の要因			
	肉体的負担	精神神経負担	繁忙・過密性	自己疎外性	休養不足	過度の飲酒・喫煙	欠陥ある食生活	不良な住居条件
専門・技術職	○○	××	×	○○	××	○		○
管理職	○○	××	×	○○	×			○○
ホワイトカラー的業主・役員		○○	××		×	×		
一般ホワイトカラー	○○	×		×	○			
肉体労働の業主・役員	×××	○			○		○	
肉体労働従事者	×××	○○		××	○			××

出所：石川（1984）より作成。

生活上の要因に著しい相違がみられる。

　なお，他のホワイトカラー的職業，とくに管理職と業主・役員の場合には不健康症状を訴える者の割合が相対的に小さいが，職業上および生活上の問題をみると，管理職においては「肉体的負担」や「自己疎外性」が小さいかわりに「精神神経負担」と「繁忙・過密性」が大きくて「休養不足」の者も多く，業主・役員になると「精神神経負担」は小さくなるが「繁忙・過密性」はいっそう大きくなり，やはり「休養不足」の者が多い。一般ホワイトカラーの場合には「肉体的負担」が小さいばかりでなく「繁忙・過密性」も小さく，休養も比較的とられているが，「自己疎外性」が大きく，「精神神経負担」も小さくない。

2.4 所得階層別にみた健康状態

　つぎに，所得階層別に健康状態に関する回答分布を平均値の形で求める（石川 1984）。

　ここに示された平均値を基礎として，先に職業階層別の健康状態を観察したのと同じ方法で各階層の特徴を表示すると，表Ⅷ-3のようになる。

　これによると，まず，「最近の体調」と「不健康状態」に関して，概して低所得層のほうが健康状態が悪く，高所得層のほうがよいというように，所得と健康状態の間に正の相関があるようにみえる。とくに雇用者の間で，それが明瞭にみとめられる。雇用者においては，低所得層は「最近の体調」，

表Ⅷ-3　不健康状態の所得階層差

	最近の体調	身体不調・弱化	気力・意欲低下	精神的不安定	局所的疲労
業主					
低所得層	×	×	×	×	○
中所得層	○				
準高所得層	○	○		×	
高所得層					×
雇用者					
低所得層	××	××	××	×	×
中所得層	×				
準高所得層					
高所得層	○	○	○	○	

出所：石川（1984）より作成。

「身体の不調・弱化」,「気力・意欲の低下」,「精神的な不安定」,「局所的な疲労」のいずれの指標をみても,その健康状態は他のより高い所得の諸階層に比べて相対的に悪条件にある。中所得層は,「最近の体調」において「準高所得層」や「高所得層」より劣位にある。これに対して「高所得層」は,「最近の体調」が他の階層に比べてよいだけでなく,「身体の不調」,「気力・意欲の低下」,「精神的な不安定」を訴える者の割合も,相対的に小さい。

他方,業主のなかをみると,やはり低所得層は「最近の体調」,「身体の不調・弱化」,「気力・意欲の低下」,「精神的な疲労」の点で,より上の階層に劣る。ただし「局所的な疲労」を訴える者の割合に関しては,低所得層において小さく,高所得層において大きい。なお,「最近の体調」がよいという者の割合は,高所得層よりもむしろ中所得層や準高所得層のほうが大きい。

つぎに,先に職業階層別にみたのと同じ方法で所得階層別に職業上および生活上の「不健康要因」の分布を示すと,表Ⅷ-4のようになる。これによると,各要因の分布状況が階層によって異なることがわかる。

職業生活上の要因の分布はつぎのような特徴をもっている。

「肉体的負担」が大きいのは業主および雇用者のなかの低所得と中所得層であり,それが小さいのは雇用者の準高所得層,とくに高所得層である。「自己疎外性」もこれに似た分布をしており,業主も雇用者も,低所得層ほどこれが大きく,高所得層ほど小さい。要するに,「肉体的負担」と「自己

表Ⅷ-4 不健康要因の所得階層差

	職業生活上の要因				日常生活上の要因			
	肉体的負担	精神神経負担	繁忙・過密性	自己疎外性	休養不足	過度の飲酒・喫煙	欠陥ある食生活	不良な居住条件
業主								
低所得層	××	○○		×			×	××
中所得層	××	○○		×				×
準高所得層		○	××	○	×			○
高所得層		×	××	○○		×		○○
雇用者								
低所得層	×××	○○	○○	××		××	×	××
中所得層	××			××	○			××
準高所得層	○○	××			×			○
高所得層	○○○	×××		○○	×			○○○

出所:石川(1984)より作成。

疎外性」は明瞭に所得の高さと正の相関をしていて，低所得層ほど問題をかかえているといえる。

これに対して「精神神経負担」は，業主においても雇用者においても低所得層および中所得層で訴えが少なく，逆に高所得層，とりわけ雇用者の高所得層にその訴えが多い。ここでは問題が，むしろ所得の高い階層のほうにある。「繁忙・過密性」も所得の高さと相関をもっているようにみえる。この点については業主の高所得層および準高所得層に問題が多く，雇用者の低所得層にそれが少ない。

概して，職業上の不健康要因に関しては，低所得層および中所得層に「肉体的負担」や「自己疎外性」の問題が相対的に大きく，高所得層になると「精神神経負担」や「繁忙・過密性」の問題が大きい，ということができる。

日常生活上の不健康要因の分布も所得階層によって異なる。「不良な住居条件」は所得の高さと相関を示しており，低所得層では相対的に劣位にあり，高所得層ではよい条件にある。「欠陥のある食生活」の問題はそれほどはっきりした階層差をみせないが，それでも低所得層には他のより高い階層に比べて問題が多い。これに対して「休養不足」の問題はむしろ準高所得層，高所得層のほうに多い。「過度の飲酒喫煙」の問題は，業主では高所得層に，雇用者では低所得層に多くでている。

日常生活上の要因について所得階層別の特徴を要約すれば，低所得層のほうに食・住生活上の問題が相対的に大きく，高所得層のほうに休養不足の問題が大きいといえる。

2.5 規模階層別にみた健康状態

こんどは，健康状態に関する回答分布を規模階層別に平均値の差で求める（石川 1984）。

これを基礎にして先と同じ方法で規模階層ごとの特徴を示すと，表Ⅷ-5が得られる。

これによると，業主と雇用者とでやや異なった特徴がみられる。

雇用者に関しては，規模および地位のヒエラルヒーが健康状態にかなり相関している。臨時・日雇においては「最近の体調」，「身体の不調・弱化」，

表Ⅷ-5　不健康状態の規模階層差

	最近の体調	身体不調・弱化	気力・意欲低下	精神的不安定	局所的疲労
自営業主					
小企業主	○	○			
企業主		×		×	
臨時・日雇	××	××	××	××	××
小企業従業者	×				
中企業社員					
大企業社員	○		○		
大中企業役員		○	○	○	○
官公勤務者	○				

出所：石川（1984）より作成。

「気力・意欲の低下」,「精神的な不安定」,「局所的な疲労」のどれをとっても，もっとも劣位にある。また，小企業従業者は，臨時・日雇ほどではないが「最近の体調」の悪さを訴える者の割合が他の階層に比べて大きい。これに対して大企業の社員，とくにその役員層はよい状態にある。官公勤務者も，「最近の体調」の点では臨時・日雇や中小企業従業員に比べてよい状態にある。

業主に関しては，自営業主や小企業主よりもむしろ企業主のほうに問題がでている。この層では「身体の不調・弱化」,「精神的な不安定」の点で，訴える者の割合が相対的に大きい。

つぎに表Ⅷ-6から，職業上および生活上の不健康要因の分布状況をみてみよう。

雇用者の間における職業上の要因についてみると，ここでも規模階層による差異が顕著にあらわれている。臨時・日雇の場合には「肉体的負担」と「自己疎外性」が諸階層のなかでもっとも大きく，小企業従事者がそれに次ぐ。しかし，これらの階層においては「精神的負担」や「繁忙・過密性」の問題は相対的に小さい。この2つの階層に対して対照的なのは大中企業役員で，この場合には「肉体的負担」や「自己疎外性」は顕著に小さいが，そのかわりに「精神的負担」や「繁忙・過密性」はもっとも大きい。大企業社員と官公勤務者の場合もこれに近いが，「繁忙・過密性」は大中企業役員よりも小さい。中企業社員は，臨時・日雇，小企業従事者の不健康要因群と大中企業役員，大企業社員，官公勤務者のそれとの，ちょうど中間の特徴をみせ

表Ⅷ-6 不健康要因の規模階層差

	職業生活上の要因				日常生活上の要因			
	肉体的負担	精神神経負担	繁忙・過密性	自己疎外性	休養不足	過度の飲酒・喫煙	欠陥ある食生活	不良な住居条件
自営業主	××	○○			×			×
小企業主	×	○						○
企業主		×	××	○○	×	×	×	○
臨時・日雇	×××	○○	○	××	○	××	××	×××
小企業従業者	××	○○	○	×		×		××
中企業社員				×	○			
大企業社員	○○○	××		○	×			○
大中企業役員	○○○	×××	××	○○		×	×	○○○
官公勤務者	○○	××		○				

出所：石川（1984）より作成。

ている。

業主の場合には，自営業主において「肉体的負担」が大きいかわりに「精神神経負担」は小さく，小企業主もこれに似ているが，企業主になると「精神神経負担」や「繁忙・過密性」が大きくなり，他方，「自己疎外性」は顕著に小さい。

生活上の要因の分布にも階層差がみられる。

臨時・日雇においては「休養不足」からは比較的免れているが，飲酒・喫煙，食・住生活上，他の階層よりも多くの問題をもっている。小企業従事者もこれに似ている。これに対して大中企業役員は住居条件にめぐまれているが「休養不足」の問題を多くかかえており，飲酒・喫煙や食生活の問題も相対的に多い。大企業社員と官公勤務者は，役員層ほどではないにせよ比較的めぐまれた住居条件をもっているが，大企業社員においては「休養不足」の問題が相対的に多い。

業主のなかでは，自営業主が「休養不足」と「不良な住居条件」の問題を相対的に多くもち，企業主の場合には住居条件は比較的いいが，食生活や飲酒・喫煙に問題のある者が相対的に多く，また「休養不足」の問題も大きい。

2.6 階層区分の方法の相違からみた階層差

以上において，職業，所得，規模と地位，という3つの次元で階層区分を

行ない，それぞれについて不健康状態とその要因に関して階層差の析出を試みた。つぎに，これら3つの次元を相互比較することによって，不健康状態とその要因がどの次元の階層区分によって階層差をきわだたせているかを検討する。そのための方法として，それぞれの区分次元ごとに，先にみた各階層の平均値と全体の平均値との差を求め，その差の絶対値の和を階層数で除し，そこで得られた数値の大小によって比較していく。要するに，それぞれの次元ごとに，全体の平均から各階層がどれだけズレているかを量的につかもうというのである。

　こうして得られた数値をまとめて示すと，表Ⅷ-7のようになる。

　この表から，まず，不健康状態についてみてみよう。

　「最近の体調」に関しては所得階層による差がもっとも顕著である。職業階層による差もやはりみられるが，それは所得階層や規模階層ほどには顕著でない。これと同じことは「気力・意欲の低下」と「精神的な不安定」についても指摘できる。「身体の不調・弱化」は所得階層と規模階層とで差が大きい。「局所的な疲労」はむしろ職業階層と規模階層で差が大きく，所得階層による差はそれほど大きくない。

　以上の結果を別の角度からみるならば，所得階層による差がよくあらわれているのは「最近の体調」，「身体の不調・弱化」，「気力・意欲の低下」，「精神的な不安定」で，規模階層による差がよくあらわれているのは「身体の不調・弱化」と「局所的な疲労」で，職業階層による差がよくでているのは「局所的な疲労」だということができる。要するに，健康-不健康状態の階層差は所得の高さとかかわりのある社会的階層分化と強い結びつきをもってあらわれていて，「局所的な疲労」のような問題はそれよりもむしろ職業や職場の条件に結びついている，とみることができよう。

　つぎに不健康要因についてみてみよう。

　職業上の要因に関しては，「肉体的負担」は職業階層でも所得階層でも規模階層でも大きな差をみせているが，とりわけ職業階層の違いによる差がもっとも大きい。「精神神経負担」はやはりどの次元の階層区分においても階層差が大きく，しかもその差の大きさはどの次元でも同じである。「自己疎外性」は規模階層においてもっとも大きな差がみられ，所得階層や職業階層

表VIII-7　階層区分の次元からみた階層差のひらきの大きさ

	職業階層	所得階層	規模階層
不健康状態			
最近の体調	0.05	0.08	0.06
身体の不調・弱化	0.04	0.06	0.06
気力・意欲の低下	0.03	0.07	0.05
精神的不安定	0.03	0.06	0.05
局所的疲労	0.06	0.04	0.06
職業生活上の不健康要因			
肉体的負担	0.31	0.23	0.25
精神神経負担	0.18	0.18	0.18
繁忙・過密性	0.08	0.07	0.07
自己疎外性	0.12	0.15	0.22
日常生活上の不健康要因			
休養不足	0.10	0.07	0.08
過度の飲酒・喫煙	0.05	0.05	0.07
欠陥のある食生活	0.03	0.04	0.05
不良な住居条件	0.11	0.16	0.14
健康管理法			
成人病予防の食健康法	0.02	0.03	0.03
健康保持の食健康法	0.03	0.04	0.05
民間療法	0.02	0.03	0.03
運動法	0.04	0.05	0.05

出所：石川（1984）より作成。

による差は小さくはないが，規模階層にみられる差ほどには大きくない。「繁忙・過密性」は上にみた3つの要因に比べてどの次元でも階層差が小さいし，次元による違いもほとんどない。要するに職業上の不健康要因に関しては，「肉体的負担」における職業階層差と，「自己疎外性」における規模階層差がある。

　生活上の要因に関しては，どの次元についても職業上の要因ほど大きな階層差はみられないが，そのなかでつぎのような差を検出することができる。すなわち，「休養不足」については職業階層による差がもっとも大きい。「過度の飲酒・喫煙」はどの次元でも階層差は概して小さいが，そのなかで比較的差がみられるのは規模による差である。「欠陥のある食生活」についてもこれと同様である。「不良な住居条件」はかなり階層差をみせており，とくに所得階層の違いによる差が著しく，規模階層による差も大きい。

　生活上の不健康要因について要約するならば，「休養不足」はとくに職業

階層の違いにより,「過度の飲酒・喫煙」,「欠陥のある食生活」はどちらかというと規模階層の違いにより,「不良な住居条件」は主として所得階層の違いによって階層差があらわれているといえる。

2.7 この節の結論

以上の観察と分析の結果,健康状態とそれに関連した職業上および生活上の要因に関して,階層的差異が存在していることが検出された。そしてその差異の内容は,階層分化の次元によって違った様相を示していることも明らかとなった。

まず,一般的な健康・不健康状態に差異をもたらしているのは,主として所得の高さと結びついている社会的階層分化である。いいかえれば,所得の高さ低さと結びついた階層の上下によって,健康・不健康状態に差がでているのである。また,所得の高低による階層の分化は,健康・不健康要因のひとつとしての住居条件のよしあしの差をもたらしている。

しかし,「局所的な疲労」とか「肉体的負担」という不健康状態と不健康要因に差をもたらしているのは,所得の高低そのものよりもむしろ,職業の違い,労働様態の違いから派生している階層分化である。とくに「肉体的負担」に関しては,ブルーカラー的職種の従事者に顕著にみられるが,同時にそれは地位ヒエラルヒーでは臨時・日雇労働者,所得ヒエラルヒーでは低所得層にあらわれている。他方,「精神神経負担」は,管理的ホワイトカラー層,高所得層に顕著である。「休養不足」の問題も管理的ホワイトカラー層において相対的に大きい。

不健康要因としての職業活動上の「自己疎外性」は,とくに企業規模とそのなかにおける地位ヒエラルヒーによる差異をみせている。勤務先の規模が大きく,しかもそのなかで管理的地位についている者ほどこの問題は小さく,逆に小企業従事者,とりわけ雇用上の地位が臨時・日雇という者において問題が大きい。

「中流化」したといわれる現在の日本社会のなかで,その中堅を占める壮年男子の健康状態をみてみると,このように,健康・不健康状態に明らかに階層差が見出され,しかもその不健康状態をもたらす職業上,生活上の要因

に，明らかに階層的特徴があらわれている。これは，保健医療にかかわる社会政策のありかた，さらには広く福祉一般を論じるさいに見落とすことのできない論点であろう。

3 中小事業所の環境改善と健康管理

3.1 調査の目的と方法

中小規模事業所での労働者の健康管理は大規模企業に比べ遅れがちであり，集団検診を実施していない零細な事業所も多い。

中小規模事業所で発生している労働衛生的課題は，労務管理を十分に実施している大企業とは異なり，集団健康診断の実施，人間ドックの助成といったことから，建設業従業者のように仕事場が変化する人たちにとっての昼食場所の確保や休憩場所の確保といったところまで細部にわたっている。また，中小規模事業所では，その労働職場特性によっては労災・職業病の発生もあるため，この予防も必要な取り組みになる。

鉱山労働者の共同体のなかに見出された家族主義的結合原理（松島 1951）を出発点とし，多くの大企業が戦前までは経営家族主義を掲げ（間 1960），その後も大企業では労使が協力して心理的・物質的諸欲求を充足させる「企業コミュニティ」を形成してきた（間 1978）。この経営家族主義的な考え方は経営者側だけでなく労働者の側にもあり，労働者は企業を運命共同体，あるいはひとつの大きな家のようなものと感じていた（尾高 1960）。働く者は生活の保障と引き換えに企業に忠誠をつくすという考え方である。現在でも建設現場などには意識として残っているが，働く人々は高賃金と引き換えに危険な職業に従事し，怪我は個人の責任に還元させていた。怪我は個人の過失であって企業を訴えるという考え方をもつことは一般的ではなく，自己責任として納得してきたので，労災についての意識は高くなかったのである。この「企業コミュニティ」という規範的な性格は中小企業にも及び（ウィッタカー 1999），こうした意識をもって，大企業に比べて密着した人間関係を形成している職場では，企業にマイナス・イメージを与えるような

労災や職業病は問題化されにくく、企業にプラスのイメージを与える予防の取り組みのほうが受け止められ、取り組みやすいものとなっている。

また、企業には労働者の健康に配慮し、労災・職業病の予防や健康管理を実施する安全保護義務がある。大企業では、従業員が健康で安心して働けるように、健康診断の集団受診や産業医との連携といった法的責任の範囲や、福利厚生に力を入れている企業では健康増進を目的としたスポーツクラブとの提携など、健康管理への自発的な取り組みもなされるようになってきた。その背景には、企業側の責任とされる範囲が拡大してきたこと、健康が世論の大きな関心事になったこと、従業員が病気にならないよう予防的措置を講じたほうが経費はかからないことなどがあった。

この法的責任の範囲である集団健康診断は10人以上の従業員規模の事業所での実施であったり、産業医との連携は50人以上の従業員規模の事業所での実施であったりと法的要件が異なり、小零細事業所には義務が課されないことも多く、一般に遅れがちである。しかし、小零細事業所でも法的責任の範囲だけでなく、人間ドックの助成やシャワーや風呂の設置、清潔なトイレの確保といったように自発的責任の範囲にも及ぶ健康管理や、それを含む労務管理が従業員側からも求められ、それに応じる経営者もでてきている。

東京都の労働災害死傷者数は1978年をピークに減少し、2002年には9,911人、死亡者数は98人とはじめて100人を切って過去最低となり、全国でも2002年には12万5,918人、死亡者数は1,658人と過去最低となった。業種別では建設業が40.8％ともっとも高い水準で推移し、ついで運輸交通業の12.2％、製造業の9.2％となっている。しかし、労働災害の発生頻度（労働災害による死傷者数に対する延べ実労働時間数）を示す度数率は、1992年と比較して約0.8ポイント低下の1.53になった。この度数率は1998年には1.40と過去最低にまで落ち込み、2001年まで1.77と徐々に上昇傾向にあったが低下したのである。労働災害の重大さを示す強度率（労働損失日数に対する延べ実労働時間数）では、1994年に0.27程度あったものが0.09まで落ち込んでいる[1]。これより、実数としては減ったものの、発生頻度や発生した労働災害の重大さからすれば、良くなっているとは言い切れない。

発生頻度や強度率が減少傾向にあり、職場改善が進んできていた時期に調

査を実施した「中小規模事業所の環境改善と健康管理に関する現場従業員の意識調査」(朝倉隆司・堀畑まなみ・小泉智恵担当，1995年度実施)の諸結果をここでみてみる (都労研1997b)。これは，3K (きつい，汚い，危険) に対抗するべく，3S (ソフト，セイフティー，サニタリー) 職場を目指した快適職場づくりの視点から調査を行なったものである。

この調査は，(1) 建設業と製造業に絞り，1993年度実施の事業主の意識と現場作業従事者の意識を比較，(2) 仕事関連で生じた，あるいは生じそうになった怪我や，心身の変調の把握，(3) 就業継続意思の把握，を目的とした。

調査では，建設業と製造業から従業員規模10人以上99人以下の工場・作業所をサンプリングし，建設業・製造業とも500事業所ずつ抽出した。抽出された事業所に宛てて，現場で働いている男性2人 (40歳未満1名，40歳以上1名)，女性1人に調査票の手渡しをお願いし，受け取った本人から回答を直接郵送回収とした。調査は，1,000事業所で各3人，計3,000票の配布で1995年11月に実施した。依頼した事業所が調査票を対象者すべてに配票したとすると，男性23.8%，女性17.3%の回収率であった。

3.2 仕事の特性

作業現場での実態把握のために作業態様を聞いたところ，表は掲載しないが「時間に迫られて作業をする」，「精神的な負担が大きい仕事である」，「仕事の量が多い」，「一人で作業や仕事をしている」，「同じ姿勢や無理な姿勢での作業が多い」，「仕事上有害物や危険物を良く扱う」という特性については大きな差はなく，建設業，製造業両方の仕事の特性として捉えることができる。

さらに，建設業では「作業で衣服や手などが汚れたり，汗で汚れる」，「屋外で作業をすることが多い」，「保護具や防具をつけて作業しなければならない」，「肉体的にきつい仕事である」，「深夜10時以降や早朝に仕事をすることがある」という特性があげられ，製造業では「仕事が単調である」という

---

1) 東京都「東京の産業と雇用就業2004」より。

3.3 職場の環境改善・サポートシステムの改善状況と改善要望

この調査は1993年に労働衛生部門実施の「中小規模事業所の環境改善と保健衛生に関するニーズ調査――3S(ソフト,セイフティー,サニタリー)職場をめざして」の続編であるため,事業主と従業員との改善状況の把握の差異をみることができる。

表Ⅷ-8は建設業と製造業に分けて,「3K的と考えられるものの軽減」について,事業主と従業員とで「該当職場がない」とした回答がそれぞれどれだけだったかをみたものである。

建設業,製造業の現場はさまざまあり,そもそも該当する職場がない場合や,職場の環境改善が進み,該当しなくなった場合も考えられるため,選択肢に「該当する職場がない」の項目を含め,訊ねてみた。

この表より,事業主と従業員との間で認識に違いがあるものは,製造業の「きつい肉体労働の軽減」と「悪条件で働く従業員の待遇改善」であることがわかる。

これらの質問の回答選択肢には,「十分行っている(行われている)」,「行っている(行われている)が十分ではない」,「行っていない(行われていない)」の3つについて聴いているため,「十分に行っている(行われている)」の回答を取り出して,表Ⅷ-9にまとめた。

この表をみると,従業員のほうが事業主よりも総じて評価していることがわかる。調査実施には2年の違いはあるが,バブル崩壊の時期にあたるため,

表Ⅷ-8 職場環境・サポートシステム改善状況把握の違い(「該当する職場がない」のみ)

(単位:%)

		建設業		製造業	
		事業主	従業員	事業主	従業員
3K的要素の軽減	きつい肉体労働の軽減	30.2	25.8	42.4	32.4
	悪条件の作業環境の改善	41.2	40.8	39.9	34.3
	悪条件で働く従業員の待遇改善	31.9	27.8	47.6	38.0
	騒音の防止・抑制	34.8	31.3	37.9	31.1
	臭気対策	49.4	52.7	48.8	42.2

出所:都労研(1997b)より作成。

表VIII-9　職場環境・サポートシステム改善状況の違い（「十分に行われている」のみ）

(単位：%)

			建設業		製造業	
			事業主	従業員	事業主	従業員
A	3K的要素の軽減	きつい肉体労働の軽減	7.8	22.2	9.7	18.3
		悪条件の作業環境の改善	6.4	19.3	13.5	19.4
		悪条件で働く従業員の待遇改善	10.4	19.7	8.1	12.1
		騒音の防止・抑制	10.9	22.3	13.1	19.1
		臭気対策	4.9	12.1	8.5	14.1
B	安全で衛生的な職場環境の実践	職場の整理・整頓・清掃・清潔	33.0	59.1	28.6	36.3
		作業場での採光・明るさの確保	26.0	49.6	40.7	51.9
		作業衣の支給	―	65.5	―	52.0
		危険場所の表示・見張り	―	63.4	―	37.4
		作業機械・工具の点検・整備	―	62.4	―	46.8
C	休養・健康に配慮した設備・制度	人間ドック利用援助，検査項目充実	25.5	42.9	30.6	47.2
		スポーツ／娯楽の設備・資金援助	7.3	9.1	6.8	13.9
		シャワーや風呂の設置	16.2	32.8	13.1	16.8
		休憩室・仮眠室の設置・改善	13.5	27.4	15.8	19.1
		更衣室／ロッカーの設置・改善	27.0	42.8	34.9	45.3
		喫煙時間／場所の設置・制限	16.0	37.2	18.0	31.8
		洗面所／トイレの改善・清潔	35.2	53.7	38.1	55.5
D	ソフトな職場を目指した実践	職場や敷地内の緑化	10.6	29.0	11.3	35.1
		壁や床，作業着の色使い，デザイン	15.5	30.7	12.9	26.6
		うるおいのある職場づくり	7.8	14.2	7.7	17.7
E	休みやすい制度	夏季などの長期連続休暇	28.4	49.6	24.9	38.8

注：作業衣の支給，危険場所の表示・見張り，作業機械・工具の点検は従業員調査のみ聞いた。
出所：都労研（1997b）より作成。

　その間に急速に改善が進んだとは考えられない。評価には，「不況のなかここまでやっていれば十分」という妥協も含まれるし，先にみた企業コミュニティ的な側面からすれば，中小企業では従業員は会社が行なうことを高く評価する傾向にあることがわかる。

　それでは，改善要望はどのようになっているであろうか。要望することの背景には十分ではないという意識が含まれるであろう。

　表VIII-10は改善要望をまとめたものである。建設業では「長期連続休暇」，「人間ドックの利用援助，検査項目の充実」，「スポーツ／娯楽の設備・資金援助」，「休憩室／仮眠室の設置・改善」が20％を超える。

　製造業では「長期連続休暇」，「悪条件で働く従業員の待遇改善」，「悪条件

表Ⅷ-10　職場環境・サポートシステム改善の要望（「是非してほしい」のみ）

(単位：％)

			建設業	製造業
A	3K的要素の軽減	きつい肉体労働の軽減	12.1	18.7
		悪条件の作業環境の改善	12.5	22.3
		悪条件で働く従業員の待遇改善	19.1	26.1
		騒音の防止・抑制	10.8	15.5
		臭気対策	8.5	18.9
B	安全で衛生的な職場環境の実践	職場の整理・整頓・清掃・清潔	18.6	20.7
		作業場での採光・明るさの確保	17.0	16.1
		作業衣の支給	19.2	11.8
		危険場所の表示・見張り	16.4	11.6
		作業機械・工具の点検・整備	18.0	16.4
C	休養・健康に配慮した設備・制度	人間ドック利用援助，検査項目充実	23.9	19.4
		スポーツ／娯楽の設備・資金援助	23.8	19.8
		シャワーや風呂の設置	17.0	10.7
		休憩室／仮眠室の設置・改善	20.2	12.5
		更衣室／ロッカーの設置・改善	16.7	10.2
		喫煙時間／場所の設置・制限	13.5	14.5
		洗面所／トイレの改善・清潔	17.6	12.4
D	ソフトな職場を目指した実践	職場や敷地内の緑化	15.0	7.8
		壁や床，作業着の色使い，デザイン	11.4	12.3
		うるおいのある職場づくり	12.2	12.7
E	休みやすい制度	夏季などの長期連続休暇	24.8	27.9

出所：都労研（1997b）より作成。

の作業環境の改善」，「職場の整理・整頓・清掃・清潔」が20％を超える。

　これより，建設業では，「長期連続休暇」や「人間ドックの利用援助・検査項目充実」，製造業では，「長期連続休暇」や「職場の整理・整頓・清掃・清潔」において，表Ⅷ-9では4割からの従業員が企業を評価しているものの，評価していない人たちにとっては不満足であり，しかも改善のニーズも高いことがわかった。これらは，まだまだ改善の余地があろう。

　また，製造業で上位の「悪条件の作業環境の改善」や「悪条件で働く従業員の待遇改善」については，前掲の表より「該当する職場がない」の回答も事業主では4割から5割，従業員では3割強の数値であるものの，該当する職場で「十分に行っている」と自信をもった回答は事業主で1割，従業員で1割から2割であるので，これらについてもニーズが高く，改善の余地があることがわかった。

最後に，安全衛生や健康確保のための設備や制度，職場環境の改善実施と従業員の定着について取り上げる。表は掲載しないが事業主調査では，「非常に重要」(7.9%)と「かなり重要」(27.6%)を合わせて35.5%であるものの，従業員調査では，「非常に役立つ」(42.3%)と「かなり役立つ」(38.5%)を合わせて80.8%になっていた。これは，従業員は企業に賃金以外の側面について価値をおき，評価をすることのあらわれであると読み取ることができ，心理的，物質的諸欲求の充足が今日でも求められているということの検証であると考えられる。

3.4 この節の結論

中小規模事業所のなかでも建設業と製造業の両現場では，時間に迫られて仕事をする，仕事の量が多い，一人で作業や仕事をしている，同じ姿勢や無理な姿勢での作業が多い，仕事上有害な危険物をよく扱う，といった労働職場特性はまだあり，3K的な要素はすべて払拭することは難しいものの，改善は進みつつあり，それについては従業員側も評価している。また，精神的な負担が大きい仕事が特性としてあげられていたように，サービス業のストレス要因と同様に「仕事に精神的な負担感」を持っている。これは，肉体労働の職場だからというわけではなく，労災・職業病が重要課題であったために重要視されてこなかったからであって，改善が進んできている今日，中小規模事業所においてもストレス研究が重要になってくることを意味している。

サポートシステムの実施で，従業員のほうが事業主よりも高い評価をしているが，これは企業コミュニティ的側面や密着した人間関係のため，事業主の考え方が従業員に伝わりやすい現状をあらわしている。

改善要望に関しては，建設業の場合「休養・健康に配慮した設備・制度」や「安全で衛生的な職場環境の実践」の項目で総じて製造業よりも高くなっている。建設業は労災発生率ももっとも高い業種であるので，さらなる改善が必要である。この改善は現場レベルの小さな改善であっても効果があることはわかっているので，ぜひ実施してほしいと思える。

こうした取り組みは，従業員は役立つと評価しており，定着に影響を及ぼすことになる。3Sの十分な取り組みを実施することで魅力ある職場になり

うることから，若年者の確保につながると考えられる。
　小零細事業所での密着した人間関係では，従業員の要望も伝わりやすいので，現場の考えを入れた改善を望みたい。

4　高齢者福祉施設における専門職の労働と健康

4.1　調査の目的と方法

　高齢者福祉の労働は，利用者を入浴させたり，寝返りをうたせたり，車椅子に移動させたりといった肉体労働が主流であり，人が人を相手にするため「感情を扱う」労働（Hochschild 1983）でもある。この仕事は，ホームヘルパーの仕事のように家事労働の延長として捉えられがちであり，親を看取った後に寮母として就労する女性や有償ボランティアとして参加している人も多く，介助技術が必要なので専門性が問われがちな領域になっている。
　高齢社会の進展にともなって，高齢者の介護・看護に従事する労働者を量的・質的に確保することが求められている反面，高齢者を対象とするヒューマン・サービス業は他の福祉分野にも共通する職業病などの問題のほかに，高齢者といった対象に起因する困難さをもつ。そのため，サービスの送り手にとって身体的・精神的に大きな負担をともなう労働になっている。
　この調査を取り上げる理由は，経済のサービス化が進展していくなかで，現在，人が人を相手にするヒューマン・サービス業という考え方がでてきたこと，また，感情を扱うということで感情労働という考え方がでてきたことである。ヒューマン・サービス業では機械の導入はしにくく，デスクワークなど従来のサービス業で求められてきた「静的勤労さ」[2]が求められるのではなく，製造業などの現場で求められてきた「動的勤労さ」[3]が働く人に求められる。労災・職業病の研究から始まった労働衛生では，時代とともにストレスの研究に主流が移り，職場の人間関係のみならず，利用者や，患者，客など，サービスをする対象者にまで扱う範囲が広がってきた。さらには，福祉活動が産業として成長している分野であることも，取り扱う理由のひとつである。

ここで取り上げるのは,「高齢者福祉施設における専門職の労働と介護」調査（山崎喜比古・堀畑まなみ・若林チヒロ担当,1998年度実施）から得られた諸結果である（都労研 2000）。

調査の目的は,(1) この分野で働く人の労働職場特性を明らかにする,(2) バーンアウト徴候がどのような労働職場に規定され起きているのか明らかにする,(3) 腰痛,頸肩腕症状をもつ人がいつからその症状をもち,仕事をするうえで差し障りが発生しているかどうか明らかにする,(4) 高齢者を対象とする困難さがあるなかで健康で働き続けられる職場とはどのようなものなのかを明らかにする,の4つを目的とした。

調査は,特別養護老人ホーム（以下,「特養」と略記）と養護老人ホーム（以下,「養護」と略記）の施設長,寮母・寮父,看護婦・看護士,生活指導員を対象とし,1998年11月上旬から下旬にかけ配票調査を実施した。入所定員によって職員人数を割り出し,公設公営,公設民営,民設民営という経営主体と地域による偏りを避ける配慮をした。特別養護老人ホームでは開設3年未満のものを除いた198施設から86施設を,養護老人ホームでは31施設すべてを対象とした。配票数は3,942票,有効回収票は1,631票で,回収率は41.4%であった。

4.2 腰痛,頸肩腕障害の有症率

腰痛の経験は全体で 84.2% と高率である。性別では女性のほうが高率で,

---

2) 静的勤労さとは,サービス業の進展において急増した情報の収集や分析,ドキュメントの作成など頭脳労働が主流になり,体を動かすことなく長時間椅子に座って仕事に従事する働き方であり,仕事中の喫煙やコーヒーなどのカフェインの摂取も能率のために許される。静的勤労さが求められることで,働く人々は精神神経的負担が増加し,その対処行動は喫煙やカフェインの摂取にあらわれる。この対処行動と仕事との関連は従来の職業病のような強いものではなく,ライフスタイルの側面ももつため,病気が職業に起因するかどうかは曖昧とされている。

3) 動的勤労さとは,オートメーション化にともない,辛抱強く同じ動作を繰り返して働き続ける働き方であり,身体を全体大きく動かす動作と異なり,上肢を酷使する座業,体の一部をひねる,腕・肩・頸・腰に負担がかかる,ときに無理な姿勢で作業を行なうなど,身体の一部を酷使する働き方である。これより頸肩腕障害や腰痛といった病気が発生する。

若年者に腰痛経験者が多く，20代では89.1％であった。職種・施設別では，介護職で他の職種よりも高く，特別養護老人ホームの介護職では89.7％であった。また，頸肩腕症状の経験は全体で64.2％と6割を超える高率であった。一般に頸肩腕症状は女性に高率にあらわれるが，ここでも男性全体の40.7％と比べ，女性では70.1％で，どの年齢層においても女性のほうが高率であった。男性，女性とも，年齢層が高い人ほど頸肩腕症状を経験している人が多くなっている。介護職で他の職種よりも多いが，特養と養護の差はなかった（表Ⅷ-11を参照）。

4.3 バーンアウトと個人的属性

バーンアウトとは極度の身体疲労と感情の枯渇を示す症候群である。

バーンアウトすると心身症状以外に逃避的，卑下的になる，思いやりを欠くようになる，さらに職場の人間関係がうまくいかなくなり欠勤したり仕事をやめる，家族との関係にも影響が及ぶなど，日常生活に影響があることが

表Ⅷ-11　腰痛・頸肩腕症状の経験の有無

（単位：％）

			腰痛経験あり	頸肩腕症状あり
性・年齢別	男性	29歳以下	78.5	33.5
		30～39歳	82.1	41.7
		40～49歳	76.6	44.4
		50歳以上	70.6	58.7
		全体	78.2	40.7
	女性	29歳以下	89.1	63.4
		30～39歳	85.3	68.7
		40～49歳	83.7	71.6
		50歳以上	83.3	76.9
		全体	85.5	70.1
職種・施設	介護職	特養	89.7	66.0
		養護	76.8	66.4
	看護職	特養	74.6	57.9
		養護	60.0	65.0
	生活指導員	特養	77.6	54.9
		養護	62.0	55.2

出所：都労研（2000）より作成。

指摘され，医療や福祉などの分野で患者や障害者，高齢者などのケアに従事している人々に多く生じている。調査ではMBIという17項目からなるバーンアウトスケールを用い，得点を算出し，高得点の人ほどバーンアウト徴候が高いと判断した。

表Ⅷ-12にみるように，性別による違いはなく，年齢が高い人ほどバーンアウト得点が低いことがわかった。若い人でバーンアウトした人は職場を去っていることが考えられ，状況を乗り越えられた人がこの仕事に残ったとも考えられる。経験年数別では，「1年以上3年未満」でもっとも高く，ついで「1年未満」となっており，他は経験年数が長くなるにつれてバーンアウト得点は低くなっている。職種，地位別の違いはないが，施設の種類別では特養のほうが養護と比べてバーンアウト得点が高い。

これにより，年齢が低く，経験年数が短い人ほど，また養護より特養に勤

表Ⅷ-12 バーンアウト得点と個人属性

		平均	標準偏差	F検定
性別	男性	46.7	±10.28	n.s.
	女性	47.4	± 9.64	
年齢別	29歳以下	49.0	± 9.84	***
	30～39歳	50.0	±10.55	
	40～49歳	46.4	± 8.75	
	50歳以上	43.9	± 8.90	
職種	介護職	47.1	± 9.67	n.s.
	看護職	47.8	±10.13	
	生活指導員	47.9	±10.27	
施設	特養	47.8	± 9.86	***
	養護	44.8	± 8.88	
職務上の地位	管理職	46.7	±10.03	n.s.
	一般	47.5	± 9.68	
経験年数	1年未満	45.4	± 9.58	***
	1～3年未満	48.6	± 9.81	
	3～5年未満	48.2	± 9.49	
	5～10年未満	48.0	±10.04	
	10～20年未満	46.2	± 9.79	
	20～30年未満	44.3	± 8.66	
	30年以上	40.5	±11.51	

***$p<0.001$, **$p<0.01$, *$p<0.05$, n.s.=no significant
出所：都労研（2000）より作成。

務している人のほうが，バーンアウト得点が高い傾向にあることがわかった。

4.4 バーンアウトと労働職場特性

MBIスケールで高得点を取った人を取り出し，労働職場特性，労働条件との関係を相関係数でみた[4]。ここでの労働職場特性としては13項目をあげた（表Ⅷ-13参照）。

「利用者の死亡によるつらさ」だけやや弱いが，バーンアウト得点と職場特性13項目すべてとの間に有意な差があることが，確認できた。

なかでも強い相関があったのは，「仕事の自由裁量性・面白さ」（-0.538）で，ついで「職場の組織・連携」（-0.365），「同僚との良好な関係」（-0.304），「利用者からの報酬感」（-0.302）であった。これにより，仕事が面白いと感じている人，利用者から感謝されているという報酬感を感じら

表Ⅷ-13 労働職場特性とバーンアウト得点の関係（相関係数）

			相関係数
労働職場特性	仕事の質的な特性	利用者からの報酬感	-0.302***
		仕事の自由裁量性・面白さ	-0.538***
	ケア提供の困難さ	自信のゆらぎ	0.209***
		利用者の死亡によるつらさ	-0.055*
		利用者からのストレス	0.241***
		他の職員との比較	0.190***
	仕事の量的な特性	仕事の量的負担感・きつさ	0.211***
		パフォーマンス	0.218***
		不十分な休憩・休暇	0.202***
		夜勤明けの仕事	0.135***
	職場の組織・人間関係	職場の組織・連携	-0.365***
		同僚との良好な関係	-0.304***
		担当外の仕事	0.140***
労働条件		残業時間	0.097***
		夜勤回数	0.063*
		宿直回数	-0.013 n.s.

***p＜0.001, **p＜0.01, *p＜0.05, n.s.=no significant
出所：都労研（2000）より作成。

---

[4] 相関係数とは0から1もしくは-1から0までの間で，2変数の関係の強弱を示すものである。絶対値が高いものほど関係が強い。

れる人ほど，バーンアウト得点が高くてもその徴候はなく，また，職場の組織・連携がしっかりしていたり，同僚との関係が良好であると，得点が高くてもバーンアウト徴候がないことがわかった。労働条件からは，残業時間の短縮や夜勤回数の低減によってバーンアウト徴候が和らぐことがわかった。

　この仕事は熱意をもって働く人が多く，利用者からの感謝や仕事の達成感に支えられているが，働く人の熱意に甘え続けることはできないであろう。

　この調査では施設長に職員の労働付加の軽減のための取り組みについても聞いている。特養，養護とも「きちんと行っている」の回答が60％程度になったものを取り上げると，「職員の事情に合わせた夜勤や交替制勤務の割り振り」，「休憩時間がきちんととれる工夫」，「仮眠がきちんととれる工夫」であった。「肉体労働を減らすための介助機器の導入」については，特養で23.6％，養護で45.5％であった。夜勤や休憩，仮眠という休息については配慮する傾向にあるものの，量的特性の軽減についてはまだまだであることがわかる。

　仕事の多さやきつさはケア提供の困難さとともに当たり前とされがちであるが，企業の責任範囲が拡大していく傾向と同様に，施設の責任範囲も拡大してゆくと考えられるため，腰痛や頸肩腕症状の軽減とともに，量的な負担感の軽減のためにはストレッチャーの導入や，必要な人員の配置，ゆとりの確保など改善の余地は十分にある。

　とくに，ケア提供の困難さについては，職場の組織・連携や同僚との良好な人間関係を活用したサポートシステムの構築，風通しの良い職場づくりは可能であるし，教育・研修の機会を増やすことで，専門職としての自信を形成できると考えられる。

4.5　この節の結論

　高齢者福祉施設で働く人々には，腰痛，頸肩腕症状がかなりの頻度で発生していることが検証できた。現場では腰痛や頸肩腕症状をもつのは「未熟であるから」，「技術がないから」と受け止められがちであるので，発生することが当然であるという意識をもつことと，予防のための研修の実施を徹底させることが必要である。また女性が多く就労している現場であるので，力作

業が必要なときには，忙しいから声をかけづらいとして一人で実施せず，多人数で作業をしたり，男性に作業を依頼したりすることも必要であろう。

バーンアウトについては，年齢が若く，経験が浅い人でその傾向がみられた。この職場では，誰でも若いうちにバーンアウトを経験している傾向がみられる。医療現場では，以前から「感情を抑えられて一人前」という考え方がある。福祉の現場は医療の現場に労働職場特性が近似していることから，感情の枯渇は当然のものと考えられる。バーンアウト問題では，バーンアウトした人が問題行動を起こすとされ，その人たちが働き続けることが問題とされがちであるが，医療や福祉の現場ではバーンアウトが生じるのは当たり前のことであり，その状態が利用者や同僚に影響を与えないことが重要な課題になる。また本人にとってもこうした状況が長く続くと身体に影響が起こるため，バーンアウト徴候に早く気づき，サポートするシステムづくりが求められる。その糸口は仕事の自由裁量性，職場の組織・連携や，良好な職場の人間関係の形成にある。

5 むすび

労働生活と健康の問題は，働く当事者にとっての問題にとどまらず，すぐれて企業にとっての，さらには社会にとっての問題でもある。

労働衛生は産業の近代化にともなって問題相が推移してきた。いまなお伝統的な労働災害や職業病の問題が大きく残っているが，その内容も肉体的被害だけにとどまらず，疲労からくる疾病や死亡が問題になってきている。脱工業化とともに進行する労働のサービス化，人口の高齢化にともなう福祉労働の増加，高度情報化にともなう技術労働と管理労働の変化，これらの諸変化は労働生活と健康のあり方に絶えず新しい問題をもたらしてくる。

これらに加えて，これからは高齢社会における健康問題がますます大きく提起されてこよう。就労期における労働衛生が引退後の健康状態に影響してくるとすれば，引退以前の長期にわたる労働生活の質が問われてこよう。したがって健康問題を個人の問題に還元してしまわず，職業生活との関わりで

問うていかねばならないだろう。心理的なものや，ストレス性のものも含め，健康維持のための予防的な取り組みが，職場でなされる必要がある。

　多くの世論調査が指摘しているように，人々の間でもっとも重視されている価値は「健康」である。また，誰もが健康で働き続けられることを望んでいるのは確かである。そして，従業員たちも，労働環境の改善と労働衛生への配慮が人材確保のために有効であると高く評価している。ISO（国際標準化機構）においても，労働衛生は環境管理シリーズのつぎに準備されている。こうした状況を前にして，社会科学的な労働衛生の調査研究，さらには労働生活の質に関わる多面的な実証研究を保障するような制度的な場が東京都から消えたことは，まことに遺憾であるといわねばならない。

参考文献

間　宏（1960）「経営家族主義の論理とその形成過程――日本的労務管理史研究序説」『社会学評論』（日本社会学会）11巻1号。
――――（1978）『日本における労使協調の底流』早稲田大学出版部。
Hochschild, Arlie Russell（1983）*The Managed Heart: Commercialization of Human Feeling*, Berkeley: University of California Press（石川准・室伏亜希訳『管理される心――感情が商品になるとき』世界思想社，2000年）.
石川晃弘（1972）「階層的構造と社会的移動」『社会学セミナー②地域・産業』有斐閣。
――――（1984）「社会階層と健康状態」『中央大学文学部紀要』通巻第117号。
松島静雄（1951）『労働社会学序説』福村出版。
尾高邦雄（1960）「組合意識と企業意識――労働者意識の構造分析」『日本労働協会雑誌』18号。
嵯峨一郎（1984）「打ちのめされる精神」『現代危機の諸相』（講座・現代と変革Ⅰ）新地平社。
東京都立労働研究所（都労研）（1983）『壮年期男子の職業生活と健康に関する調査』東京都立労働研究所。
――――（1997a）『調査研究報告ダイジェスト』東京都立労働研究所。
――――（1997b）『中小規模事業所の環境改善と健康管理に関する現場従業員の意識調査』東京都立労働研究所。
――――（2000）『高齢者福祉施設における専門職の労働と健康』東京都立労働研究所。
――――（2001）『東京都の労働問題研究――都立労働研究所23年間の歩み』東京都立労働研究所。
ウィタッカー，D. ヒュー（1999）「日本の労働組合と労使関係」稲上毅・川喜多喬編『講座社会学6　労働』東京大学出版会。
山崎喜比古（1983）「中年男性の健康には地域差・階級差がある」『住民と自治』2月号。

第Ⅸ章　中小企業と労働組合

中村　圭介

1　はじめに

　中小企業では労働組合は少数派である。いま，2002年6月現在の推定組織率（民間）を図Ⅸ-1でみると，企業規模1,000人以上では2分の1強の企業に，500～999人では4分の1の企業に組合が存在しているのに対して，100～499人では1割強にすぎず，100人未満になるとほとんど存在していないに等しい。

　この章では，少数派である労働組合が中小企業分野でどのような役割を果たしているのか，さらになぜに少数派にとどまっているのかを探っていこうと思う[1]。分析はつぎのように進める。第一に，労働組合が労使間の意思疎通にどのような役割を果たしているのかを明らかにする。そこでは，社員会などの従業員組織と比較しつつ，労働組合の役割をみていきたい。第二に，新たに結成された組合に注目して，その前後でどのような変化が生じたのかを明らかにする。第一の視点が横断的な比較だとすれば，第二の視点は時系列的な変化に着目した比較である。第三に，労働者や経営者が労働組合をどう捉えているのかを探る。少数派にとどまるひとつの理由がそこにあるのかもしれないからである。第四に，組合結成のプロセスに焦点をあて，どのよ

1）利用するデータはすべて東京都立労働研究所労使関係部門の調査からであるが，うちひとつだけ再集計を行なった。再集計を行なったのは「労働組合の結成及び活動と地域組織に関する調査　1996」であるが，これについては東京大学社会科学研究所附属日本社会情報センター SSJ データアーカイブから同調査の個票データの提供を受けた。ここに記して同アーカイブに謝意を表したい。

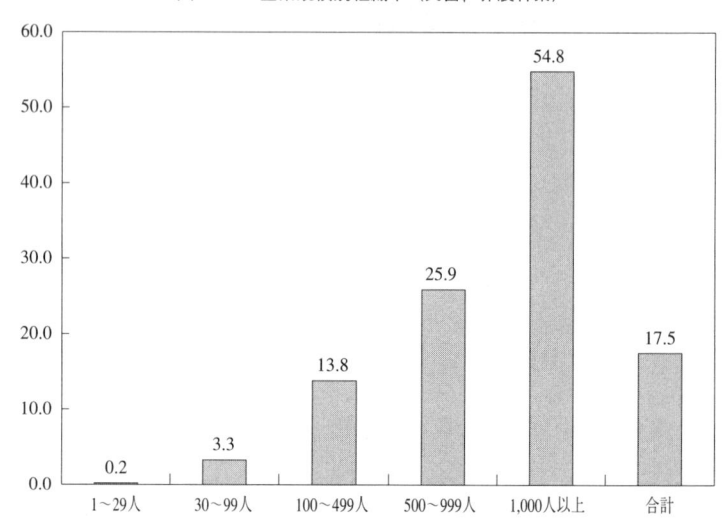

図 IX-1 企業規模別組織率（民営，非農林業）

- 1～29人: 0.2
- 30～99人: 3.3
- 100～499人: 13.8
- 500～999人: 25.9
- 1,000人以上: 54.8
- 合計: 17.5

資料出所：雇用者については，総務省統計局『労働力調査報告 平成14年6月』の非農林業（公務を除く）の雇用者数を用いた。合計には企業規模不明を含む。労働組合員については，厚生労働省大臣官房統計情報部『平成15年版 日本の労働組合の現状Ⅰ 労働組合基礎調査報告』の非農林業（公務を除く）の組合員数を用いた。組合員数の合計には複数の企業（グループ企業を除く）の労働者で組織されている労働組合員数，および企業規模不明の労働組合員数が含まれる。

うなきっかけで，どのような経緯を経て組合がつくられるのかを探る。労働組合が少数派にとどまるもうひとつの理由を明らかにしたいからである。

2 労使間のコミュニケーション

2.1 従業員組織

労働組合だけが労働諸条件の維持向上や経営への発言を行なう組織ではない。労働組合と名乗ってはいないものの，中小企業には「事実上の企業別組合」（小池 1977）がある。

社員会などの従業員組織である[2]。

この従業員組織を真正面からとりあげた調査が，1988年に行なわれた

「中小企業における従業員組織の役割」（都労研 1990）である。中小企業 726 社[3]）を対象に図Ⅸ-2 のような全体像を描いたことが，この調査の大きな特徴である。従業員組織は労働諸条件あるいは経営方針などについて経営側と話し合うタイプと，レクリエーション活動や慶弔見舞いなど純粋に親睦のためにあるタイプとに区別され，前者は発言型従業員組織，後者は親睦型従業員組織と名づけられた。この図からつぎのことがわかる。

　第一に，中小企業分野においても企業規模が大きくなるにつれ労働組合の組織率が高くなる。9 人以下ではわずかに 3.0% であるのに，50～99 人では 23.4%，100 人以上では 41.8% となる。もっとも，前出の図Ⅸ-1 と比べるとこの組織率はかなり高い。この背景には，東京都の組織率はもともと高いと推定されることに加え[4]），組織企業から多く回答が寄せられたことなどがあろう。第二に，いずれの規模においても 1 割前後の企業に発言型従業員組

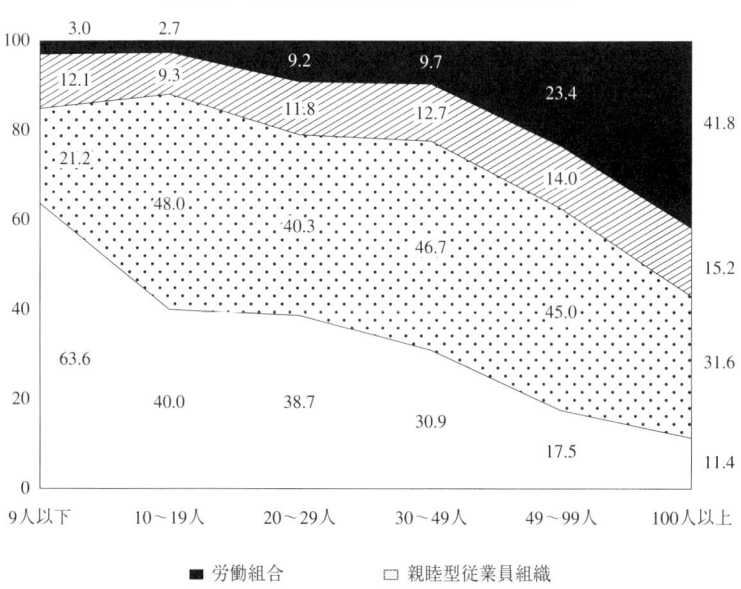

図Ⅸ-2　中小企業における労働組合と従業員組織

	9人以下	10～19人	20～29人	30～49人	49～99人	100人以上
労働組合	3.0	2.7	9.2		9.7	23.4	41.8
発言型従業員組織	12.1	9.3	11.8	12.7	14.0	15.2
親睦型従業員組織	21.2	48.0	40.3	46.7	45.0	31.6
組織なし	63.6	40.0	38.7	30.9	17.5	11.4

■ 労働組合　　□ 親睦型従業員組織
⊘ 発言型従業員組織　□ 組織なし

資料出所：都労研（1990）年より。なお，それぞれ母体は 9 人以下が 33 社，10～19 人が 75 社，20～29 人が 119 社，30～49 人が 165 社，50～99 人が 171 社，100 人以上が 79 社となっている。

織が存在していることである。中小企業分野において例外的な存在とはいえない。

第三に、これらを除く企業では従業員が集団として経営側と労働条件や経営方針などについて話し合う機会は与えられていない。50人未満ではそうしたケースは8割から9割、それ以上になると6割、4割と少なくなってゆく。もっとも、中間管理職が一般従業員を代表して、労働条件や経営方針を話し合っていることは十分に予想され、上下のコミュニケーションがまったくないというわけではあるまい。

2.2 労働組合の役割

労使間のコミュニケーションに労働組合がどんな役割を果たしているのかを明らかにするためには、未組織企業との比較だけでなく、上であげた発言型従業員組織のある企業と比較する必要がある。

表Ⅸ-1は、それぞれの組織が労使間コミュニケーションなどに機能を果たしているかどうかを、経営側に評価してもらった結果である。これによると、つぎのことがわかる。

第一に、いずれの機能においても労働組合のある企業の指摘率が高い。労働組合は労使間のコミュニケーションをよくする機能をもつとする企業が多い。労働条件を向上させる機能をもつとした割合ももっとも高い。

第二に、これにつぐのが発言型従業員組織である。労働組合には劣るものの、コミュニケーションの円滑化に役立つとする企業が半分近くいる。また労働条件を向上させる機能をもつと評価する企業も半分近い。

第三に、親睦を目的とした従業員組織は労使間のコミュニケーションの円滑化にも、労働条件の向上にも役立っているとは評価されていない。

---

2) 従業員組織をめぐる議論の紹介、および私の考えについては、中村(1995)を参照されたい。

3) 726社の内訳は、29人以下14.8%、30～49人29.8%、50～99人32.4%、100～299人21.5%、300人以上1.2%、規模不明0.4%となっており、中小企業を対象としていることがわかる。

4) 東京都にある労働組合の組合員数は2002年6月現在で2,099,426人(単位労働組合ベース)であり、全国の19.6%を占める。以上、厚生労働省(2003)より。

表IX-1 機能についての評価

	経営に関する情報を従業員に知らせる機能	従業員の意見や要望を経営に反映させる機能	従業員の"本音"を経営に伝える機能	従業員の意見や要望を一つにまとめる機能	労働条件を向上させる機能	合計	
労働組合	74.1	64.3	36.6	66.1	85.7	100.0	(112)
発言型従業員組織	56.5	56.5	30.6	52.9	48.2	100.0	(85)
親睦型従業員組織	12.4	17.1	6.2	13.1	6.2	100.0	(275)

資料出所:図IX-2に同じ。

表IX-2 経営状態や経営方針を知らせるルート（複数回答）

	労働組合へ説明	社員会睦会へ説明	役付・場監督者へ説明	全員をめて説明	社内報や掲示で説明	特に知らせない,自然にわる	不明	合計	累積
労働組合	90.2	7.1	74.1	40.2	31.3	2.7	0.0	100.0 (112)	242.9
発言型従業員組織	0.0	47.1	78.8	55.3	34.1	0.0	0.0	100.0 (85)	215.3
親睦型従業員組織	0.0	22.9	68.7	55.6	25.8	4.0	0.4	100.0 (275)	173.0
組織なし	0.0	3.6	61.5	48.2	18.5	13.8	1.5	100.0 (195)	131.8

資料出所:図IX-2に同じ。累積は「労働組合へ説明」から「社内報や掲示で説明」までを足し合わせた比率。

表IX-3 賃金改定の際に話し合う相手（複数回答）

	労働組合	社員会・親睦会	役付・現場監督者	従業員全員	特に話すことはない	不明	合計	累積
労働組合	98.2	1.8	22.3	2.7	0.9	0.0	100.0 (112)	125.0
発言型従業員組織	0.0	37.6	58.8	18.8	9.4	0.0	100.0 (85)	115.2
親睦型従業員組織	0.0	7.3	64.7	14.2	24.7	0.7	100.0 (275)	86.2
組織なし	0.1	2.1	54.4	10.8	36.9	0.5	100.0 (195)	67.4

資料出所:図IX-2に同じ。累積は「労働組合」から「従業員全員」までを足し合わせた比率。

　別の角度からみてみよう。表IX-2は従業員に経営状態や経営方針を知らせるルート，表IX-3は賃金改定を話し合う対象者を比較している。これらによると，つぎのことがわかる。

第一に，労働組合のある企業では，ほとんどの場合，労働組合が話し合いの対象相手となる。経営状態や経営方針であれ，賃金改定であれ，9割以上の企業は労働組合を通じて従業員に知らせ，あるいは従業員の意見や要望を吸い上げている。また，指摘率の累積をみても，242.9％，125.0％ともっとも高く，さまざまなルートが利用されていることもわかる。

　第二に，これにつぐのが発言型従業員組織のある企業である。だが，予想とは異なり，発言型従業員組織はコミュニケーション・ルートとしてはさほど活用されていない。経営状態や経営方針の周知，賃金改定の話し合いにおいて，発言型従業員組織を通じるのは4割弱から5割弱である。

　第三に，親睦型従業員組織のある企業では，従業員組織を活用する比率も，さまざまなルートを利用する割合も，以上の2つに比べれば低くなる。賃金改定の際に「特に話すことはない」が4分の1もある。とはいえ，なにも組織がない企業よりも労使間コミュニケーションのルートはより多く用意されている。

　以上を要するに，労働組合は経営側と従業員間の双方向のコミュニケーションを活発にしている。発言型従業員組織も相応の機能を果たしていると思われるが，労働組合にはおよばない[5]。

　だが，コミュニケーションの円滑度についての全般的な評価をたずねると，こうした労働組合の優位は消えてしまう。表IX-4によると，円滑度の評価は発言型従業員組織のある企業でもっとも高く，労働組合のある企業はそれにつぐことになる。たしかに，労働組合のある企業での評価は親睦型従業員組織や組織なしの企業に比べれば高いが，だが，以上でみてきたこととは異なり，2番目となる。

　労働組合があることで企業内のコミュニケーションは活発になる。だが，円滑度についての経営側の評価はその状態とストレートには結びつかない。

5）1979年に行なわれた「企業規模別労使関係の実態」を再集計したデータによると（都労研1986に所収），賃金の決め方についての不満を誰にも言わない者の比率は，企業規模をコントロールしても組合員のほうが明らかに低い。発言型従業員組織は考慮されていないが，組合があることで，「賃金の決め方」についての不満を表明するという行動をとることが多くなるとみられる。

表Ⅸ-4　コミュニケーションの円滑度の評価（指数）

	組織類型	指数	母数
経営方針，命令は従業員に伝わっているか	労働組合	88.5	112
	発言型従業員組織	99.9	85
	親睦型従業員組織	74.6	275
	組織なし	56.8	195
従業員の意見や声は伝わっているか	労働組合	84.2	112
	発言型従業員組織	84.7	85
	親睦型従業員組織	49.3	275
	組織なし	17.4	195

資料出所：図Ⅸ-2に同じ。指数はよく伝わっている（％）×2＋伝わっている方だ（％）×1－伝わらぬことが多い（％）×3という計算式で算出された。

従業員側の評価についてはたずねていないので，従業員側もそう考えているかどうかはわからない。しかし，従業員側も同じように評価しているとすると，つぎの事情を考えると労働組合にとっては厳しい事態となる。労働組合は普通，組合費，それも少なくない組合費を徴収している。これに対して，発言型従業員組織はメンバーの会費のみで運営されているのが20.2％，会費プラス会社の援助が52.9％，会社援助のみが12.5％，その他が6.7％，不明が7.7％となる（都労研1990より）。負担するコストにみあったサービスを，と従業員が考えるならば，労使間コミュニケーションの円滑度に関する限り，明らかに労働組合は不利となる。

3　組合結成の衝撃

つぎに労働組合が結成されたことにより，労働条件，労務管理および経営面でどのような変化が生じたのかをみてみよう。組合の効果を時系列的にみたいのである。2つの調査がある。ひとつは1984年に行なわれた「第三次産業における労働組合の結成」（都労研1986）であり，もうひとつは1996年に行なわれた「労働組合の結成及び活動と地域調査」（都労研1997）である。まず前者からみよう。表Ⅸ-5は，新たに結成された労働組合に組合結成の成果をたずねたものである。これによると，つぎのことがわかる。

表IX-5　組合結成の成果（複数回答）
(N=126)

経営状態が改善された	11.1
労務管理制度が整備された	38.9
労使の意思疎通が整備された	46.8
残業が規制された	23.8
賃金が上がった	55.6
ワンマン体質が改まった	19.0
その他	4.8
特にない	10.8
不明	2.4

資料出所：都労研（1986）より作成。

　第一に，「特にない」は1割にすぎず，残りの9割弱は何らかの成果があったと回答している。「特にない」と「不明」を除くと合計で200.0％となり，成果をあげた組合（83.8％）では平均して2.4項目の成果をあげている。

　第二に，賃金が上がった，労使の意思疎通が整備された，労務管理制度が整備されたなどの指摘率が高く，労働条件，コミュニケーション，労務管理面での改善が多くみられる。

　第三に，経営面での変化もあり，ワンマン体質が改まった，経営状態が改善されたなどの指摘も1～2割の組合である。

　表IX-6，表IX-7は，組合結成前に存在していた問題が組合結成によって改善されたかどうかをみたものである。前者は労働条件について，後者は経営管理面についてみている。表IX-6によると，つぎのことがわかる。

　第一に，「特に改善されたところなし」はわずかに8.6％であり，これと不明の5.3％を除く9割弱の組合では労働条件面で何らかの成果がみられた。改善比率を足し合わせると303.2％にものぼり，成果をあげた組合（83.1％）では平均して3.6項目で成果をあげている。

　第二に，改善率に着目すると，賃金，労働時間面では7割を超える改善を示している。

　第三に，これに対して比較的多くの組合で問題とされていた作業条件・環境の悪さ，貧弱な福利厚生，低い退職金などでは改善率は5割から6割にとどまっており，さほど，改善が進まなかった。

　つぎに表IX-7をみよう。つぎの点を指摘しうる。

表IX-6　組合結成前の問題の改善-労働条件（複数回答）
(N=187)

	問題	改善	改善率
低賃金	61.0	48.1	78.9
賃金不平等	44.4	35.3	79.5
賃金体系不明確	57.8	43.3	74.9
長労働時間	33.7	28.9	85.8
残業手当不払い	18.2	13.9	76.4
休日・休暇が取りにくい	41.2	28.9	70.1
休憩時間がとりにくい	11.2	11.8	105.4
仕事がきつい	16.6	6.4	38.6
作業条件・環境が悪い	29.4	18.2	61.9
福利厚生が貧弱	55.1	31.0	56.3
社会労働保険未加入	4.3	3.7	86.0
退職金が低い	39.6	20.9	52.8
退職金制度がない	13.4	8.0	59.7
その他	5.9	4.8	81.4
不明	9.6	5.3	
特に改善されたところなし		8.6	

資料出所：都労研（1997）の再集計結果より。なお，サンプル数の総計は365組合になるが，報告書の第2章と同じく，①1970年代以降に結成され，②組合結成時に別組合がなかったというケース，187組合だけを集計対象としている。改善率は改善（％）を問題（％）で除し，100を乗じたものである。

表IX-7　組合結成前の問題の改善-経営管理（複数回答）
(N=187)

	問題	改善	改善率
経営に関する従業員の意見を聞かない	48.1	23.5	48.9
経営に関する情報が提供されない	58.3	29.9	51.3
無原則な配転や出向	19.3	13.9	72.0
雇用形態，職種，性による大きな労働条件格差	21.9	12.8	58.4
人事制度が未整備	39.6	15.5	39.2
社長のワンマン体質	36.4	11.2	30.8
放漫経営	17.6	5.9	33.5
事業所の新設や統廃合	5.9	4.3	72.9
経営危機や倒産	4.3	2.7	62.8
希望退職募集や解雇	10.2	5.3	52.0
その他	4.3	1.6	37.2
不明	22.5	21.9	
特に改善されたところなし		19.3	

資料出所：表IX-6に同じ。

第一に,「特に改善されたところなし」が19.3%と多く,これと不明の21.9%を除くと,経営面での改善がみられたのは58.8%の組合にすぎない。労働条件に比べるとその比率は少ない。経営面での改善があった組合の改善比率を足し合わせると,126.6%となり,平均して2.2項目で改善がみられた。

　第二に,改善率は総じて低い。わずかに無原則な配転・出向,事業所の新設・統廃合が7割を超えるにすぎない。

　第三に,問題の指摘率が高く,改善率が5割程度なのは,「従業員の意見を聞かない」,「経営に関する情報が提供されない」,「雇用形態などによる労働条件格差」などであり,同じく改善率が3〜4割程度なのは「人事制度が未整備」,「社長のワンマン体質」などである。

　以上を要するに,組合結成は労働条件,労務管理面での改善を促す。とくに賃金や労働時間面での改善は著しい。経営面での改善はこれらに比べれば限られているが,半数近くの組合では改善もみられる。

　ただ,つぎの留保が必要である。組合結成の衝撃は,もともと労働条件が悪く,労務管理や経営面で劣っていた企業で観察しうるとも考えられることである。組織企業と未組織企業を同じ時点で比較したときに,同じような組合効果が観察されるとは限らない。未組織企業は組合結成をおそれて,労働条件を引き上げ,労務管理や経営管理を合理化するかもしれないからである。

4　労働組合観

　以上,いくつかの限定がつくものの,労働組合は企業内の労使双方向のコミュニケーションを活発化し,組合結成は労働条件,労務管理面,場合によっては経営面での改善をもたらす。では,なぜに中小企業分野で労働組合は少数派にとどまっているのだろうか。これまでにみた組合効果が実際にはかなり限定されているからであろうか。それとも,組合に対する経営者,労働者の意識が消極的だからであろうか。ここでは後者をみてみよう。

　まずは労働者個人からみていこう。1991年に行なわれた「転換期におけ

る労働組合の役割」調査（都労研 1993）は 1,508 人の労働者に対して，労働組合についての意見，評価，イメージをたずねている[6]。

　表IX-8 は，労働組合があるとどのようなことが起きるかをたずねた結果である。これによると，労働組合があると安心して働けると考えている労働者は，組合員，組織企業の非組合員の 3 分の 2 前後存在している。非組合員であってもそう考える労働者は半数を超える。労働組合があると経営が合理的になると考えている労働者も 3 分の 1 から半数存在し，組織企業の非組合員の割合がもっとも高い。逆に，労働組合は経営を悪化させると考えている労働者は 1 割前後，あるいはそれ以下である。総じて，マイナスのイメージをもつ労働者は非組合員といえどもそう多いわけではない。

　つぎに労働組合を必要と思うかどうかをみてみよう。表IX-9 によるとつぎのことがわかる。

　第一に，組合員と組織企業の非組合員の 3 分の 1 は，どのような組合であれ，労働組合はあったほうがよいと答えている。是非必要派だといってよい。これに比べれば是非必要派の非組合員は 6 分の 1 と少ないが，それでも非組合員の 6 人に 1 人が組合是非必要派であることは注目しておくべきであろう。

　第二に，よい組合ならば望むという条件付き必要派は，いずれの場合でも 6 割強となる。是非必要派と合わせると，組合員の 97.2％，組織企業の非組合員の 93.8％，非組合員の 80.9％ が組合必要派である。

　6 割を占める条件付き必要派が望む組合としては，「政治を押し付けない」（組合員の 55.8％，組織企業の非組合員の 60.8％，非組合員の 63.9％，以下同様），「むやみと会社と対立しない」（36.1％，65.7％，57.7％），「会社に従属しない」（58.8％，37.1％，37.2％），「組合内の民主主義を守る」（52.7％，49.0％，54.1％），「少数者の意見も尊重する」（57.8％，49.7％，

---

[6] 1,508 人の内訳は，9 人以下の企業が 12.4％，10〜29 人が 10.3％，30〜99 人が 11.1％，100〜299 人が 9.9％，300〜999 人が 9.7％，1,000 人以上が 27.3％，公務員が 11.3％，不明が 7.8％ となっている。また企業に組合があるかどうかをみると，組合有りが 45.0％，組合無しが 45.4％，不明が 9.7％ となっている。300 人以上と公務員を合わせると 48.3％ となり，組合有りの比率（45.0％）とほぼ同じとなることから，組織労働者と非組織労働者の違いは規模による違いを反映しているとみられる。

表IX-8 労働組合についての意見(「全くそう思う」+「ややそう思う」)

	安心して働ける	経営が合理的になる	経営を悪化させる	合計
組合員	68.3	41.0	5.8	100.0 (451)
組織・非組合員	64.6	51.1	10.9	100.0 (229)
非組合員	51.3	33.5	11.8	100.0 (669)

資料出所:都労研(1993)より。なお組織・非組合員とは,労働組合があるが,組合員にはなっていない労働者のことである。たとえば管理職,非正規従業員,あるいは組合加入を拒否している労働者などである。

表IX-9 労働組合の必要性

	どのような組合であれ、とにかく労働組合はあった方がよい	よい組合ならば望む	必要性はわかるがない方がよい	どのような組合であれない方がよい	分からない	不明	合計
組合員	32.4	64.8	1.4	0.0	1.4	0.2	100.0 (451)
組織・非組合員	32.3	61.5	2.6	0.0	2.2	0.5	100.0 (229)
非組合員	16.7	64.2	4.8	0.6	9.9	0.2	100.0 (669)

資料出所:表IX-8に同じ。ただし,同報告書でこうした集計結果が掲載されているわけではなく,再計算を行なった。そのため,合計しても100%にならない。

54.1%)などとなっている[7]。

それでは,労働者自身は労働組合があることの効果と費用についてどのように考えているのであろうか。表IX-10は労働組合の効果をたずねたものである。つぎの点を指摘できる。

第一に,「特に得られるものはない」は組合員で8.8%,非組合員で7.2%と1割を切っている。これと「わからない」「不明」を除くと,組合員の87.1%,非組合員の72.2%は労働組合によって何かが得られると考えている。非組合員でも4分の3弱は労働組合の効果を認めている。累積の指摘率は組合員で282.6%,非組合員で232.2%であり,何かが得られると考えている労働者の場合,組合員,非組合員ともに平均して3.2件を指摘している。

第二に,組合員であれ非組合員であれ,組合効果でもっとも多くあげられるのは賃金・労働時間の改善であり,ついで職場環境の改善である。三番目

---

7) 都労研(1993)より。なお,これも再計算を行なっている。

第Ⅸ章　中小企業と労働組合　225

表Ⅸ-10　労働組合の効果

	組合員	非組合員
賃金・労働時間が改善される	73.3	60.4
職場環境が改善される	59.9	51.0
その他の職場の不満が解決される	29.5	24.2
雇用が安定する	33.5	27.6
不公平が少なくなる	18.9	18.2
経営が改善される	12.3	11.5
政治がよくなる	3.7	1.2
将来出世ができる	4.8	2.0
新しい人間関係ができる	24.7	19.1
新しい経験ができる	22.0	17.0
その他	0.9	0.3
特に得られるものはない	8.8	7.2
わからない	3.7	8.3
不明	0.4	12.3
合計	100.0 (454)	100.0 (1,054)
累積	282.6	232.2

資料出所：表Ⅸ-8に同じ。累積は「賃金・労働時間が改善される」から「その他」までを足し合わせた比率。

には雇用安定があげられている。労働組合は何よりもまず，労働条件を向上させ，雇用を守ることが期待されているのである。

つぎに組合加入あるいは組合結成のマイナス面をみてみよう。表Ⅸ-11からつぎのことがわかる。

第一に，とくに不利益はないが組合員の場合29.3％であるのに対して非組合員は12.6％であり，非組合員のほうが不利益がないとする者が少ない。もっとも，非組合員ではわからないが15.7％，不明が12.8％であり，組合のマイナス面を指摘する非組合員はこれらを除いた58.9％すぎない。組合員ではこの比率は63.0％となる。

第二に，指摘率の累積をみると，組合のマイナス面を指摘する非組合員は平均して2.6件のマイナスをあげ，同じく組合員は2.0件のマイナスをあげている。非組合員のほうがより多くマイナス面をあげる傾向がある。

第三に，マイナス面としてもっとも指摘されるのは「組合活動に時間をとられる」であり，組合員，非組合員ともに4割である。

第四に，非組合員のほうが指摘率の高い項目は，「上司や経営者などから

表Ⅸ-11 労働組合のマイナス面

	組合員	非組合員
上司や経営者などからにらまれる	10.1	22.5
出世できなくなる・遅れる	7.7	12.8
賃金が上がらなくなる	2.0	3.1
職場の人間関係が悪くなる	3.3	9.1
デモなどに動員される	20.5	33.6
取引先に迷惑をかける	2.6	6.8
経営が悪化する	1.1	3.9
組合活動に時間をとられる	41.2	41.6
家族や周囲の人に特別な目でみられる	1.5	5.1
組合費が高い	35.2	14.5
その他	0.9	0.8
特に不利益はない	29.3	12.6
わからない	5.7	15.7
不明	2.0	12.8
合計	100.0 (454)	100.0 (1,054)
累積	125.2	153.0

資料出所：表Ⅸ-8に同じ。累積は「上司や経営者などからにらまれる」から「その他」までを足し合わせた比率。

にらまれる」，「出世できなくなる・遅れる」，「職場の人間関係が悪くなる」，「デモなどに動員される」などであり，組合員と比較すると非組合員はこれらのマイナス面をより過大に受けとめている。

　第五に，「組合費が高い」は非組合員では14.5％しかあげられておらず，組合員の35.2％を大きく下回る。これは組合費をどのくらい徴収されるのかを知らないからであろう。

　以上を要するに，非組合員であっても4分の3弱は労働組合の効果を認め，とくに労働条件向上や雇用の安定が実現されると期待している。他方，マイナス面を指摘する非組合員は組合員より少なく約6割であるが，これは組合加入，組合結成のマイナスが少ないと非組合員が考えていることを示すのではなく，「わからない」，「回答できない」とする非組合員が多いからである。マイナス面としては組合活動に時間をとられるが組合員，非組合員ともにもっとも多く指摘されているが，他方，非組合員では，上司や経営者などからにらまれる，出世ができなくなるなど組合員よりもマイナス面を過大に受けとめていることもある。

他方,経営側は労働組合をどう評価しているのであろうか。1984年の「第三次産業における労働組合の結成」(都労研1985),1988年の「中小企業における従業員組織の役割」(都労研1989)の2つの調査からみてみよう。表IX-12は,前者の調査から新しく組合が結成された企業に対する設問をまとめたものである。結成前の考え方と結成後の現在の考え方の両方をたずねている。

結成前をみると,「不当な要求をするから好ましくない」,「外部の者にあやつられるので好ましくない」,「組合は必要ない」という否定的な考えをもっていた企業は合計で35.3%であり,消極的な肯定派(本音はないほうがよいが社員が望むならしかたがない)を含む肯定派は61.8%と否定派より多い。しかも,結成後には否定派が25.3%と10ポイント減っているのに対して,肯定派は64.6%とやや増えている。

このようにしてみると,経営側は労働組合にさほど敵対的ではないようにみえる。もっとも,だからこそ労働組合が結成されたのだと考えることもでき,このデータだけからは明確なことはいえない。

さらにみていこう。表IX-13は労働者組織のタイプ別に労働組合の評価をみたものである。これによると,つぎのことがわかる。

第一に,労働組合が組織されている企業では,経営へのマイナスの影響をあげるものはほとんどいない。わずかに0.9%が,もめごとが生じやすいとしているだけである。従業員の意見を知るのに便利が6割弱,経営方針に協力が得られるが3分の1である。

表IX-12 組合結成についての考え方

(N=170)

	結成前	現在
不当な要求をするから好ましくない	6.5	4.7
外部の者にあやつられるので好ましくない	18.2	14.1
組合は必要ない	10.6	6.5
本音はない方がいいが,社員が望むなら仕方がない	22.4	17.6
組合ができるのは当然	16.5	17.6
従業員の把握に組合も役に立つ	22.9	29.4
不明	2.9	10.1

資料出所:表IX-5に同じ。ただし,経営者調査。

表IX-13 組合が経営に及ぼす影響

	従業員の意見を知るのに便利	経営方針に協力がえられる	もめごとが生じやすい	利益が減る	取引先からの苦情が困る	影響なし	不明	合計
労働組合	58.9	33.0	0.9	0.0	0.0	5.4	1.8	100.0 (112)
発言型従業員組織	34.1	16.5	22.4	1.2	4.7	17.6	3.5	100.0 (85)
親睦型従業員組織	35.6	16.7	22.2	0.7	3.6	15.3	5.8	100.0 (275)
組織なし	35.4	7.7	26.2	1.0	3.1	19.0	7.7	100.0 (195)

資料出所：図IX-2に同じ。

　第二に，それ以外の3タイプはいずれも似ている。経営へのマイナスの影響をあげるものは，3割弱にすぎない。従業員の意見を知るのに便利が3分の1，経営方針に協力が得られるが1割弱から1.5割である。

　以上を要するに，未組織企業の経営側が労働組合をどう評価しているかをみると，組合を否定的に捉えている企業はわずかに3割程度にすぎない。この数字は表IX-12のそれに近い。4割から5割は組合を肯定的に捉えている。

　組合に加入していない労働者であっても，労働組合肯定派が圧倒的であり，また4分の3がプラス面を評価している。未組織企業の経営側にしても否定派は3割前後であり，4割から5割は肯定的にみなしている。ではなぜ，労働組合は少数派にとどまるのであろうか。非組合員のあげたマイナス面が過大なコストとしてのしかかり，その行動を押しとどめているのであろうか。経営側の評価は一般的な評価にすぎず，自らの企業に組合ができれば否定派に早変わりするのであろうか。

5　組合結成のプロセス

　ここでは1996年の「労働組合の結成及び活動と地域調査」（都労研1997）の再集計結果をもとに，先の疑問を解いていきたい。なお，組合結成のありようは1990年代とそれ以前とは大きく変わってきているように思えるので，この点にも注意しながら分析を進めていきたい。

　表IX-14によれば組合結成の直接の契機は主として2つであり，労働諸

第Ⅸ章 中小企業と労働組合　229

表Ⅸ-14　組合結成の直接の契機（複数回答）

	1970年代と80年代	1990年代	合計	有意差
労働諸条件に対する不満	67.7	68.5	67.9	
経営体質への不満	39.1	57.4	44.4	**
雇用調整，合理化	6.0	11.1	7.5	
既存の組合への不信・不満	1.5	1.9	1.6	
近隣，同業種企業に組合結成	12.0	0.0	8.6	***
外部オルグの働きかけ	9.8	13.0	10.7	
分社化にともない	4.5	1.9	3.7	
親企業組合からの働きかけ	9.8	13.0	10.7	
経営側からの働きかけ	3.0	7.4	4.3	
その他	9.8	11.1	10.2	
不明	3.0	0.0	2.1	
合計	100.0 (133)	100.0 (54)	100.0 (187)	

資料出所：都労研（1997）の再集計結果より。なお，検定はピアソンのカイ2乗検定であり，*は10％水準，**は5％水準，***は1％水準で有意差ありを意味する。以下，同様。

条件に対する不満あるいは経営体質への不満が積もることである。不満をもったからただちに組合結成に踏み切るというわけではあるまい。先にみた未組織労働者が考える組合のマイナス面，あるいはコストを上回るほどに組合効果への期待が高くならなければ，組合結成には進まないだろう。いいかえれば，それほどに現状が悪い場合にのみ，組合結成に踏み切るということになるのではないか。このほかにも外部のオルガナイザーの働きかけ，親企業組合からの働きかけもそれぞれ1割程度ある。だが，主流は自らの大いなる不満を解消したいという決断であると思われる。

1970・80年代と1990年代を比較すると，経営体質への不満で組合結成に踏み切ることがより多くなり，逆に，近隣，同業種企業の組合結成に刺激されて組合がつくられるのは90年代ではゼロになっている。

組合結成を決断した数人のグループは，産別組織やナショナルセンター，あるいはそれらの地方組織の支援を受けながら組合同調者を増やしていく。外部支援を受けた組合が全体で73.8％，1970・80年代では69.2％，1990年代では85.2％であり，90年代のほうが外部支援に頼るケースが多い[8]。

企業内部の支持は多いほうが組合結成はスムースに進む。表Ⅸ-15によれば，全体としてみると，9割近くの組合が一般職の支持を獲得し，3分の

表Ⅸ-15　企業内部の支持

		支持	不支持	不明	合計	有意差
管理職	1970年代と80年代	55.6	35.3	9.0	100.0 (133)	
	1990年代	44.4	48.1	7.4	100.0 (54)	
	合計	52.4	39.0	8.6	100.0 (87)	
監督職	1970年代と80年代	69.2	18.8	12.0	100.0 (133)	
	1990年代	53.7	33.3	13.0	100.0 (54)	*
	合計	64.7	23.0	12.3	100.0 (87)	
一般職	1970年代と80年代	91.0	4.5	4.5	100.0 (133)	
	1990年代	79.6	18.5	1.9	100.0 (54)	***
	合計	87.7	8.6	3.7	100.0 (87)	

資料出所：表Ⅸ-14に同じ。

2が監督職の支持を獲得し，2分の1が管理職の支持を獲得している。いいかえれば，従業員の過半数の支持を得なければ，順調な組合結成は難しい。

だが，1970・80年代と比較すると，1990年代では監督職，一般職の支持を受けた組合が少ない。多くの支持を得ないまま，組合結成に踏み切るケースが増えている。データは示していないが，結成までの期間も90年代ではより短くなっている。90年代になると，性急に事を進めるようになっていることがわかる。

組合が結成された場合，経営者はどのように対処するのであろうか。表Ⅸ-16から，つぎの点を指摘できる。

第一に，結成直後に組合を承認，理解するのは3分の1強にすぎない。4割は承認するものの，組合への理解を示さず，16％は承認さえしない。前節で示した組合観の比率とは異なる。やはり，自らのこととなると，頑なになるように思える。

第二に，とはいえ，現在では承認・理解は5割を超え，肯定派が増える。だが，それでも4割近くは組合と距離をおいている。

第三に，性急な組合結成によるものか，また厳しい経済環境もあってだろうか，1990年代では承認・理解がそもそも少なく，また時とともに増えて

---

8) 1970・80年代と1990年代では10％水準で有意に差がある。つまり，90年代ではより外部の支援を仰ぐケースが増えている。その背景には，組合結成の知識の欠如，あるいは企業内の強い反対があるとみられる。

表IX-16 組合結成に対する経営者の対処

		承認・理解	承認・理解せず	承認せず	不明	合計
直後	1970年代と80年代	38.3	45.1	11.3	5.3	100.0 (133)
	1990年代	33.3	35.2	27.8	3.7	100.0 (54)
	合計	36.9	42.2	16.0	4.8	100.0 (187)
現在	1970年代と80年代	63.2	27.8	6.8	2.3	100.0 (133)
	1990年代	38.9	44.4	11.1	5.6	100.0 (54)
	合計	56.1	32.6	8.0	3.2	100.0 (187)

資料出所：表IX-14に同じ。直後、現在ともに、1970・80年代の分布と1990年代の分布は5%水準で有意差あり。

いかない。90年代の組合は経営側の厳しい姿勢に対応せねばならない。

　以上を要するに、未組織労働者は労働条件や経営体質への不満を解消するために自らが立ちあがる、これが契機となる。外部からの働きかけはあっても、1割からせいぜい2割にすぎない。未組織労働者自身が考える組合のマイナス面、コストを上回るほどに組合効果への期待がなければ、そうした決断は行なわれないように思えた。決断の後には、多くの場合、外部の支援を受け、企業内部の支持者を増やしていく。他方、経営者の対応は、組合への一般的な評価よりも、厳しいことが多い。結成直後に組合を認め、理解を示す経営者は3分の1強にすぎない。やはり自らのこととなると事情は違うのであろうか。

　1970年代、80年代と比べ、90年代の組合結成はより厳しい環境におかれているようにみえた。企業内部の支持もなかなか広がらないし、にもかかわらず組合結成にいたる期間も短い。経営者の姿勢もより厳しい。データは示さないが、問題の改善率は90年代では格段に下がる。

　未組織労働者が自ら立ちあがって組合を結成するのを、外部の労働組合がただ手を拱いて見ているわけではない。とくに最近では、積極的に組織化活動を進める組織が多いように思える。同じ「労働組合の結成及び活動と地域調査」（都労研1997）によって、組織化を働きかけるとみなされている産別の地域組織などの活動状況をみてみよう。対象とする組織は70組織である。これを専従役職員がいるかいないかで2つに分けてみた。前者が48組織、後者が22組織となる。表IX-17は実際に行なっている組織化活動をあげてもらったものである。

表IX-17　組織化活動（複数回答）

	専従あり	専従なし	合計	有意差
何も行っていない	6.3	9.1	7.1	
未組織事業所のリストアップ	33.3	27.3	31.4	
未組織事業所の経営者や従業員との接触	35.4	4.5	25.7	***
未加盟の既存組合のリストアップ	45.8	40.9	44.3	
未加盟の既存組合との接触	68.8	54.5	64.3	
街宣やパンフレットの配布	45.8	36.4	42.9	
組織化に向けて傘下組合との連携	68.8	45.5	61.4	*
組織化に向けて傘下組合以外の組織と連携	22.9	4.5	17.1	*
組織化のための相談活動	64.6	18.2	50.0	***
組織化以外の相談に来た人に組織化の働きかけ	39.6	22.7	34.3	
その他	10.4	9.1	10.0	
不明	2.1	0.0	1.4	
合計	100.0 (48)	100.0 (22)	100.0 (70)	
累積	435.4	263.6	381.4	

資料出所：表IX-14に同じ。

　専従者の有無ではっきりと違う。専従者がいる組織ではいずれの活動にもより積極的に取り組んでいる。だが，専従者がいる組織であっても「未組織事業所の経営者や従業員との連携」を行なっている組織は3分の1，つまり16組織にすぎない。

　組織化の成果（1991年度から95年度までで，未組織企業を組織化したもの）をみると，専従者のいる組織では25組織（52.1％）が成果をあげ，いない組織でも8組織（36.4％）が成果をあげている。その内容にたちいってみると，同じく成果をあげたとはいえ大きな差があることがわかる。表IX-18によれば，専従者のいる組織は平均して4.56組合，422人組織化し，他方，専従者のいない組織は平均して0.33組合，16.2人組織化したにすぎない。

　要するに，産別の地域組織などの組織は未組織労働者の組織化に積極的に取り組んでいる。とくに，専従者のいる組織はそうである。未組織企業の組織化の成果をみても，専従者のいる組織が，いない組織よりも懸命に取り組んでいることは明白である。だが，そうではあっても，未組織企業の経営者や従業員に直接，接しているのはわずかに16組織にすぎない。外部からの働きかけは少ない。

第Ⅸ章 中小企業と労働組合

表Ⅸ-18 組織化の成果-未組織企業

		専従あり	専従なし
組合数	平均	4.56	0.33
	標準偏差	8.35	0.48
	ケース数	45	21
	F値	5.318	
	検定	**	
組合員数	平均	205.30	7.15
	標準偏差	421.96	16.20
	ケース数	44	20
	F値	4.369	
	検定	**	

資料出所：表Ⅸ-14に同じ。つぎのように集計した。
　1)「未組織企業の組織化がなかった」と回答した場合は，組合数，組合員数ともに0とし，2)「未組織企業の組織化」についての設問に回答していない場合，および「組織化があった」としていても数が不明の場合は集計から除いた。なお，組合員数については「専従なし」で1組織，1組合，4,000人を組織化したとしたケースは例外として集計から除いた。このケースは1991年結成で，調査時現在50組合9,554人からなる。組織化以前には49組合，5,554人の組織であった。この組織が4,000人の未組織企業を組織化したというよりも，吸収合併されたと考えた方が無理がないからである。

6　む　す　び

　中小企業分野において労働組合は少数派である。労働組合への期待が低く，または労働組合が嫌悪されているからだろうか。これまでの分析はそうではないことを物語っている。

　いくつかの限定がつくものの，労働組合は企業内の労使双方向のコミュニケーションを活発化し，組合結成は労働条件，労務管理面，場合によっては経営面での改善をもたらす。

　組合に加入していない労働者であっても労働組合肯定派が圧倒的であり，その4分の3弱は労働組合の効果を認め，とくに労働条件向上や雇用の安定が実現されると期待している。未組織企業の経営側にしても組合否定派は3割前後であり，4割から5割は肯定的にみなしている。他方，組合に加入していない労働者の約6割は組合加入，組合結成のマイナスも指摘している。マイナス面としては，組合活動に時間をとられるがもっとも多く指摘され，

さらに上司や経営者などからにらまれる，出世ができなくなるなども指摘される。総じて，組合員よりも組合のマイナス面を過大に受けとめているようにみえる。

実際の組合結成のプロセスをみると，未組織労働者は労働条件や経営体質への不満を解消するために自らが立ちあがる。これが契機となることが圧倒的である。外部からの働きかけはあっても，1割からせいぜい2割にすぎない。未組織労働者自身が考える組合のマイナス面，コストを上回るほどに組合効果への期待がなければ，そうした決断は行なわれないように思えた。他方，経営者の対応は，組合への一般的な評価よりも，厳しいことが多い。結成直後に組合を認め，理解を示す経営者は3分の1強にすぎない。やはり自らのこととなると事情は違うというようにみえる。組合への一般的な期待，一般的な組合観と実際の組合結成の間には大きなギャップがある。これが労働組合が少数派にとどまっているひとつの要因であるように思える。なお，1970年代，80年代と比べ，90年代の組合結成はより厳しい環境におかれている。

これに対して，産別の地域組織などの組織は未組織労働者の組織化に積極的に取り組んでいる。とくに，専従者のいる組織はそうである。未組織企業の組織化の成果をみても，専従者のいる組織が，いない組織よりも懸命に取り組んでいることは明白である。だが，そうではあっても，未組織企業の経営者や従業員に直接，接しているのはわずかに16組織にすぎない。外部からの働きかけは少ない。

参考文献

小池和男（1977）『職場の労働組合と参加』東洋経済新報社。
厚生労働省大臣官房統計情報部（2003）『平成15年版　日本の労働組合の現状Ⅰ　労働組合基礎調査報告』厚生労働省。
中村圭介（1995）「従業員代表制論議で忘れられていること」『ジュリスト』No. 1066。
東京都立労働研究所（都労研）（1986）『第三次産業における労働組合の結成』東京都立労働研究所。
―――（1990）『中小企業における従業員組織の役割』東京都立労働研究所。
―――（1992）『転換期における労働組合の役割』東京都立労働研究所。
―――（1997）『労働組合の結成及び活動と地域調査』東京都立労働研究所。

第Ⅹ章 わが国労働調査の回顧と中小企業労働への視点

松島　静雄

1 わが国労働調査の史的概観

1.1 戦前の労働調査と戦後におけるその展開

　わが国は労働調査に関して，世界に誇りうる古典をもっている。1900年に発行された横山源之助の『日本之下層社会』や，1904年に出版された農商務省『職工事情』などがそれで，資本主義成立期の，いわゆる原生的労働関係に対して，労働研究に従事するものには得がたい資料を提供し続けてきた。しかしその後は1919年の高野岩三郎の「月島調査」など，いくつかの業績はあったが，労働調査はいわば中断状態となり，今日のごとく多くの実証調査が行なわれるようになったのは，まったく第二次世界大戦後のことなのである。

　私は1943年に東京帝国大学社会学科を卒業し，在学中から労働の問題に興味をおぼえて，実務をやろうが，研究生活に入ろうが，この問題だけはやりたいと思って，卒業論文にも労働者意識の実証調査を取り上げたものである。これは父親の勤務の関係で，三池炭坑で幼時を過ごした私のいわば宿命のごときもので，卒業と同時に労働科学研究所の研究員となった。しかし戦争中のことでもあり，卒業時にはもう兵隊の入営日時が決まっている状態で，入営するとすぐ中国北部に送られ，本格的な研究活動に入ったのは，終戦後東京大学の社会学研究室に勤務するようになってからである。そのときから数えて早いものでもう60年近くもたち，その間，私は社会学の立場からする労働調査ばかりに従事し続けてきたことになる。

　当時はまったくの激動の時代で，日本は戦争で生産施設の3分の1を破壊

され，電力，石炭などの原材料の欠乏で，鉱工業生産指数は1946年には，1934年から36年までの28.9％に下っていた。それに加えて，その年には米作が1910年以来の大凶作で，1935年から53年までの平均作の65.2％の作柄だったというから，悪条件はまさに整いすぎていたといえる。しかも工場の休廃業や徴用解除で職を失った労働者が400万，復員軍人が外地255万，内地230万で合計485万，それに海外からの引揚げ者の270万が加わり，それらは当時ほとんど半失業状態に置かれており，人々の生活は極度に圧迫されていた。

　かかる状態に対する生活防衛の必要から生まれたのが戦後のわが国の労働運動で，労働組合は結成されると同時に生活防衛のための争議に入っていった。終戦の年の9月以降年末までに発生した争議が256件，参加人員が116万といわれ，それは年々増加して1948年には1,517件，671万人になったというから，わが国はまさに争議の洪水の内に浮かんでいたようなものである。かかる状態で研究者たちの関心がまず新たに生まれた労働組合の実態に向かうのは当然で，当時の労働調査に指導性を発揮したのは，まず東京大学の社会科学研究所を中心とした一群の研究者たちであった。社会科学研究所の組合調査のなかで，まず最初に行なわれたのは「生産管理・労働者思想動向調査」「系統別単位労働組合アンケート調査」「労働組合運動類型調査」などで，調査項目にも1950年以前の混乱期における，組合運動の姿が強く反映されていた。そしてこれらは「戦後労働組合の実態」でひとまず完成の域に達するのであり，それは日本の労働組合の形態的特色を明確に人々に意識させた点でも，調査が以前に比べて著しく規模が拡大し，組織だったという点でも，わが国の労働調査史上で転機を画する研究であった。

　この当時私は戦前からの連続もあり，主として労働者の意識調査に従事していた。当時の若い研究者たちの最大の関心事は，日本にいかにして新たな社会生活を再構築するかであった。当時の研究者たちの関心は今日とは比較にならないほど均質的で，そのひとつは日本社会の民主化であり，いまひとつは貧困からの脱却であった。もっとも民主化の方向についてはイデオロギーの違いもあり，方向は2つに大きく分かれ，学生を含めてはげしい論戦が闘わされることが少なくなかった。しかし研究対象が農村であれ都市であれ

労働であっても，最後に必ず突き当たるのは日本社会の貧しさであり，そこまでくれば論議は不思議に一本にまとまり，貧困からの脱却が熱っぽく話し合われたものである。つまりこうした時代に，社会環境の変化にもかかわらず，労働者の意識はなぜかと思うほど近代化をきたさないのか。生活に密着した経済問題では労働者の意識は昂揚するが，生活との関係が直接目に見えない政治問題などとなると，急速に低下するのが調査結果の常であったが，こうした状態は労働運動に影響を及ぼさないはずはない。かかる意味から労働者意識の近代性と非近代性が問題とされていたのが，当時の労働者意識調査の多くの問題意識であったが，こうした調査のうちで頂点に立ったのは，東京大学の新聞研究所に所属する研究者たちの行なった「労働者と政治意識に関する調査」であったし，東京大学の社会学研究室を中心として行なった「鋳物の町」と題する「川口鋳物業調査」も，地域研究というよりやはり同様な意味での意識調査を中心としたものであった。

　だがそうこうしているうち，1949～50年から日本の労使関係は大きく変わりはじめる。その直接的な推進力となったのは日経連で，当時自信を失っていた経営者に「経営者よ，経済再建の先頭に立て」をスローガンに訴えて，労使関係の立て直しに全力をかたむける。またレッドパージがはじまり，それは政治関係から言論報道関係に，さらに民間企業へと進み，企業の立て直しのための大量の人員整理と時を同じくして行なわれた。その焦点になったものは合計9万人の整理を行なおうとする国鉄で，それに対する反撃も熾烈をきわめ，短期間に松川事件，三鷹事件，下山事件など無気味な事件がつぎつぎと起こる。また民間企業でも多くの争議が起こったが，何といっても有名なのは日立争議で，27万人の応援ストが行なわれ，最後には部課長に対する集団暴行事件まで発生する。しかし，このときにはもう労使関係は企業の側に有利にかたむいていたのであり，1949年だけで60万人の人員が整理され，企業は人員的な意味で合理化を一応達成する。

　いったい労働組合側のこうした急速な後退はなぜ起こったのか。われわれの行なった労働者の意識調査も，一面ではかかる現象を理解しようとするものであったが，その点でも無視できないのは東京大学社会科学研究所の行なった労働力調査である。すなわち日本の労働者を，近代的賃労働者としての

性質をしだいに強めつつはあるが，前期性を払拭しきれない半プロレタリアートとして扱うべきだとして，「出稼型」「半農半工型」などの型を打ち出し，それによって当面する現象を理解しようとしたのである。たとえば「郵政現業職員調査」や，数次にわたる「京浜工業地帯調査」，「硫安工業労働力類型調査」などが，かかる系列に属するものだといえよう。こうしたなかで私は労働者意識の調査に従事するかたわら，前半には「友子」とよばれる鉱山労働者の互助的生活共同体の調査や，後半には川口鋳物業調査の一環に組み込まれた，人間関係的視点からする組合活動のケース・スタディなどに従事していた。

　そのうちで何といっても私がもっとも苦労したのは，ただ一人でほとんどの仕事をしなければならなかった友子調査の場合で，鉱山に出かけようにも汽車の切符がなかなか手に入らず，それに乗れても食糧難から買い出しや闇屋の積荷で立ってもいられない超満員で，客車の出入口からはとても乗れずに窓から出入りするのが通常であった。しかも窓ガラスは割れ放題で，ベニヤ板が打ち付けてあったが，SLの煙にむせ返りながら，各駅停車を乗り継いで長距離旅行をするのであるから，めざす鉱山に着いたときにはそれだけでホッとしたものである。国民服を常用し，自分の食べるための食料を入れたリュックを担ぐというのが私の当時のスタイルで，これは若い時だからできたことで，今だったらとてももたなかったろうと，何かしら当時のことに懐かしささえ感じる今日この頃である。

　もちろん，こうした経済の混乱がいつまでも続くものではなく，日本経済はやがて立ち直るのであるが，経済復興のきっかけとなったのは，1950年に勃発した朝鮮戦争であった。朝鮮戦争は日本の近くで日本を基地として1952年まで続き，局地戦とはいえ近代戦の常として大量の物量戦で，開戦1年で3億3,000万ドルの特需にありつき，貿易も活発化したのであるから，日本の経済は一挙に立ち直ってしまった。かくて1957年の『経済白書』で「もはや戦後ではない」と自信を持って言い切り，二重構造論が新たに指摘されたりする。このころから労働調査もさらに規模を拡大し，多部門の研究者の共同調査が行なわれるようになる。そのきっかけとなったのが1954年，ユネスコ国内委員会によって行なわれた「日立鉱工業地帯調査」で，これは

経済学をはじめ社会学，政治学，地理学，教育学，文化人類学などの研究者 43 名が参加して行なった一種の地域調査であり，そのさまは従来の少人数調査になれていた私どもにはまさに壮観であった。そしてその地域調査の流れは，その後に行なわれた同委員会の「トヨタ調査」や東北大学の「釜石調査」，北海道大学の「夕張調査」などへと続くのである。

　この日立調査に参加して，日立鉱山調査に従事したことは，私にとって実に大きな意味をもっていた。私はそのころ，アメリカで戦争中および戦後に急速に発達した産業社会学の勉強に夢中になっていた。しかししばらくたつうち，日本の労働調査で得られた企業や労働組合の実態は，そうしたアメリカ社会学で問題とされている事象とはあまりにも異質で，アメリカ社会学のみからは割り切れないことに気づきはじめた。こうした点に立つなら，日立鉱山は年功賃金，終身雇用はもとより，無料の電車や一円だせば 100 回券をくれる入浴料，無料に等しい社宅，劇場，物品販売所，病院，火葬場まで整えた企業の福利厚生施設，縁故採用を重視し，一般従業員の充足をも従業員の子弟を採用してあてるなど，能率の論理より従業員の生活保障の論理を重視し，それをもとに従業員に強い企業への帰属意識を生み出さしめてきた。そして近接する日立製作所のはげしい労働争議にも巻き込まれず，特異な労働関係を形成せしめていたのである。かかる特色も調査にかかった当初は，まだ鉱山業の特色によると考えていたが，調査が進むにつれ，労働市場から隔絶された鉱山業の性格により増幅された部分があるにしても，むしろ日本の労務管理一般に共通する構造的特質ではないかと考えだし，そうした視点から調査をまとめたのである。それが，その後の私の労働調査を大きく方向づける結果となった。ただ当時はこうした特色もまだ封建遺制論との関係を強く意識し，日本の近代化がより進めばいずれは消滅するものと考えていたし，それを変革せしめる主要条件として，労働運動の進展や技術の変革などを想定していた。

1.2　高度経済成長下の労働調査

　だが，つづく日本の経済の変化はさらに激しかった。そのうちでも日本の社会に重要な転機となったのは 1955 年である。すなわちこの年以後，日本

はオートメーションなど新たな技術革新期に入るのであり，それまでの設備投資が主として老朽化した設備の更新にあてられていたのに対し，それ以後，それまではまったく考えられなかった高度の技術の導入競争が行なわれるようになる。また労働運動にとって春闘が開始され，実質はともかく，形態的には産業別の統一闘争が行なわれているかのごとき観を呈しはじめたのも1955年であったし，年率10％の経済成長が始まったのもこの年であった。ことに経済成長のごときは1973年まで続き，これが低開発国であるならいざ知らず，日本のごとく高度に資本主義が発達した国で，20年近くも続くなどとは私にはまったく想像だにできなかった。

こうしたなかで労働調査でまず問題となったのは技術革新で，その口火を切ったのはユネスコ国内委員会が行なった「佐久間ダム調査」であった。これは先に行なわれた日立調査と同時に，各専門分野にわたる22人にのぼる調査者の共同調査であり，ダム建設にともなう地域社会の受ける影響などきわめて幅広い問題を対象としたものであったが，その中心がやはり技術革新にあったことはいうまでもなく，トラック・クレーンやパワー・シャベル，ブルドーザーなど，戦時中アメリカではそれらを使って飛行場の建設をやったそうだなどの話は耳にしていたが，それらを現実に見るのは初めてであったし，その威力には驚きもし，それらの使用で労働組織や労働者の質などがいかなる変化を受けるかなど，真剣になって調査し，討議もしたものである。そしてその後，しばらくはメカニカル・オートメーションやプロセス・オートメーションの登場により，製鉄業，発電所，造船業，自動車，化学，石油化学など多くの産業で，技術革新をめぐる労働調査がつぎつぎと行なわれ，その労働者に与える影響をめぐって，労働者の「単調労働調査」が行なわれたりした。

しかしこうした経済成長は技術革新のみによって可能であったわけではなく，労働力の絶対的増加なくしては不可能であり，日本の労働市場は労働力の過剰から過少へと変移する。現実に労働力不足の声が聞かれだしたのは1962〜63年ごろからで，これがまず顕在化したのは若年労働力である。たとえば中学卒業者の求人倍率が1.0倍を超すのは1956年で，高校卒業者は57年であるが，70年には中学卒業者は5.71倍に，高校卒業者は7.07倍とな

り，中小企業では若年者を採用することはまず無理となる。そして労働力不足から，家庭主婦のパートタイマーとしての雇用が目立ちはじめたのである。つまり私どもが労働調査に従事していた初期には，潜在失業人口の圧力を無限大だと想定し，そのうえで論理を組み立てていたが，潜在失業人口のプールは思ったより浅く，逆にいえばそれほど日本の経済成長がすさまじかったといえる。すなわち第二次産業あるいは第三次産業の就業者数の増加は，主として農業人口を吸収することによって行なわれてきたが，当初は農家内の若年労働力のみの流出ですんだのが，1965年ごろからは一家をあげての流出が目立ちはじめ，いわゆる過疎の問題さえ起こしはじめた。

　かかる好景気にともなう労働移動の激化，それも一般的には上方移動の活発化に対し，階層流動が研究者の関心をひくのは当然で，こうした観点から行なわれたのが東京大学社会学研究室を中心に実施された「SSM調査」（Social Stratification and Social Mobility），職業研究所の行なった「職業移動全国調査」などであった。この間，私は主として中堅企業を選んで，中小企業がいかなる要因によって成長を遂げ，その間労務対策がいかように変わり，企業成長自体が従業員にいかなる問題を起こしたかなど，新たな問題を対象につぎつぎと中小企業あるいは中小企業集団等に関する調査を行なっていった。

　またこの頃には，経済成長の結果として従業員の生活そのものも大きく変わってしまった。1960年に国際労働機構（ILO）の『国際労働統計年鑑』によると，日本の賃金は米国の7分の1，英国の3分の1，イタリアの7割であったが，73年には米国の半分，西ドイツの75％，英国はこんどは日本の92％に，イタリアのごときは逆に日本のちょうど7割となり，この時点で日本の賃金はだいたいヨーロッパ並みとなり，チープ・レイバーという声は陰をひそめて，ロング・レイバーという声が聞かれるようになる。かくて終戦直後はきわめて均質的でかつ貧しかった若者の生活は多様になり，ヌーベルバーグが問題となり，原宿族やヒッピーが一種のファッションをつくりだしたりする。そしてビートルズの影響でエレキブームが起こり，フォークソングやグループサウンズが隆盛をきわめたりするが，そのときにはもう私も彼らとは無縁の年齢に達していた。また若者の髪が長くなりジーンズなる代

物が幅をきかせたのもそのころであり，はたして文化的といえるかどうかは疑問としても，マンガ・ブームが起こるのも，爆音高くオートバイを乗り回す暴走族なる人種が輩出するのも，この時代である。だが，かかる若年者を中心とした生活や意識の変化の陰で，若年者や女子従業員を中心に，企業あるいは労働組合に対する帰属感が著しく弱まるという現象が起こりだす。つまり青年たちにボーイズ・ビィ・アンビシャスといった気概がなくなり，何か片隅の幸福を求めてマイ・ホーム主義が増加し，余暇志向が増大したりするのである。

　こうした時代の労働者調査を特質づけるのは若年者の意識調査で，意識変革に危機感をいだいた企業団体や労働組合の手で多数の意識調査が行なわれた。そのうちで頂点に立ったと思われるのは，やはり日経連の委託により国立教育研究所が行なった「勤労青少年の生活と意識に関する調査」や，日本生産性本部が5万人の意識調査を誇らしげに謳った「職業と生活に関する意識調査」，あるいは日本産業訓練協会が行なった「勤労者意識調査」などであった。そして企業と組合に対する帰属感の低下をもたらす原因として，技術の高度化による生産速度の速まりや労働密度の高まり，さらにはそれらによる職場組織の高度化など，企業の内的条件を重視すれば自己疎外論が問題となり，フォイエルバッハやマルクスが持ち上げられたし，企業や労働組合などを取り巻く外的環境の変化を重視すれば，ツヴァイクやゴールドソープのごとく「豊かな労働者」などが主張されたりした。

1.3　新しい状況

　しかしこうした経済成長は第1次オイルショックを境として1973年に終りをつげ，1974年から75年にかけて，企業や労働組合は深刻な雇用の調整に悩まなければならなくなる。この雇用調整は残業規則，配置転換，出向，臨時社員やパートタイマーの再契約停止，一時休業など，多角的な方策が併用され，極力解雇を避けようとしたところに特色があり，解雇にいたる場合もできれば定年間際の者の肩たたきの形で希望退職を募集することが多く，多分に企業内保留的で，きわめて日本的な特色をよくあらわす形で行なわれた。それゆえ日本的労働慣行の特色が濃縮して表現された時期という意味で

も，多くの人員をさして大きなトラブルなく整理しえたという点でも，注目されてしかるべき時期であったが，比較的短時日で終了し，つづいて注目される事象が起こったという事情もあり，労働調査としては通産省の「企業内労働力移動調査」などを除いて，さして目立つ調査は見当たらずに終わった。

だが労働環境の変化はその後もさらにテンポを速めて，1970年代後半に入るとマイクロ・エレクトロニクス（ME）化が起こり，その企業や労働者に及ぼす影響が新たに問題になりだす。

ロボットもNC機器も，コンピュータもすべてME化の応用だといってよく，1960年代のオートメーションは同一製品の大量生産は得意であっても，多種少量生産はまったくといってよいほど苦手であった。ところが70年代後半からのMEを中心とした技術は，プログラミングで条件が変えられ，同一機器で多くの種類の生産が可能となった。またオートメーションでは一部門全部の一挙的変革が必要で，余力のある大企業でなければその導入はまず無理であったが，今回は単体の導入が主流であり，工場内の一部分だけの導入でもそれなりの効果を発揮し，価格も安くなって中小企業でも十分導入できるようになった。また，先の技術革新がもっぱら生産部門に限定され，管理，事務，営業などはまったく手つかずの状態であったが，今回の技術革新では同時にOA化が進行し，技術変革の及ぶ範囲は比較にならぬほど広くなった。こうして従業員の受ける影響ははるかに大きくなっているのであり，ME化に関する労働調査は実に多く行なわれ，今日でもなお調査は続けられている。しかしその間でも目につくのは，なんといっても労働省の行なった「技術革新と労働に関する調査」のME編とOA編で，そのほかにも電機労連や雇用職業総合研究所，さらには全日本能率連盟が行なった調査などが重視されている。

またこのほかにも問題になったのは従業員の高齢化で，高齢化のもたらす労働への影響をどうするかという問題である。すなわち戦後の1947年にはじめて男子50.06歳，女子53.96歳と，人生50年という平均寿命を手にしたわが国では，84年には男子74.54歳，女子80.18歳と，25歳も平均寿命を延ばした。しかも出産率の低下は著しく，現在程度の人口を維持するのに必要な人口置換水準の2.09人を割り込み，1980年には1.74人となってしまって

いる。このように平均寿命が延びて出生率が低下したことは，人口構造の高齢化以外のなにものでもなく，従来55歳と極度に低かった定年の引き上げはかなり進み，現在では60歳定年が大勢を占めるまでになったが，これをさらに外国並みに65歳に引き上げ，膨大化する年金の支給費用を引き下げるため，支給開始年齢を上昇せしめることは必須の情勢になった。

だがこうした定年延長問題は，なかなかすっきりとはいきにくい。日本特有の年功賃金下では，企業の支出する人件費総額を増大させ，企業経営を圧迫させざるをえないからである。この人件費問題をいかに処理するのか。またいまひとつの問題は，60歳程度までは体力の個人差がさほど目立たないが，一定年齢を過ぎると，70歳を過ぎても矍鑠たる人もいれば，あまり年齢がいかないのにめっきり老け込む人もおり，この個人差をいかにすればよいのかという点にある。高齢労働者はこうした悩みを抱えながら，現在，急激な産業変動と新たな雇用環境のなかに身を置いている。第一次産業や第二次産業の生産が上昇し一定水準に達すれば，人々の欲求対象はモノ離れが進んで急速にサービス的なものへと向かい，かかるサービス経済化で労働者の生活や労使関係にも新たな影響が起こりつつある。D. ベルが「脱工業化社会」といい，A. トフラーが「第三の波」といい，D. ガボールが「成熟社会」といっているのは，こうした新たな変化をさしている。もちろん，かかる変化に明確な対応を行なってゆくのは企業あるいは労働組合の責任であろう。今日では高齢者雇用開発協会その他で活発に労働調査を展開しており，東京都立労働研究所でも中小企業の労働者に関して，かなりの研究蓄積をもつようになった。

しかし，私の調査活動でたえず中心テーマとなった労働の日本的特色に関する限り，細部においてはかなりの変化を示しながらも，本質的部分で一貫して維持され続け，しかも当初予想された封建遺制どころか，外国の学者からむしろ日本の経済成長を可能にした基柱として重視され，高く評価されたりしているのである。

2　中小企業労働問題の所在

　都立労働研究所は東京都内に存在する中小企業の労働問題，それもとくに30人未満の小零細企業の労働問題を研究対象とするところに大きな特色をもつのであるが，かかる小零細企業の労働問題でも，打ちよせる社会経済の変動の波は決して穏やかではない。

　そもそもわれわれが小零細企業に関心をもちはじめたのは，その労働条件が大企業に比べてあまりにも劣悪なことであった。もちろん同じ中小企業でも経済成長期をたくみに生かして，専門メーカーとしての地位を確立し，資産条件が優良であり，大企業に遜色のない賃金を支出している企業も少なくない。しかしそれらはいまだにごく一部に限られ，「毎月勤労統計」によると，都労研が活動を開始した1978年時点での現金給与総数が，従業員500人以上の大企業を100とすると，30人未満は60.8にすぎず，その給与格差は歴然としている。しかも建物，土地など作業施設に直接関連をもたない部門で，必要限度以上の節約がなされている場合が多く，作業環境も恵まれているとはいえないし，厚生福利施設の格差はさらに大きい。

　これは小零細企業の多くが機械の専門化，単能化が進まず，作れるものは何でも作って何でも売れる体制を保持しようとし，機械・装置が後進的であることも大きな理由であろうし，多くの小零細企業が部品製造や下請加工に従事し，取引力の弱さのゆえに，たとえ大企業と同等の製品を作っても同等に売り捌く力をもたず，価値実現性が弱いからである。そのために従業員1人あたりの付加価値は，1975年時点では1,000人以上を100とすると，10人から20人未満は54.3，10人未満は35.4にしかならない。かくて政府の中小企業施策も，かかる小零細企業を対象として二重構造を解消するのはきわめて難しいとして，適正規模化とその他の転廃を進めることが，産業構造の高度化に対応する道だと考えたりしている。

　だがこのようなことをしても小零細企業は決して減ることはなく，民営非第一次産業中の中小企業の数は，1975年当時で536万を数え，全事業所の

99.4％を占めていたというし，従業員数も1,334万人が10人未満の零細企業で，全従業員数の33.7％にあたり，30人未満を加えれば2,161万人（54.5％）がそれに従事するものであったという。つまり経済成長期に大企業の数も増えたが，中小企業，とくに小零細企業の数も増え続けたのであり，それはかかる小零細企業にそれなりの存立基盤があったからである。たとえばファッション性，流行性の強い製品は変動がはげしく，大企業が直接手がけることはまず困難で，伸縮のきく小零細企業に向いた部門であったし，多種類少量生産を余儀なくされる場合も，大量生産を本命とする大企業の進出できない分野であるのがまず普通である。また工芸品のごとく労働集約的で，機械化，標準化の難しいものも，小零細企業に有利な製品であったし，サービスや修理，小売など，直接消費者に接触しなければならないものも，需要の地域性から，小零細企業がなくならない部門であろう。さらに製材のごとく原料が分散して輸送コストのかさむものや，連続した工程のごく一部が小規模でなければならない場合も，小企業に補足的機能を営ませたほうが得な場合が多い。

　かかる中小企業，とくに30人未満の企業は，従来，多くの関心をもたれながら，大企業ほど科学的な研究がなされることが少なかった。それは，小零細企業の労働問題は小零細企業の経理問題と密接にからみあい，多くがその分析にはいくつかの専門的知識を総合的にもつことが前提とされ，大企業のごとく単純な分析ができがたいことがひとつの理由である。たとえば労務管理なども，技術的には教育訓練，厚生福利，保健衛生など何らかの施設を必要とし，大企業と1人あたり同等の支出をしても，同等の効果をあげにくい部門は別として，本質的には小零細企業がむしろやりやすいはずであるし，実際にはきちんとした労務管理を行なおうとすれば，一定程度の労務費の支出が必要で，それを可能ならしめない小零細企業の経理に問題があった場合が多い。また小零細企業にも労使関係はそれなりに存在するはずであるが，労働組合の確立した中企業以上に比べて著しく捉えがたく，研究にそれなりの工夫が必要とされたし，企業調査を行なうにも効率が悪く，ことに従業員調査などでも名簿をつくるのからして大変で，一定地域を特定して，そこに存在する小零細企業をいちいちあたっていく以外に適当な方法がないのが実

情である。多くの中小企業研究が30人以上に規模を限定しているのはそのためで，小零細企業の研究が進まなかった最大の原因もこうしたところにあることが多かった。

　しかも，かかる小零細企業の置かれた状態はたえず変化している。たしかに，成長期に日本の小零細企業もそれなりに体力を強化し，土地その他の資産も増えて担保力も強まったが，この停滞期に著しく体力を消耗し，内部蓄積の弱い企業では息切れの目立つところも出てきた。ことに規模の小さな企業であれば，上昇期には売り上げの伸びも大きいが，下降期には減少もまた大幅で，景気動向はそこで働く労働者の生活に強い影響を与えずにはおかない。また小零細企業でも大企業と同様に経営が国際化し，円相場の如何はただちに商品価格に結びつき，ときによっては中後進国の追い上げに苦しむことに通じかねない。

　しかしさらに注目されるのは，昨今では研究開発，マーケティング，情報サービス，ファッション，専門サービスなど，きわめて性格の異なる新たな小企業群が増加していることである。これらはスケール・メリットの働きにくい分野で，まさに小零細企業の存立基盤を満していたし，スピードが何よりも要求される点で，大企業のごとく弾力性を欠いては対応できにくい分野であり，それらは専門知識や専門技能を生かして高い生産性を上げていることが多く，東京のごとき大都会の都心部に集中しているのも特徴的であり，高い地代や不動産賃借料を考えれば，付加価値の高いそれらでなければ新規開業の余地もまずなかったといえよう。また，ネズミ，ゴキブリ駆除，さらにビル・メンテナンスなど，人々の就業時間後を主たる作業時間とする業種も生まれ，従業員の健康管理など新たな問題の発生が予想される。

　労働の現象は生きているというのがわれわれの実感で，たえず変化して次から次へと新たな問題を生み出していく。賃金ひとつとっても理念的に考えられた合理的形態などはなく，その企業のその時点に合ったものがいちばん合理的なのである。都労研はかかる小零細企業のつぎつぎと起こる問題を，たえず研究し続けてきたのであり，そこに何より大きな存立課題があったといえる。

3 中小企業労働調査の視点

　1993年度に，都立労働研究所主催で「日本的経営のゆくえ」と題するパネルディスカッションが行なわれたことがある。パネラーが全員労働研究の専門家であるだけに，中心の論題が日本的労働慣行が今後どのように変わるかという点にあったのは当然で，講座自体は聴講者も多く，論議も活発で成功であったと思っている。もちろん日本の労勤慣行が今後どのように変わるかといった問題に，そう容易に結論が出せるなどとは最初から考えていなかったが，そこで論じられたのがもっぱら大企業の場合であり，中小企業でもやはり日本的特質はそれなりに見出され，むしろ早急な変革をせまられているのは中小企業ではないかということが，いささか気にかかった。だいたい日本的労働に関して終身雇用，年功賃金，企業別組合がよく三種の神器といわれ，この俗説は，日本の特色をよく言いあらわしているが，いま少し肉づけするとつぎのように表現することができよう。

　第一は採用で，新規学卒齢の採用を重視し，職種を特定せずにズブの素人を採ろうとする。その結果，毎年4月に採用が集中する現象が生まれる。第二はズブの素人を採るから企業内教育に努力し，大企業であれば大部分が企業内訓練施設をもち，ジョブ・ローテーションを行ない，OJTとoffJTを組み合わせて職務能力の伸長を期待する。第三は終身雇用で，かくして育てられた正規従業員を，景気変動に関係なく固定的に保持しようとし，労務費があたかも固定費であるかのごとき観を呈し，雇用量の変動は残業や中小企業への外注，臨時工，パートタイマー，派遣社員などで図ろうとする。第四は内部の年功昇進で，企業内経験を基礎に初期には多分に横並び昇進的であるが，しだいに適性，職務遂行能力などを加味して人員の配置，昇進を行なう。第五は年功賃金で，初任給を土台として賃金体系を構成し，物価にはベースアップで対応するが，毎年一定の時期に定期昇給を行なう。そして賃金は仕事にリンクするというより，勤務成績，勤続，年齢，学歴などを総合的に判断し，年齢，勤続による逆転現象が起こることにきわめて慎重である。第六

は60歳と延長されても定年が比較的低く，基本給と勤続を基礎に，諸外国に比べて高い退職金を支給し，定年の範囲内での勤続を勧奨する。第七は労働への対価というより従業員であるがゆえの支出といえる福利厚生を重視し，法定福利費に対して企業独自で行なう法定外福利費の支出が相対的に高かった。第八は「長」と名のつく管理者が部下の個人的な面倒をよく見，職場の人の和を重視するとともに，稟議などの形で情報を共有し，職務の弾力的な遂行で援け合いを行ない，女子事務員が受付から課長の不在時に課長の代行までこなすというごとく，組織運営の実質合理性を追求する。第九に企業別組合がつねに90%以上を占め，たとえ上部団体に所属しても単組の自主性がきわめて強く，それが日本的慣行を担保する役割を果たしてきたなどである。

　もちろんこうした施策を行ないうるのは大企業に限られようが，それでも自由主義経済下でそれが成立するためには，よほどの独占的利潤が保障されていることが必要で，それがない限り矛盾は女子従業員や臨時工，パートタイマー，下請零細企業の従業員らに皺寄せされ，それら縁辺労働力の犠牲で成り立つことは認めなければならない。また年功賃金が従業員の高齢化と能力主義の流れのなかで，しだいに変形を余儀なくされていることは事実で，年功昇進も高学齢化と高齢化，能力主義化などの影響で，もっとも大きく崩れたもののひとつであった。さらに厚生福利も1991年時点でみると，厚生年金の企業負担分が全福利費の32%に及び，別に健康保険の負担金も23%で，企業はそれらの負担増でかつてのごとく法定外福利に力を入れることができなくなっている。こうして日本的労働慣行もかなり変わってきたのであるが，全体的にみた場合，日本的慣行といわれたものがとても本質を失っているとはいえず，いまだに強い機能を発揮していることには変わりがない。

　それに対して中小企業，とくに小零細企業はどうしてきたのであろうか。いままで小零細企業の賃金や退職金が，大企業との間に大きな格差があったのは常識的であったし，福利厚生費の差異も大きく，あっても慶弔見舞金など，金のかからぬものに限られることが多かった。こうした弱点を一般に小零細企業は強力な縁故関係で補ってきたのであり，家族従業者や縁故者の比率は，規模が小さければ小さいほど大きかった。

家族従業者を主体とする企業は，大企業にみられぬ経営基盤の強さを発揮するのが普通で，家族従業者であれば繁閑に応じて営業時間を長くしたり短くしたりすることも容易で，残業や休日出勤も一方的に決めることが可能である。また，もし期待どおりの収益があがらなければ，家族従業者のなかで労働市場からもっとも需要の多い若年者らが，職場を離脱して他企業の従業員となったり，極端な場合は雇用主自身が従業員となって，家業を副業化することもでき，労働力量の弾力性は大企業の真似のできないものをもっていた。また小売業やサービス業では，家族従業者は客と同じ地域社会の一員であり，日常的なコミュニケーションをもち，仕事を離れ世間話のできる間柄で，これは雇用者では期待できない機能であり，小零細企業が付加価値は低くとも根強い競争力をもちえたのはこのためであるといわれる。
　だが規模が若干拡大し，家族従業員のウェイトが低下した企業でも，事情はさして変わらなかった。すなわち，家族従業員や縁故者が企業の要所要所に配置されることは，それらが人間関係調整の接点となり，一般従業員を準家族的な雰囲気のなかに包み込むのにそれなりの役割を果たしてきた。また小零細企業は事業主の住宅が工場の一隅か，工場に近接して存在する場合が多く，未成年者はその家に住み込みなどの形で居住せしめることが行なわれ，昼食は一般従業員を含めて家族とともに用意するなど，家族ぐるみで苦楽をともにし，文字どおり家族主義的な経営が行なわれ，賃金や厚生福利が劣る弱点を，えてして濃厚な人間関係で補ってきたのである。当時小企業の経営者が，「自分の工場では家族的な温情主義の管理をやっている。仕事をするのも休むのも一緒で，文字どおり労使一体となって働くから従業員も働くのだ。これは中小企業においてのみ可能で，大企業ではどうしても経営者と従業員の間が密接にいかない」と言っているのは，小零細企業の経営の実態をよく表現している。
　それゆえ従業員は「ここはよいところだ。人数は少ないし普通の会社と違い職場全体が顔見知りだ。社長から下の者まで皆ごちゃまぜだ」とか，「自分の地位は一応課長ということになっているが，それはあくまで建て前だけのことで，仕事が忙しくなると，皆と一緒に同じ仕事をしている」というように，人間関係の濃密さで独特の雰囲気をかもし出し，居心地のよい一種の

共同体的な職場を形成していた。つまり良い意味でも悪い意味でも人間関係は濃厚で，経営者と話をしていると，よく「あの子の親はとても律儀な男だったが，あの子はどうしてこうなのだろう」とか，「あの子は郷里から出てきたときはとても純真だったが，こうなったのも皆友だちが悪かったのだ」など，小企業の人間関係をよくあらわす言葉に接することが多かった。

　こうした小零細企業に対して，大企業は当然人間関係は希薄化せざるをえず，それを終身雇用の慣行や年功賃金，福利厚生等の制度化された生活保障でカバーしてきたということができ，小零細企業と大企業では現象的にきわめて異質であっても，多分に同質的なものが意図せられていたということができる。しかし，小零細企業の場合，かかる特質も高度成長のはじまった1950年代の後半から，しだいにみることができなくなった。元来，日本では小零細企業の従業員に高齢者と若年者が多く，大企業は反対に壮年者の比率が高いという特質があったが，企業成長が続き大企業が若年者の大量採用に踏み切るとともに，小零細企業は若年者を数多く雇用することなど至難のこととなった。また生活水準の上昇から人々の意識が変わり，「生活があるから仕事をすることはするが，プライバシーはほっておいてもらいたい」など，家族的な取り扱いをありがたがらず，むしろ世話をやくことをうるさがる気風が強まった。こうして生活への圧迫感の強い住み込みなどを希望する若年者は皆無となり，従来の労働の特質の崩れからいうなら，その崩れ方のもっとも大きいのは小零細企業であったといわなければならない。

　こうした場合，家族従業者主体の零細経営は，今後も変わらぬ強靭さを保持すると考えてよいであろう。問題はむしろいま少し規模を拡大した小企業の場合であり，労働条件が大きく改善されるのであればもちろんいうべきことは何もない。しかし，1989年の「賃金構造基本統計調査」により，規模間で性，学歴，年齢，勤続年数などの労働力構成を調整して1人1カ月の平均給与を出すと，1,000人以上は28万6,400円，10～99人は21万4,600円，5～9人は21万500円で，それぞれ74.9％と73.5％にしかならない。しかも退職金や福利厚生費の差異はさらに大きく，小企業が労働力を雇用して，経営効率を発揮するためには，何らかの魅力ある理念的な施策を取り上げることが必要になりはじめている。その際考えられる施策にはいろいろなもの

があるであろうが，利潤分配制度などを考えてもよい時期になっていると思われるのであり，スキャンロン・プランやラッカー・プランに似た形態を，自企業に合わせてより簡略化し，導入することなどがもっと真剣に考えられてもよいのではなかろうか。

補　章　東京都立労働研究所の沿革と研究成果

田所　豊策

1　東京都立労働研究所の設立と目的

　東京都立労働研究所（以下，「都労研」と略）は，1973年から設立準備を始め，75年3月には設立準備委員会を発足させ，3年あまりの検討の後，78年4月に東京都労働資料センターを併合して，①労使関係，②労働市場，③労働衛生，④中高年労働の4部門で発足した（この際，あわせて検討を行なってきた「労働衛生専門委員会」は，東京都に多くの医学系研究機関があり，既存の都立研究機関と密接な連携を図ることを条件に，医学系の研究は直接は行なわないこととした）。

2　都労研の特徴

2.1　調査研究の主な対象は中小企業

　設立の検討段階から，都労研の特徴は一貫している。「東京都労働科学研究所（仮称）に関する報告書」（1975年11月）（以下，「報告書」と略）は，「(中略) これら中小零細企業は，大企業に比し多くの面で立遅れており，労働問題についても大都市の繁栄のかげで賃金，労働条件，災害，疾病等様々の問題を抱えている」と問題提起し，「また大企業では，企業内の研究にせよ，委託による研究にせよ，自らの力で取り組むことができるが，中小零細企業では，経費の負担能力，研究に対する認識不足から，それを期待することができないのが実情である」と必要性を強調する。

2.2 東京都労働資料センターを併設

第2の特徴は，労働資料センターを併設したことにある。ふたたび報告書を引用すると，「これらの研究成果は，労使および一般都民に提供され，労使の自主的な労働条件の改善ならびに労働者，小零細事業主及び家族従業員の生活の向上を促進する」，また，「このためには，行政面で常時資料を収集し，整理する作業ももちろん必要である」として，労働情報の蓄積・把握とともに，研究成果も含めて労働情報の発信基地であることも意図した。

2.3 研究所スタッフの特徴

①研究スタッフの多様性

研究所は，関連する専門分野として労働法・社会保障法，労働経済学・労務管理・労使関係論，労働社会学，労働衛生，保健・環境社会学などの研究者に研究員，研究助言者，研究所運営委員として参加を求め調査研究を開始した。

このような研究所のスタッフの構成は，設立準備委員会の座長であり初代の所長となった故有泉亨が，1947年に設立された東京大学社会科学研究所の最初の研究員であり，判例研究というきわめて実証的な法解釈を重視したことと無縁ではない[1]。

くわえて，当時の労働問題研究が，労働法，社会政策，経営学，社会学などの諸学問分野からアプローチされてはいたが，それらの手法や成果を総合したり，共同したりすることによって，実証的に掘り下げ，立体的に浮き彫りにする機会や，機関が少なかったことにある[2]。

もういちど報告書に戻ると「これら（東京に所在する労働諸問題）の調査研究はその性質上，学際的な応用研究であり……」と述べている。

この考え方は，研究員，助言者，運営委員の人選にあたっての原則として

---

[1] 東京都立労働研究所『労働研究所報』No.7（1986年）で，有泉は「昭和22年5月東京大学に社会科学研究所が設置され，私もその所員の一員として参加（中略）同研究所は，戦後の日本に生起する社会問題を，法律学，政治学，経済学を総合した社会科学の立場から調査分析するためにもうけられたものである。労働問題は主要な研究テーマであったことは言うまでもない」（4頁）と述べている。

連綿と受け継がれ，付表の報告一覧の担当研究員は，労働衛生の一部を除けば異なる専門分野の研究員との共同研究である。

②研究の柔軟性の確保

研究所スタッフの第二の特徴は，研究員を非常勤雇用したことである。松島が述べているように，「労働の現象は生きているというのがわれわれの実感で，たえず変化して次から次へと新たな問題を生み出していく」（本書第Ⅹ章：247）ことに即応して，長期雇用を前提とせず，新しい問題に柔軟に対応するスタッフ面での弾力性を確保したのである。もっともこのことは，研究の継続性をどう確保するかという難問を生んだが，練達の助言者，運営委員の指導により解決してきた。

③第三の研究所スタッフの特徴は，若手研究員の育成である。当時は，労働関係の調査も少なく実査に携わる機会も少なかったので，有意の調査経験者を養成するために，大学院生，助手，講師陣からの人材発掘を積極的に行なったのである。この書物の執筆者の多くは，それらの若者であり，都労研で初めて労働問題に関する調査を経験した者も含まれている。

2.4 調査研究手法の特徴

都立労働研究所の調査の特徴は，調査票調査とあわせて，聞き取り調査が多いことである。このことは，調査結果の分析を詳細かつ多面的にしたことはいうまでもない。研究助言者であった小池の説くように綿密で周到な計画や準備を重ねたものとはいえないが，少なくとも，アンケート調査に回答した企業・事業主，従業員の一人ひとりを大切に，より慎重にとらえる習慣を研究員に体得させた意義は大きい[3]。

2）総合労働研究所『季刊労働法』（第80号，1971年6月）では，「労働問題の多科学的研究」と題して，沼田稲次郎（労働法），舟橋尚道（社会政策・労働法），三戸公（経営学），岡本秀昭（社会学），横井芳弘（労働法），徳永重良（経済学）の諸分野の研究者が，「労働問題の現実的課題をどう解明するか」，「多科学的研究の可能性と原点」などについて検討している。

3　研究所の運営

研究所事業の統括責任者として所長の任にあたったのは，有泉亨（1978年4月～1987年5月），松島静雄（1987年～2001年3月）である。

3.1　研究所運営協議会
所長の研究所運営を補佐し，研究テーマ，研究員などの人選について，意見を述べ，諮問に答える機関として研究所運営協議会が設けられた。運営協議会委員としてご尽力いただいたのは，つぎのメンバーである。
　○学識経験者委員
　　氏原正次郎（労働経済学），遠藤湘吉（財政学），大羽綾子（女性労働），小池和男（労働経済学），佐藤進（労働法・社会保障論），佐野陽子（労働経済学），松島静雄（労働社会学）
　○労働者委員
　　岩井章，嶋田一夫
　○経営者委員
　　郷良太郎

3.2　助言者
研究員会議および各研究部門の会議に出席し，研究調査の実施，分析に適切な意見や助言を得るため，研究テーマに応じて助言者を委嘱した。研究所存続期間中にこの任に当たったことのあるのは，有泉亨，石川晃弘，氏原正治郎，尾形隆彰，川喜多喬，小池和男，佐藤進，佐藤博樹，佐野陽子，諏訪康雄，中村圭介，仁田道夫，山崎喜比古，といった方々である。

3）小池和男はその著書『聞き取りの作法』（東洋経済新報社，2000年）の「はじめ」で，「もちろん数量分析の有効性は疑いをいれない。だが，それだけで企業や経済の事柄を解明できるだろうか」という。そして「数量分析と聞き取りとがそれぞれに悩みがあるなら，両者を併用し，たがいに補い合う方法が考えられないだろうか」と提案している。

補　章　東京都立労働研究所の沿革と研究成果　257

　なお，助言者については本務の都合により研究員としての採用ができず，やむをえず助言者として調査研究に参加していただいた場合もある。

4　研究部門と研究成果

4.1　研究部門の変遷
　研究部門数は 1978 年度から 84 年度は 4 部門，1985 年度から 98 年度 5 部門，1999 年度と 2000 年度は 4 部門であった。

4.2　研究部門別調査研究報告
　都労研の調査研究成果は付表のとおりである。

5　都労研の廃止への道程

　2001 年 3 月 31 日，若干の労働問題の調査を，プロジェクトチーム方式で行なうこととして，東京都立労働研究所は廃止された。
　なお，東京都労働資料センターは，下記の場所に存続し，都労研の調査報告書を含めて労働関係資料約 3 万点・図書 4 万冊を所蔵している。
　　所在地：〒164-0013　東京都中野区弥生町 2-41-17
　　　　　Tel 03（5340）1511　Fax 03（5340）1524

付表　東京都立労働研究所研究成果一覧

この一覧表に掲載した報告書は，前記の東京都労働資料センターが各部門別に合本し，閲覧に供している。表中の番号は，合本の番号を示す。

労使関係部門

番号	No.	調査年度	報告書名	発行年	担当研究員
1	1	1978	中小企業の労務管理と労使関係	1980年3月	松島静雄，川喜多喬，孫昌熹，仁田道夫，井上雅雄
	2	1979	企業規模別労使関係の実態――都内居住労働者の意識調査分析を通して――	1981年3月	川喜多喬，仁田道夫，井上雅雄
	3	1980	中小企業の労使関係の実態	1982年3月	孫昌熹，井上雅雄
	4	1981	中小企業分野における産業別労働組合組織と活動	1983年3月	孫昌熹，井上雅雄，仁田道夫，中村圭介
2	5	1982	中小企業経営者団体の労務関係機能	1984年2月	孫昌熹，仁田道夫，中村圭介，神谷拓平
	6	1983	中小企業における労使紛争の研究	1985年3月	中村圭介，尾形隆彰，中窪裕也
	7	1984	第三次産業における労働組合の結成	1986年2月	尾形隆彰，中村圭介，金子和夫
	8	1985	第三次産業の労務管理――旅行業・広告業における労務管理と労働者の意識――	1987年3月	尾形隆彰，近藤美智子，橋元秀一
3	9	1986	中小企業における能力主義的管理と労使関係（その1）	1988年3月	石川晃弘，橋元秀一，工藤正
	10	1987	中小企業における能力主義的管理と労使関係（その2）	1989年3月	石川晃弘，橋元秀一，工藤正
	11	1988	中小企業における従業員組織の役割	1990年3月	石川晃弘，工藤正，佐藤博樹
	12	1989	営業職の労働時間管理	1991年3月	平井陽一，尾形隆彰，森隆男
	12	1989	営業職の労働時間管理　資料編	1991年3月	平井陽一，尾形隆彰，森隆男
4	13	1990	労使関係意識の変化――10年を経て――	1992年3月	森隆男，尾形隆彰，平井陽一

補　章　東京都立労働研究所の沿革と研究成果　259

番号	No.	調査年度	報告書名	発行年	担当研究員
	14	1991	転換期における労働組合の役割	1993年3月	森隆男，尾形隆彰，内田賢
	15	1992	職場・職業生活における「さざなみ」	1994年3月	森隆男，尾形隆彰，安田三江子，石川晃弘，小木曽道夫
5	16	1993	職場で労働組合活動を担う人達の活動と意識	1995年3月	金子和夫，森隆男，松尾邦之
	17	1994	景気変動下における情報サービス産業の労使関係	1996年3月	金子和夫，森隆男，石川晃弘
	18	1995	雇用確保に対する労使の対応	1996年10月	金子和夫，佐藤博樹，内田賢
	19	1996	労働組合の結成及び活動と地域組織	1998年2月	金子和夫，佐藤博樹，山口純子
6	20	1997	企業内賃金決定の仕組みと労使関係	1999年3月	今野浩一郎，下田健人，山口純子
	21	1998	労働時間管理の多様化に関する実態調査	1999年11月	今野浩一郎，尾形隆彰，山口純子
	22	1999	境界労働者の類型化と労使関係	2000年3月	今野浩一郎，尾形隆彰，山口純子
	23	2000	雇用・就業形態の多様化と労働組合，労働者組織	2001年3月	今野浩一郎，藤川久昭，畑井治文

労働市場部門

番号	No.	調査年度	報告書名	発行年	担当研究員
1	1	1978	東京における離職者の生活実態	1980年3月	氏原正治郎，佐藤進，石川晃弘，尾形隆彰，上林千恵子，塩田咲子
	2	1979	第三次産業における雇用及び就業構造	1981年3月	石川晃弘，仁田道夫，尾形隆彰，上林千恵子
	3	1980	中小事業所における非正規従業員の実態	1982年3月	石川晃弘，仁田道夫，尾形隆彰
	4	1981	第三次産業における雇用及び就業構造（その2）――タクシー業，自動車整備業，美容業――	1983年3月	川喜多喬，尾形隆彰，神谷拓平
	5	1982	第三次産業における雇用及び就業構造（その3）――セールスマン――	1984年3月	川喜多喬，尾形隆彰，石川晃弘
2	6	1983	技術革新と労働に関する調査――製造業――	1985年3月	石川晃弘，川喜多喬，近藤美智子，白木三秀

番号	No.	調査年度	報告書名	発行年	担当研究員
	7	1984	技術革新と労働に関する調査——非製造部門——	1986年3月	白木三秀, 川喜多喬, 近藤美智子, 永野仁
	8	1985	東京都における労働市場の構造と変化	1987年3月	白木三秀, 川喜多喬, 永野仁
	9	1986	大都市労働市場における雇用形態の多様化の実態——学生アルバイト等の有効活用に関する実態調査——	1988年3月	佐藤博樹, 近藤美智子, 白木三秀
3	10	1987	専修・（専門）学校卒業生の労働市場——資格・専門職労働市場の実態——	1989年3月	白木三秀, 佐藤博樹, 近藤美智子
	11	1988	若年労働者と労働移動に関する調査——その意識と労務管理——	1990年3月	尾形隆彰, 白木三秀, 橋元秀一
	12	1989	構造変動下における事業転換と雇用変動——ニット製品・玩具製造業の実態——	1991年3月	橋元秀一, 白木三秀, 久本憲夫
	13	1990	自営業者のキャリアと就労——最近の独立開業——	1992年3月	佐藤博樹, 白木三秀, 本田一成
	14	1991	大卒者の中途採用と転職経験——転職労働市場の実態——	1993年3月	橋元秀一, 平井陽一, 片柳敦子
	15	1992	新卒者の採用と活用	1994年3月	今野浩一郎, 平井陽一, 内田賢
4	16	1994	緊急調査報告　景気低迷と中高年労働者の雇用機会	1995年3月	川喜多喬, 下山昭夫, 安田三江子
	17	1993	不況下の中小企業管理職——企業の悩みとホワイトカラーの心情——	1995年3月	川喜多喬, 橋元秀一, 下山昭夫
	18	1994	東京の中高年離職者たち——長期不況下の企業の行動・労働者の意識——	1996年3月	川喜多喬, 下山昭夫, 安田三江子
	19	1995	平成不況下の中高年離職者たち——離職・失業・再就職の諸類型とその要因——	1996年12月	川喜多喬, 下山昭夫, 安田三江子
	20	1996	価格破壊・価格革命下の卸売業の経営と労働事情に関する調査	1998年3月	川喜多喬, 今野浩一郎, 奥西好夫
5	21	1997	「平成不況」下の都内製造業の経営・労働問題と人材戦略	1999年3月	川喜多喬, 奥西好夫, 西川真規子
	22	1998	ハイテク産業における技術者の雇用と処遇に関する調査	1999年12月	石川晃弘, 奥西好夫, 土屋直樹

補　章　東京都立労働研究所の沿革と研究成果　261

番号	No.	調査年度	報告書名	発行年	担当研究員
	23	1999	変革期の人事労務管理と従業員意識	2000年3月	石川晃弘，奥西好夫，土屋直樹，畑井治文
	24	2000	都内中堅企業における人事評価と中途採用に関する調査	2001年3月	奥西好夫，山口純子，横田絵理

労働衛生部門

番号	No.	調査年度	報告書名	発行年	担当研究員
1	1	1978	労働安全衛生に関する文献調査	1979年3月	飯島伸子
	2	1979	東京都内におけるメッキ労働者の健康に関する調査研究報告	1980年3月	飯島伸子，佐藤進，永戸恭子，孫昌熹
	3	1980	印刷・製版・製本業で働く人々の健康に関する調査研究報告書	1982年3月	飯島伸子，佐藤進，永戸恭子
	4	1981	壮年期男子の職業生活と健康に関する調査	1983年3月	飯島伸子，石川晃弘，山崎喜比古
	5	1982	婦人の職業生活と健康に関する調査研究報告書	1983年12月	山崎喜比古，塩田咲子，中村律子
2	6	1983	小規模企業従業員の健康と生活に関する調査	1985年3月	山崎喜比古，塩田咲子，中村律子
	7	1984	中高年齢者の引退過程と健康に関する調査	1986年3月	山崎喜比古，塩田咲子，中村律子，朝倉隆司
	8	1985	技術革新下における労働者の生活と健康（その1）──ソフトウェア技術者を中心に	1987年3月	山崎喜比古，中村圭介，朝倉隆司
	9	1986	技術革新下における労働者の生活と健康（その2）──オフィス労働者を中心に	1988年3月	山崎喜比古，中村圭介，朝倉隆司
3	10	1987	建設従事者の生活と健康	1989年3月	山崎喜比古，朝倉隆司，平井陽一
	11	1988	大都市勤労者の労働生活の質と健康──帰途行動と健康習慣──	1990年3月	山崎喜比古，近藤美智子，平井陽一，朝倉隆司
	12	1989	サービス産業における深夜労働と労働衛生	1991年3月	山崎喜比古，朝倉隆司，佐藤博樹
	13	1990	働く女性の疲労とストレス	1992年3月	山崎喜比古，朝倉隆司，橋元秀一
	14	1991	中壮年男性の職業生活と疲労・ストレス	1993年3月	山崎喜比古，朝倉隆司，近藤美智子

番号	No.	調査年度	報告書名	発行年	担当研究員
	15	1992	共働き世帯のライフスタイルと疲労・ストレス	1994年3月	山崎喜比古，朝倉隆司，小木曽道夫
4	16	1993	中小規模事業所の環境改善と保健衛生に関するニーズ調査——3S（ソフト，セイフティ，サニタリー）職場をめざして——	1995年3月	朝倉隆司，杉山克巳，安田三江子，山崎喜比古
	17	1994	労働時間の弾力化と生活のゆとり・健康に関する調査——フレックスタイム制度を中心に——	1996年3月	朝倉隆司，橋元秀一，杉山克巳
	18	1995	中小規模事業所の環境改善と保健衛生に関する現場従業員の意識調査	1997年3月	朝倉隆司，堀畑まなみ，小泉智恵
	19	1996	中壮年女性の家庭・仕事・健康に関する意識調査	1998年3月	朝倉隆司，内田賢，小泉智恵
	20	1997	小規模企業における健康管理への取り組み	1999年3月	山崎喜比古，堀畑まなみ，若林チヒロ
	21	1998	高齢者福祉施設における専門職の労働と健康	2000年1月	山崎喜比古，堀畑まなみ，若林チヒロ

※ 労働衛生部門は1999年4月以降新たな調査研究を休止している。

中高年労働部門

番号	No.	調査年度	報告書名	発行年	担当研究員
1	1	1977	小零細企業における中高年就業者の実態——中高年労働に関する研究調査結果——	1979年2月	氏原正治郎，松島静雄，佐藤進，石川晃弘，仁田道夫，川喜多喬，佐藤千恵子
	2	1997	小零細企業における中高年齢者の労働と職種——中高年労働に関する調査再集計結果——	1980年3月	石川晃弘，川喜多喬，仁田道夫，上林千恵子
	3	1979	高齢者の労働と老後生活の実態	1981年3月	佐藤進，川喜多喬，仁田道夫，塩田咲子，上林千恵子
2	4	1980	中高年労働に関する研究報告書——研究シリーズの集約とケーススタディ——	1982年3月	川喜多喬，塩田咲子，上林千恵子
	5	1981	東京都における中高年婦人の職業と家庭生活に関する実態調査	1983年3月	川喜多喬，塩田咲子，上林千恵子
	6	1982	小規模企業における高年齢者の能力活用と対策に関する調査研究報告書	1984年3月	上林千恵子，近藤美智子，森隆男

補　章　東京都立労働研究所の沿革と研究成果

番号	No.	調査年度	報告書名	発行年	担当研究員
	7	1983	中高年労働者の職場適応と対策に関する調査研究報告書	1985年3月	上林千恵子，近藤美智子，森隆男
	8	1984	中高年齢者の就業に及ぼす公的年金の影響に関する調査	1986年3月	森隆男，上林千恵子，永野仁
3	9	1985	中高年女性の労働と生活に関する調査――ホームヘルプ活動の供給組織と活動の担い手――	1987年3月	森隆男，佐藤博樹，茶谷利つ子
	10	1986	職人の労働生活と意識――中高年者の就業実態と新たなる可能性――	1988年3月	森隆男，尾形隆彰，茶谷利つ子
	11	1987	中高年職業ドライバーの就業実態に関する調査	1991年3月	森隆男，川喜多喬，茶谷利つ子
	12	1988	中高年障害者の就労と生活問題に関する調査	1990年3月	森隆男，朝倉隆司，茶谷利つ子
4	13	1989	中高年婦人の就労と介護問題に関する調査	1991年3月	下山昭夫，茶谷利つ子，内田賢
	14	1990	大都市勤労者の資産形成	1992年3月	川喜多喬，下山昭夫，内田賢
	15	1991	中小・中堅企業における高年齢者の就業実態	1993年3月	川喜多喬，下山昭夫。廣瀬真理子
		1991	高齢就労者の人生満足度と社会満足度――上記報告書別冊――	1993年3月	川喜多喬，下山昭夫，廣瀬真理子
	16	1992	小規模事業所における中高年齢者の就労実態	1994年3月	下山昭夫，金子和夫，廣瀬真理子
5	17	1998	高年齢者の新しい働き方へのニーズと可能性――実践セミナー修了者調査をめぐって――	1998年12月	金子和夫，下田健人，上野隆幸
	18	1999	失業中の生活と再就職の実態	2000年3月	金子和夫，下田健人，上野隆幸
	19	2000	職場を支えるベテラン社員の調査	2001年3月	川喜多喬，土屋直樹，上野隆幸

※　中高年労働部門は1993年から1997年の間，調査研究を休止している。

女性労働部門

番号	No.	調査年度	報告書名	発行年	担当研究員
1	1	1985	諸外国の男女雇用平等施策をめぐる現状と課題（文献調査）——ILO，イギリス，アメリカを中心として——	1987年3月	上林千恵子，金子和夫，浅倉むつ子
	2	1986	女子従業員の活用に関する調査	1987年6月	上林千恵子，金子和夫，浅倉むつ子
	3	1987	女子情報処理技術者の就労実態——SE・プログラマーを中心として——	1989年3月	上林千恵子，金子和夫，下山和夫
	4	1988	女子専門職の就労形態とその実態——老人福祉施設を中心として——	1990年3月	上林千恵子，金子和夫，下山和夫
2	5	1989	百貨店女子従業員の就労業実態と意識	1991年3月	近藤美智子，金子和夫，佐藤厚
	6	1990	若年女子従業員の就業実態と意識	1992年3月	近藤美智子，金子和夫，廣瀬真理子
	7	1991	女性活用に関する企業事例研究	1993年3月	川喜多喬，金子和夫，立道信吾，安田三江子
	8	1992	ベテラン技能者の定着条件に関する調査	1994年3月	川喜多喬，松尾邦之，立道信吾
3	9	1993	大卒女性の職業選択行動と職業生活	1994年9月	今野浩一郎，小木曽道夫，立道信吾
	10	1994	デザイナーの働き方とキャリア——女性と専門職——	1996年3月	今野浩一郎，小木曽道夫，立道信吾
	11	1995	不況下における女性の離転職と生活	1997年3月	小木曽道夫，早見均，立道信吾，川喜多喬
	12	1996	不況下における女性の離職と生活——事例を中心として——	1998年3月	下山昭夫，下田健人，立道信吾
4	13	1997	営業・販売職における女性の再就職—女性の認識と企業の考え方—	1999年3月	藤村博之，下山昭夫，金子和夫
	14	1998	女性労働の多様化と職業能力の活用	2000年3月	下山昭夫，藤村博之，堀畑まなみ
	15	2000	若年アルバイトの仕事と意識に関する調査	2001年3月	上林千恵子，下山昭夫，堀畑まなみ

補　章　東京都立労働研究所の沿革と研究成果　265

外国人労働に関する特別調査

番号	No.	調査年度	報告書名	発行年	担当研究員
1	1	1989	東京都における外国人労働者の就労実態——中間報告——	1990年3月	石川晃弘，上林千恵子，永井裕久，山崎喜比古
	2	1990	東京都における外国人労働者の就労実態	1991年3月	石川晃弘，上林千恵子，永井裕久，山崎喜比古

東京都立労働研究所調査研究報告書：国際労働部門

番号	No.	調査年度	報告書名	発行年	担当研究員
1	1	1993	外国人労働者のコミュニケーションと人間関係　PART-1	1995年3月	石川晃弘，尾形隆彰，内田賢，廣瀬真理子
	2	1994	外国人労働者のコミュニケーションと人間関係　PART-2	1996年3月	石川晃弘，尾形隆彰，内田賢，廣瀬真理子
	3	1995	中小企業の海外進出と派遣人材に関する調査	1997年3月	石川晃弘，尾形隆彰，廣瀬真理子
	4	1996	東アジア企業の日本進出と派遣従業員管理に関する調査	1998年3月	石川晃弘，尾形隆彰，堀畑まなみ
	5	1997	外国人労働者のコミュニケーションと人間関係　PART-3——東京で働く4つの国の女性たち——	1999年3月	石川晃弘，尾形隆彰，上野隆幸

※　国際労働部門は1998年4月以降新たな調査研究を休止している。

事項索引

[ア　行]

IT　18
アシスタント　34,36-40
アルバイト　11,12,15,19,48,147,171　→パート・アルバイト
安全衛生　204　→労働災害
委員会　104,105　→提案制度
意識調査　62,200,212,236,237,242
一人前　33-36,38-40,211
一般職　35,36,39,78,94,229,230　→管理職，総合職
違法就労　129,131,132,137,138,144,151,159
移民　129,147,152,154,158,159,162
飲食店　48,53,56,68
引退過程　184
運搬　81,102
営業
　──時間　56,250
　──職　45,46,49,50,52-61,64,78,84　→セールスマン
　──力強化　85
エキスパート　34　→専門職
SE　37　→情報技術者，システムエンジニア
SSM（社会階層移動）　61,241　→階層移動
エスニック・ビジネス　136,147,150,153
NPO　72
エリート　115
縁故　97,111,172,239,249,250
円高　165,167
縁辺労働力　249　→基幹人材
オイルショック（第1次，第2次）　1,45,97,165,167,168,174,242
横断的な労働市場　26,27,37
OJT　248　→OffJT

オートメーション　9,206,240,243　→技術革新，自動化，機械化
　OA化　184,243
　オフィス・──　9
offJT　248　→OJT
オルガナイザー　229　→組合結成
温情主義　250　→家族主義

[カ　行]

外交営業職　64　→営業職，企画営業
外国人
　──雇用　135-137,139,142,147,154,156,164
　──労働力　19,158-160
介護職　207
外資系企業　29
改善活動　77,86,87,89,90-93
階層
　──移動　172　→SSM
　──分析　170
　──流動　241
外注化　77,79,83,84,86,88,94　→内製化
快適
　──工場　75,81
　──職場　82,115,200
開発職　78,79,83-85,94
下降移動　46,172,180
家事　72,117,205
過剰人口　166
家族
　──従業者　12,249-251
　──主義　68,198,250　→温情主義
課長　39,105,106,121,237,249,250　→部長
学校教育　31,42,106
過労死　184
監視　102,103,105,112

――労働　103,105
感情労働　62,205　→知的労働，肉体労働
間接管理　60　→直接管理
監督　98,100-103,107,112,230　→第一線監督者
カンバン方式　87
管理
　――職　36,56,57,60,64,78,79,83,84,94,95,
　　101-106,170,178,186,190,216,230　→部長，課長
　――的職業従事者　10
　――能力　34,36
機械
　――化　77,80,81,86,87,92,246　→オートメーション，技術革新，省力化
　――操作　81,101,102
企画営業　78　→営業職
基幹人材　79,84-86,89,94,95　→縁辺労働力
企業コミュニティ　198,202,204
企業忠誠心　54
企業内
　――教育　248　→産業訓練，教育訓練
　――昇進　54　→出世，昇進
　――専門職　26,27,29,30,42,43,44　→専門職
　――労働力移動　243　→配置転換
企業別組合　214,248,249　→労働組合
技術革新　75,80,81,184,240,243　→オートメーション，自動化，機械化，OA化
技術者　10,25,29,30,36-44,52,56,60,75,78,79,
　84,87,89-94,105,106
技能　6,52,75,78-84,86,92-115,117-121,
　125-127,171,172,177,178,180,247
希望退職　85,176,178,180,181,242
規模階層　186,192,193,195,196,197
キャリア　25,30,31,33-36,38-44,98,110,115,
　124
　――形成　30,33-36,38-41,44
　――志向　25,30,38,40,42
　――・パターン　35,38,41
　（――の）ハードル　115-117,119,177,
　　178

休暇　59,68,69,115,187,202,203
休憩　187,198,202,210
QC　77,104,105
休日　56,59,81,115,250
求職者　46
窮迫就業　111
教育　16,27,29,31,39,42,79,80,85,87,88,90,93,
　94,97,98,100-102,105-107,112,116,117,
　119,172,210,239,242,246,248
　――訓練　16,27,79,80,85,88,90,93,105,
　　246　→訓練，企業内教育
　――水準　172
境界労働者　53,60
勤続
　――年数　96,99-101,104,105,110-112,
　　118,120,126,251
　――要因　98,114
近代化　68,237,239
近代の雇用関係　68
勤務形態　38,60
勤労
　――意欲　64　→モラール
　――観　52　→労働者意識
　――者意識　242　→労働者意識
　――青少年　242
組合結成　213,219,220,222,225,226,228-231,
　233,234　→労働組合
組合費　219,226　→労働組合
グローバル化　1
訓練　16,27,42,79,80,85,88,90,93,103,105,
　106,178,242,246,248　→教育訓練
経営
　――家族主義　198　→温情主義
　――課題　25
　――者　25,46,61,63,68-70,81,82,85,88,92,
　　95,126,127,133,135,138,141,144,146,148,
　　160,162,198,199,213,222,225,226,230-
　　232,234,237,250,251
　――戦略　25,43,70,82,83,89,94
　――文化　111
契約社員　15
経理　29,77,85,90,109,121-127,164,246
　――職　121-127

事項索引　269

研究
　——開発技術者　78,94　→開発職
　——者　23,27,29,30,46,93,103,113,114,
　　121,132,154,161,168,183,236-239,241
　——職　59,78,79,83-85,94
健康
　——管理　184,198-200,247
　——診断　183,198,199
　——問題　183,184,211
検査　76,77,86,88,90,102,103,105,112,202,
　　203
研修　106,130,210　→教育訓練
原生的労働関係　235
減量　85
高学歴
　——化　17,18,23,39,109
　——労働力　17,18
工業高校　97,105,106
鉱山労働者　198,238
工場
　——管理者　79,83,84,94
　——無きメーカー　83,90　→ファブレ
　　ス化
厚生労働省　134
交替制　210
公的資格　26
高度成長期　75,97
公認会計士　26,28
後輩　34,100,107　→先輩
高齢化（高年齢化）13,16,17,23,75,80,181,
　　211,243,244,249
高齢者福祉施設　205,206,210,212
5S（整理・整頓・清掃・清潔・しつけ）
　　88,90,91
国際
　——標準　79,91,212
　——分業　85,158
　——労働　20,134,164,241
　国際労働機構（ILO）134,241
コーポレート・ガバナンス　10
雇用
　——安定　225
　——危機　166,167

　——形態　11,15,222
　——職業総合研究所　243
　——就業問題　8
　——政策　7,20,23,178
　——創出　8
　——調整　45,52,174,242　→減量
　——不安　80
　——保険　68,170,171,173,176-178,180,
　　181
　——問題　21,167,168
コンピュータ　37,55,56,156,243　→オート
　　メーション，技術革新

[サ　行]
再就職　46,111,116,118,145,146,167,170-
　　175,177-181　→求職
　——経路　172
財務　29,77,85,88,90,123-125
裁量性　53,59,209,211
作業
　——環境　16,82,115,183,203,245
　——者　9,78,89-94
　——条件　38,220
雑業層　166
サービス
　——経済化　5,6,23,48,51,52,71,166
　——残業　23,57,58,60　→残業
　——職　10,45,46,49,53,55,56,59-61,168,
　　184
　——の工業化　71
3S（ソフト，セイフティ，サニタリー）
　　200,201,204　→3K
参画経営　89,90,91
産業
　——構造　4,6,9,12,52,72,168,184,244,245
　　→就業構造
　——・雇用政策　7　→雇用政策
　——組織　12
残業　23,49,56-58,60,68,88,115,210,242,248,
　　250
　——手当　56-58
産業医　199
3K（きつい，汚い，危険）80-82,97,103,

107,200,201,204　→3 S
産別組織　229
自営
　——業　11,49
　——業主　10,12,52,53,60,67,70,186,193,194
　——業的労働者　49,67
自己啓発　125
仕事
　——・成果にもとづく人事管理　43
　——内容　9,38
　——満足度　60,61　→モラール
システムエンジニア　55　→情報技術者
下請企業　79
失業　1,45,110,145,146,165-167,170-182,236,241　→潜在失業
　——期間　146,170-172,176,180,181
　——生活　165,170,171,175,178,179,181
　——率　165,166
自動化　77,79,86,87,89-92　→オートメーション，機械化
自動車ディーラー　61
地場産業　5,174
事務職　37,55,78,94,121,122
社員会　213,214　→従業員組織
社員教育　85　→教育訓練
社会
　——階層　184-186　→SSM
　——政策　170,182,198
　——福祉専門職業従事者　10
　——問題　80,107,110,129,132,144,161-163
若年
　——者　64,74,75,205,207,241,242,250,251
　——労働力　16,17,81,240,241
写真家　10
社内養成教育　97
就業
　——機会　76　→雇用機会
　——・雇用形態　11
　——者　3-9,11,15-18,22,47,168,169,241
従業員組織　213-216,218,219,227,234　→労働組合

終身雇用　111,239,248,251
就労理由　82,119,120
熟練
　——技能　84,95,98
　——技能者　78
　——形成　96,98,99,100,105　→一人前
手段主義　54
出向　53,222,242
少子化　13
小集団活動　80,85,87,88,90-93
上昇異動　152
昇進　25,54,98,101,102,114,178,248,249
情報技術者　10,25,30,36-44　→SE，システムエンジニア
省力化機器　76,85　→機械化
小零細企業　12,20,133,183,245-247,249-251
職業
　——意識　30,33,37,38,42,61　→労働意識
　——威信　61
　——移動　241　→労働移動
　——階層　160,170,181,185,186,188-191,195,196-197　→SSM
　——研究所　241
　——構造　9,17　→就業構造
　——紹介システム　23
　——生活　18,175,179,184,188,191,211
　——選択行動　18
　——的生涯　99　→キャリア
　——的地位　152,159,180
　——病　183-185,198,199,204-206,211　→労働衛生
　——職種転換　102
嘱託　48
職人　71,93,97
職場
　——環境　82,99,116,117,204,224　→作業環境
　——集団　107
　——リーダー　114　→第一線監督者
女性
　——活用　110

事項索引　271

──の労働供給　12,13
──の労働力率　13
──労働　18,119,121,145
──労働者　15,16,71,109,127,145,148,149,153
所得階層　186,190-192,195-197　→職業階層
ジョブ・ローテーション　248
進学率　13,16,17　→高学歴化
新規学卒採用　31,37　→標準入社
人口動態　3
人材
──育成　51,79,80,106,125
──戦略　85
──像　78,82,94
人事　74,106,123,222
──管理　10,43,44
──管理のライン化　29
身体労働　103　→知的労働,感情労働
人的資源管理　41-44,75,89,90,92,94
深夜労働　184
スタッフ　29
ストレス　54,62,66,71,162,184,204,205,212
　→バーンアウト,疲労
生活構造　170-173,180,181
生業　53
生産
──技術職　78,79,83,84,94,95　→研究技術職
──現場　75,76,82-84,86,92,94,98
──工程従事者　46,52,55,64,78,92,96,110
──工程・労務作業従事者　9
正社員　31,35,49,68,78,86,96,111,121,147,180,181　→非正社員
精神疲労　184
製造業空洞化　75　→脱工業化
製造業離れ　75,80,106　→脱工業化
整備工　54,55
接客労働者　62,64
設計　29,77,86,90,91,100,102,103,107,112
設備投資　77,91,240
セールス

──・エンジニア　55
──・サービス・エンジニア　53,54
セールスマン　53,59,74　→営業職
潜在失業　241　→失業
専修・専門学校卒業生　18　→専門学校
専従者　232,234　→労働組合
全日本能率連盟　243
先輩　106,107,125,152　→後輩
専門サービス　7,247
専門職　10,25,30,38,44,205,206,210　→企業内専門職,非企業内専門職,都市型専門職,エキスパート
──制度　25,26,43,44
専門学校　18,30,36,37,39,94
専門的技術的職業従事者　9,10
専門能力　26-29,33,34,36,39,41,42
総合職　96,109　→一般職
相互扶助　166,171,181
総務　30,44,123
組織
──依存　27-30,41
──人　30,60

[タ行]

第一線監督者　98　→監督,職場リーダー
大学　2,17,18,24,27,29,31,36-39,79,80,94,95,213,235-237,239,241
大学院　2,17,18,31,36,94
対事業所サービス業　6
退職金　69,171,176-179,181,220,249,251
大卒女性　18
タクシー運転手　61
脱工業化　75,169,184,211,244　→製造業空洞化
達成感　210　→報酬感
脱組織志向　33　→組織人
建物サービス業　48,61,71,169
多能化　87,89
団塊(第1世代,第2世代)　16,17
短時間
──勤務者　12
──勤務制度　115
──労働　15

単純作業　96,110
単純労働　156
単調労働　105,240
蓄積　45,48,62,131-133,168,170-172,178,
　　　181,244,247
知識
　――産業　52
　――労働　50
　――労働者　60,67
知的
　――熟練　101-104
　――労働　103,104
中間管理職　216　→第一線監督職, 管理
　　　職
中高年労働　16,181　→高齢化
中小企業集団　241
中途採用　31,32,37,80,95,98,99,102
中流化　185,197
直接管理　60　→間接管理
賃金　15,16,22,26,35,36,38-43,49,54,59,68,
　　　69,82,85,99,110,112-114,116,120,126,
　　　127,140,141,146,147,158,159,178,198,
　　　204,217,218,220,222,224,239,241,244,
　　　245,247-250
　――格差　41
　――制度　16,36,39,40,42
　――体系　248
通勤時間　3,99,117
月島調査　235
提案　68,80,82,85,88,90-92,100,104,105,123
　――制度　80,88,90-92
TQC　77　→改善活動
低所得層　185,186,190-192,197
定着　27,29,126,127,204,244
定年　16,34,173,176,179,242,244,249
テイラーリズム　103
テクノ・ストレス　71　→技術革新, スト
　　　レス
デザイナー　10,25,26,28,30-44,59
手作業　81,102,103
手待ち時間　56
転勤　38
電機労連　243

添乗員　61
転職　31,32,37,39,45,46,97-99,124,125,
　　　175
店長　56,60
店頭販売職　64
動機づけ　65
同業組合　70
東京大学社会科学研究所　213,236,237
東京大学社会学研究室　241
東京大学新聞研究所　237
倒産　75,92,97,167,176,178,179
同僚　103,107,118,209-211
独立
　――開業　28,35,36,42,52
　――志向　40,41
都市型専門職　30　→専門職
トヨタ式生産方式　87
トラック労働者　71

［ナ　行］
内製化　77,85,95　→外注化
内部養成　106　→社内教育
流れ化　86,89-91
ナショナルセンター　229　→労働組合
肉体労働者　185,189　→身体労働
二重構造　147,238,245
日経連　237,242
日本産業訓練協会　242
日本的
　――経営　248
　――労働慣行　242,248,249
『日本之下層社会』　235
日本労働研究機構　24,37,44,145
人間関係　49,62,63,99,114,116-118,129,
　　　135-137,140,144,147,149,164,172,198,
　　　204-205,207,210,211,226,238,250,251
ネットワーク　53,90,93,146,170
年功　36,39,40,68,102,103,239,244,248,
　　　249,251
　――型人事管理　43
年齢制限　181
農商務省　235
能力　25-29,33,36,38-43,53,54,78,87,89,93,

94,125,151,152,171,172,175,177-180,
　　　187,248
　　──形成　34
　　──向上　34,38
　　──低下　34
　　──停滞　34
　　──主義　249
　　──発揮　112,115,182

［ハ　行］
配置転換　242,244
派遣労働者　12
パート・アルバイト　11,12,15　→アルバイト，非正社員
パートタイマー　48,94,121,241,242,248,249　→非正社員
バブル崩壊　1,3,82,131,134,165,201
バーンアウト　206-211　→ストレス，疲労
非企業内専門職　26,30　→専門職
非正社員　49,78,86,111,147
百貨店　46,71,168,169
日雇労働者　197
ヒューマン・サービス業　205
標準入社　97,102
疲労　184,185,187,189,191,193,195,197,207,211　→バーンアウト，ストレス
品質改善　77,87,89-93
ファブレス化　83　→工場無きメーカー
ファミリーステージ　116
不安定就労者　49
フォーディズム　103
部下指導　107
不況　4,20,45,46,48,53,75-80,85,92,97,110,
　　　121,127,131,135-137,141,142,145-149,
　　　158,159,161,162,165-170,172,174,176,
　　　178,182,202
福祉労働　184,211
福利厚生　68,114,183,199,220,239,249,251
不健康要因　186-189,191-193,195,196,197　→健康
部長　39,106　→課長
フリーター　12,17

フリーランス（フリーランサー）　32,35
ブルーカラー　107,184,197　→ホワイトカラー
フレックスタイム　184
プロジェクト・リーダ　34,36,38-40
プロ志向　33,38
プロフェッショナル　25,30,44
ベビーブーム世代　167　→団塊
弁護士　26-28,180
ベンチャー　76
封建遺制　239,244
報酬　28,33,35,38,40,44,111
　　──感　209
訪問販売　53,54
ホスピタリティ労働者　61,62
ホームヘルパー　205
ボランティア　72,205
ホワイトカラー　24,96,107,121,125,174,
　　　184-186,189,190,197
　　──化　23,109,184

［マ　行］
マイクロ・エレクトロニクス　55,80,243　→技術革新
マクドナルド化　71
町工場　75
マニュアル　50,71
満足度　60,61,63,64
未熟練　97,101
未組織企業　22,216,222,228,232-234
未組織労働者　229,231,232,234
無職　82,110,111
メンタルヘルス　65
ものづくり　83,95,107
モラール　67,102　→勤労意欲，やりがい

［ヤ　行］
夜勤　210
やりがい　37,54,61-63,71　→勤労意欲，モラール
豊かな社会　81
豊かな労働者　242
ユネスコ国内委員会　238,240

[ラ 行]
ライフサイクル 99,171,173
ライフステージ 116,117
離職者 1,46,48,141,165-168,170,174-179,
　181,182
離職要因 99
理髪業 56
留学生 19,138,152,156,164
流通構造 5,18
流動的（な）労働市場 31,32
旅行業 46,53,60,62
旅行代理店 61
臨時工 86,248,249
ルートセールス 53,54
労使
　——間（の）コミュニケーション 69,
　　216,218,219
　——関係 48,51,68,69,183,213,218,237,
　　246
　——関係意識 22
　——紛争 21,22,69　→労働争議
老人ホーム 206,207
労働衛生 183,198,201,205,211,212
労働科学研究所 235
労働基準法 23,68,69
労働供給 6,12,13,16,17,18,56
労働組合 21,22,68-70,104,175,213-216,
　218,219,222-228,231,233-234,236,237,
　239,242,244,246　→組織化，従業員組
　織，未組織労働者，未組織企業
　——法 69
　——組織率 21,69,70,213,215
労働研究 1,4,6,8,12,16,17,24,37,44,45,67,75,
　76,107-109,121,127,133,145,166,167,182,
　183,212-235,244,245,248
労働災害 183,199,211　→安全衛生

労働時間 22,23,38,56,57,59,60,68-70,81,88,
　99,114-117,199,220,222,224
　——管理 56,70
　——の短縮 22,23,60
労働市場 1-4,6-8,12,13,17-33,35-40,42,44,
　113,133,144,148,158-160,162-164,166-
　168,172,174,178,180,181,239,240,250
労働者意識 48,130,131,235,237,238　→勤
　労者意識
労働需要 4,6,13,15,18,82
労働省 68,73,134,141,154,156,164,216,234,
　243
労働条件 22,38,59,68,81,96,107,110,111,113,
　114,126,127,146,158,178,183,209,210,
　216,219,220,222,225,226,231,233,234,
　245,251
労働職場特性 198,204,206,209,211
労働争議 21,239
労働相談 175
労働疎外 103
労働調査 235,236,238,239,240-244,248
労働負荷 99
労働問題 8,81,107,126,129,168,183,245,246
労働力
　——需給のミスマッチ 23
　——不足 75,77,78,81,167,172,240,241
　——率 13,16
労務改善 75,81
労務管理 48,53,60,61,64-68,107,183,198,
　199,219,220,222,233,239,246
　——の近代化 68
ロボット 71,243

[ワ 行]
ワーカーズ・コレクティブ 72
ワーカホリック 120

執筆者紹介 （執筆順）

仁田 道夫（にった・みちお）［第Ⅰ章］
1948年生まれ。東京大学経済学部卒，同大学院経済学研究科博士課程単位取得退学。東京大学社会科学研究所助手，武蔵大学経済学部助教授，東京大学社会科学研究所助教授を経て，現在，東京大学社会科学研究所教授。
主著：『変化のなかの雇用システム』東京大学出版会，2003年。

今野 浩一郎（いまの・こういちろう）［第Ⅱ章］
1946年生まれ。東京工業大学大学院理工学研究科修士課程修了。神奈川大学工学部助手，東京学芸大学教育学部講師，同助教授を経て，現在，学習院大学経済学部教授。
主著：『人事管理入門』日本経済新聞社，1995年；『勝ちぬく賃金改革』日本経済新聞社，1998年；『マネジメントテキスト――人事管理入門』（共著）日本経済新聞社，2002年；『個と組織の成果主義』（編著）中央経済社，2003年。

尾形 隆彰（おがた・たかあき）［第Ⅲ，Ⅵ章］
1949年生まれ。東京大学大学院社会学研究科博士課程単位取得修了。現在，千葉大学文学部教授。
主著：『産業社会学』（共著）サイエンス社，1988年；『外国人労働者の就労実態』（共編著）明石書店，1992年。

川喜多 喬（かわきた・たかし）［第Ⅳ，Ⅴ章］【編者】
1948年生まれ。東京大学文学部卒，同大学院社会学研究科博士課程満期退学。茨城大学助教授，東京外国語大学助教授，法政大学経営学部教授，のち同キャリアデザイン学部教授，現在，法政大学大学院経営学研究科教授。
主著：『産業変動と労務管理』日本労働協会，1989年；『人材育成論入門』法政大学出版局，2004年；『ホワイトカラーのキャリア管理』（編著）中央経済社，1993年。

石川 晃弘（いしかわ・あきひろ）［第Ⅶ，Ⅷ章］【編者】
1938年生まれ。東京大学大学院社会学研究科修士課程修了。社会学博士。現在，中央大学文学部教授。
主著：『社会変動と労働者意識』日本労働協会，1975年；『くらしのなかの社会主義』青木書店，1977年；『職場のなかの社会主義』青木書店，1983年；『東ヨーロッパ 人と文化と社会』有斐閣，1992年。

堀畑 まなみ（ほりはた・まなみ）［第Ⅷ章］
1967年生まれ。東京都立大学大学院社会科学研究科社会学専攻博士課程単位取得修了。東京都立労働研究所研究員，清泉女子大学他非常勤講師を経て，現在，桜美林大学コア教育センター専任講師。
主著：『大都市における水環境』（共著）東京都立大学都市研究所，1997年；『廃棄物問題の環境社会学的研究』（共著）東京都立大学都市研究所，2001年。

中村　圭介（なかむら・けいすけ）［第IX章］
1952年生まれ。東京大学大学院経済学研究科博士課程単位取得退学。雇用職業総合研究所研究員，武蔵大学経済学部助教授を経て，現在，東京大学社会科学研究所教授。
主著：『日本の職場と生産システム』東京大学出版会，1996年；『衰退か再生か：労働組合活性化への道』（連合総研と共編著）勁草書房，2005年；『ホワイトカラーの仕事と成果』（共著）東洋経済新報社，2005年。

松島　静雄（まつしま・しずお）［第X章］【監修者】
1921年生まれ。東京帝国大学文学部社会学科卒。東京大学教養学部教授，日本大学文理学部教授，東京都立労働研究所所長を歴任。東京大学名誉教授。
主著：『労働社会学序説』福村書店，1951年；『労務管理の日本的特質と変遷』ダイヤモンド社，1958年；『友子の社会学的考察』御茶の水書房，1978年；『中小企業と労務管理』東京大学出版会，1979年；『現代の労務管理とその変遷』日本労働協会，1986年。

田所　豊策（たどころ・とよさく）［補章］【編者】
1940年生まれ。1968年から東京都の労政事務所等で労働調査，労働相談等を担当。この間，東京都立労働研究所において，1973年〜80年まで有泉亨所長，98年〜2001年まで松島静雄所長のもとで，都労研主査・課長補佐として研究調査部門を担当。現在，東京都産業労働局パートアドバイザー。

東京に働く人々
──労働現場調査 20 年の成果から

2005 年 11 月 18 日　初版第 1 刷発行

監修者　松島静雄
編　者　石川晃弘・川喜多喬・田所豊策
発行所　財団法人法政大学出版局
　　　　〒102-0073　東京都千代田区九段北 3-2-7
　　　　電話 03(5214)5540／振替 00160-6-95814
製版・印刷　三和印刷／製本　鈴木製本所
© 2005 Shizuo Matsushima
Printed in Japan

ISBN 4-588-64539-0

舟橋尚道 経済環境と労使関係	3800 円
舟橋尚道 日本的雇用と賃金	2400 円
秋田成就編 日本の雇用慣行の変化と法	3800 円
金子征史編 労働条件をめぐる現代的課題	3400 円
浜村彰・長峰登記夫編 組合機能の多様化と可能性	3300 円
川喜多 喬 人材育成論入門	2000 円
金子 勝編 現代資本主義とセイフティ・ネット	4000 円
村串仁三郎・安江孝司編 レジャーと現代社会 意識・行動・産業	4600 円
佐藤良一編 市場経済の神話とその変革 〈社会的なこと〉の復権	5800 円
原 伸子編 市場とジェンダー 理論・実証・文化	4200 円

法政大学出版局　　　（本体価格で表示）